客户至上

基业长青的六大支柱

〔英〕蒂姆·奈特（Tim Knight）
〔英〕大卫·康威（David Conway）
·著·

高原
·译·

Customer
Experience Excellence

中国科学技术出版社
·北 京·

© David Conway and Tim Knight, 2021

This translation of Customer Experience Excellence is published by arrangement with Kogan Page.

北京市版权局著作权合同登记　图字：01-2022-0713。

图书在版编目（CIP）数据

客户至上：基业长青的六大支柱 /（英）蒂姆·奈特（Tim Knight），（英）大卫·康威（David Conway）著；高原译 . — 北京：中国科学技术出版社，2023.5

ISBN 978-7-5046-9964-0

Ⅰ.①客… Ⅱ.①蒂… ②大… ③高… Ⅲ.①企业管理—销售管理 Ⅳ.① F274

中国国家版本馆 CIP 数据核字（2023）第 030764 号

策划编辑	任长玉	责任编辑	庞冰心
封面设计	仙境设计	版式设计	蚂蚁设计
责任校对	张晓莉	责任印制	李晓霖

出　　版	中国科学技术出版社
发　　行	中国科学技术出版社有限公司发行部
地　　址	北京市海淀区中关村南大街 16 号
邮　　编	100081
发行电话	010-62173865
传　　真	010-62173081
网　　址	http://www.cspbooks.com.cn

开　　本	710mm×1000mm　1/16
字　　数	271 千字
印　　张	18
版　　次	2023 年 5 月第 1 版
印　　次	2023 年 5 月第 1 次印刷
印　　刷	大厂回族自治县彩虹印刷有限公司
书　　号	ISBN 978-7-5046-9964-0/F·1123
定　　价	79.00 元

（凡购买本社图书，如有缺页、倒页、脱页者，本社发行部负责调换）

序言

每天早上，我们每个人醒来的时候，心里都有一个目标、一种使命、一个存在的理由和一种意图。我们每个人都想做点什么。有的人想把小事做好，有的人想成就一番大事业；有的人异想天开，有的人脚踏实地；有的人只图一时之快，有的人想名垂青史；有的人不求深造，吃顿饱饭便优哉游哉，有的人想大展宏图，造福社会，让人铭记。但在人生的旅途中，你我都一样，是客户，是消费者，是员工，是公民，是同事，此外，我们始终都是人类——这一点从未变过。

我们也知道，如果有人对我们好，我们会有怎样的心情。我们知道什么是好的体验，也希望与那些让我们获得美好体验的人相处。无论是体验的提供者，还是体验的接受者，所有人都是这种心境。

大多数人都能回想起自己难忘的几段体验，其中有美好的，当然也有令人不快的。我们会用清晰的表达和中肯的言语，描述今后会如何安排自己的时间、资源和精力。在数字时代，这种声音可以让更多人听见。

世界各地的企业高管、一般管理层和员工都声称，希望企业上下能提供良好的体验来吸引、留住客户，以促进企业发展。每天早上，全球大小公司里，成千上万的员工上班时，怀揣的目标都是为客户服务。大多数人都希望能出色完成任务，与客户建立情感联系，并为他们创造良好的体验。对于极少数幸运的人来说，这是一种可以提高客户生活质量的职责，他们自己也感到干劲十足。然而，对许多人来说，这不过是日复一日的折磨，因为他们要应付早已过时的工作流程、脱节的工作体系和千疮百孔的企业文化。

每个月，世界各地的企业领袖都会钻研公司的账目和发展前景，试图寻找高增长和高利润的可能性。然而，当他们精心制定的战略、手段、投资方案和一腔热血的付出未能带来回报时，他们大多会有挫败感。不少人都倾向于依靠技术来帮助他们调整路线，但他们仍然未能实现转型，也未能提供可赢利、有意义的客户体验，服务于市场。

其实大可不必如此。实现企业优化的方法是不断演变的，但其中有一些关键点和指导方案可以帮助我们。虽然每个公司的发展历程都是自己的事情，但前辈们的经验可以带来启示。任何有意愿提升的企业都可以研究和采用这种方法。本书将对其进行详细描述。

我的同事——戴维和蒂姆于2010年在英国共同创立了"客户体验优化中心"（CEEC），他们搜集资料，积累经验，力图成为在提供良好客户体验方面的佼佼者，为企业、客户、员工和股东带来丰硕成果。在我们开始合作的时候，我很快就为"六大支柱"模型的简单性和实用性所震撼。这六大支柱阐明了我们该如何驾驭市场上不断变化的体验需求。

我们决定一起将这项工作的研究范围拓展到全球。起初，我们的研究只涉及来自澳大利亚、美国和英国等国家的报告。而最近，我们的工作已经扩展到34个市场，研究了超过3500个品牌。这项工作会向我们展示这些企业的领导者是如何领导企业的，以及他们的原则是如何在日常商业挑战中应用的。

利用这些资料和其他素材，两位作者将他们的研究成果编成了一本书。这本书讲述了一种更高效的、更有人情味的、联系更加紧密的企业发展方式。

因此，对于想实现优化的企业领导者来说，这本书不仅是希望的灯塔，还是帮助您的企业持续前进的指南针。本书概述了一个连续的过程，由此企业可以获得更好的客户、员工和市场参与。这些经验是基于数百万个客户数据点、财务分析和与企业领导者的数百次访谈产生的结果。

我相信，但凡有人想跟市场打交道，无论你是客户、员工、学生、股东、监管者还是供应商，这本书都应该算是必读书目。读一读吧，站在每个不同群体的立场上，好好想一下需要考虑的指导原则。

好消息是，你可以从前辈的知识中受益。坏消息是，这不是灵丹妙药。虽然有客户专家和技术大佬的承诺，但是没有一个因素能确保让你成功。事实上，这个方法论是多方面的，需要企业加以凝聚整合，进行多任务处理。我们需要了解不断变化的市场需求——包括来自消费者、员工和利益相关者的需求，也需要努力去理解：执行方案需要公开信息，受到合理管控，确保互联互通和各方协调，其中每个要素都是相辅相成的。我们需要一种新型领导力。

这听起来似乎难如登天，但每个国家都有一批著名企业，它们已经展现出了卓越的科学和艺术。其中的核心便是人与人之间的情感联系，让客户、同事以及股东获得更好的体验。

在这个充斥着不确定性和不稳定性的时代里，我认为，这些关于企业和人类自我提升的经验，从未像现在这般重要。

胡里奥·赫尔南德斯（Julio Hernandez）

毕马威全球客户优化中心负责人

引言

在过去的12年里,我们对全球企业的客户和员工体验优化进行了研究。研究对象包括世界优质企业和那些转型速度最快的企业。

从一开始,我们就很好奇:是什么界定了品牌和企业服务群体之间的联系?一种相互促进的情感联系有何表现?领导者如何在企业中普遍建立这种联系?成功带来的人际关系和经济上的回报是什么?

起初,我们构思出了五个目标:

- 我们想从客户和同事的角度去定义何为一次好的体验。我们试图从根本上、从心理学的角度来理解:为什么一种特定的情感联系会影响企业未来的商业行为或生产力。
- 还有一点很重要,我们想找出一些榜样来:即世界范围内可以持续提供良好体验的龙头企业。我们利用定量分析和排行榜来了解这些企业和一些后起之秀的动向,所谓的后起之秀,说的就是那些即使受到技术或市场的限制,却仍取得显著进步的企业。
- 我们想将企业领导者稳定服务质量和扩大优化规模的过程记录下来。大多数企业偶尔可以提供一次良好的体验,但很少有企业能在一次又一次同客户的互动中持续提供这种体验。要想做到这一点,需要一些诀窍。通过对范例中企业领导者的能力和领导模式进行研究,我们准备揭开企业实现大规模优化的秘诀。
- 我们想要界定实现这一目标所带来的回报。可以说,与客户和员工培养有意义的、有人情味的关系本身就是一个目的,是企业领导者的进一步追求。

同时，我们也试图通过增加收入和降低成本，来确定收益。
- 最后，我们希望那些有雄心的企业领导者在看到我们整理的秘诀之后，可以将其最大程度发挥，落实到他们自己的企业中。以便更快地迈向成功，更合理地安排计划，实现优化。

我们带着这些目标，与毕马威进行了合作，从而开启了一个全球最大的客户体验优化持续研究项目。在过去的12年里，这项研究囊括了四个洲的34个市场，包含400多万消费者对3500个品牌的体验评价。研究成果已在全球范围内公开，在巴西、俄罗斯等100多个国家内投入使用，影响着世界龙头企业的战略制定。

我们研究的核心成果就是：发现了一套普遍的情感品质，这些品质界定了员工和客户体验优化。这些情感品质就是体验的"六大支柱"：诚信、解决方案、期望、时间和精力、个性化、同理心。每一个支柱都会引申出一套行为体系与一套能力和设计原则，可以应用于所有线上线下互动。

这六大品质是普遍存在的，它们定义的人际关系可以让我们得到情感上的满足和经济回报。常见的重要指标，如净推荐值（NPS），背后都是这六大支柱在起作用。利用它们，我们还可以预测忠诚度、获客情况、客户生命周期价值和服务成本等商业成效。

在写作本书时，我们借鉴了客户体验优化中心发表的研究结果和其他作品，而最重要的是，书中还有我们在一些世界知名企业的实践经验。本书汇总的成果，对企业的客户管理人员、数字化负责人、首席执行官（CEO）等任何以服务人类为己任的人来说，都弥足珍贵。

这本书是否适合你？

你需要调整发展模式，推动企业增长吗？现在，全球公司对客户体验的投资多达数十亿。然而，除了些许明显的个例，客户还没有感到体验有何提升。企业领导者没察觉到这一点，就更不会调整自己的做法，或者加大投入。同样地，越来越多的员工也反映出，他们自己的体验和领导者所喊的口号大相径庭。

许多执行团队都在努力解决这个问题。而如果不能用一种稳定的、科学的方法来管理客户和员工体验，很多人会感到灰心丧气。大多数人都想知道：为什么自己投资了数字化转型，却未能取得进展，带来应有的效益呢？除了要推动企业增长，每个CEO都面临着越来越大的压力：他们还要树立明确的、有远见的目标，创造包容的企业文化。然而，在大多数人采用的方法下，无论是客户还是员工，都与彼此隔绝。

企业如果能及时采用适当的方法，会得到丰厚的回报。创造体验是实现目标的关键，毕竟，战略只能通过客户的所见所闻来实现。实施体验优化是一个调整的机会，可以让大批量客户感到满意。从经济角度来看，这样做的企业会比市场大多数企业有更好的表现。在2016年进行的一项分析中，我们观察到：在客户体验方面做得好的企业收入更高，其利润率是竞争对手的两倍。

因此，无论你是CEO、首席人力资源官、首席市场官、首席客户官还是相关从业人员，这本书都很适合你。如果你在从事财务、信息技术或运营方面的工作，你会发现，掌握书中的原则后，你的团队会将客户放在更核心的地位，你的业务也会更为顺利。本书适用于任何力图为企业带来优秀成果的领导者。本书浓缩了十多年的研究，包含作者同世界各地商业领袖进行的数百次对话。本书会回答以下常见问题：

- 我们尽力调整了运营模式或结构，去提供客户导向型的服务——我们该如何应对企业内部的变化？
- 我们已经采用了净推荐值法，也在最新的客户关系管理技术上有所投入——为什么看不到效果？
- 我们已经为同事和客户规划了不少实用原则——为什么企业并不重视？
- 我们的目标是实现增长——可为什么越来越多的地方需要调整，成本也增加了？
- 我们已经把客户问题重视起来了——但似乎长期运作后才会看到效益，而眼下如果监管方和股东施加压力，该如何去权衡呢？
- 我们已经明确了发展目标和企业文化——但我们很难将其落实到客户和同事身上。对于企业"不成文的规定"，我们该如何去改变？
- 我们有很多不同的体系和理论——五花八门的见解和建议让我们感到焦头烂额。我们怎样才能将这些想法与真正的业务影响联系起来？

之所以会出现这些常见问题，是因为目前成熟的管理学并不包含客户和员工体验，之前也很少有人研究过这个领域。在过去的十年里，技术和社会期望已成为巨大的变革力量，改变了所有企业通向成功的路径。大多数企业都在尽力跟上这一趋势。

结果，全球企业，虽然员工众多，可惜，他们身边的顾问只会提供角度单一的解决方案，无法长期奏效，于是他们一边忙着做手底下的工作，一边忙着弥补过错。"企业需要做什么"，这个问题现有文献已有完善的论述，而关于"企业怎样去做"的论述却少之又少，且毫无帮助。

这就是本书要填补的空白领域。我们的研究表明，有一条清晰的路径，可以让你走向成功。领导者和客户体验从业人员可以遵循这一路径。此路由行业领袖所开辟，所以大可不必担心。沿着这条道路走下去，不仅可以改善客户和员工的体验，还可以收获更好的经营方式。

目录
CONTENTS

绪言　001

第一部分
不断变化的客户和员工　011
- 第 1 章　何为"优化"？　013
- 第 2 章　了解新型客户　029
- 第 3 章　了解新型员工　050
- 第 4 章　新型企业　089
- 第 5 章　化零为整　112

第二部分
体验六大支柱：优化体系　137
- 第 6 章　体验六大支柱模型简介　139
- 第 7 章　六大支柱模型在企业中的应用　185
- 第 8 章　六大支柱与难忘的客户体验　212

第三部分
90 天计划：实现质的飞跃　237
- 第 9 章　准备工作　239
- 第 10 章　第一个 30 天　245
- 第 11 章　第二个 30 天　255
- 第 12 章　最后的 30 天及以后　262

结语　271
致谢　273

绪言

布鲁克·纳鲁姆在一家银行工作。但这家银行不是一般的银行。对她来说，每一天都有不同的意义。她有一个客户，爱人刚在车祸中丧生。这个客户和他的妻子在小学三年级相识，1981年两人结婚，有两个儿子。

悲剧发生后，布鲁克打电话给这位客户，说会帮他处理医疗费、丧葬费等一切相关事务。在客户最需要帮助的时候，布鲁克的出现非常重要。这位客户是一名美国海军陆战队退役少校，在和布鲁克通话过后，他表示，当时的自己比以往任何时候都要感到迷茫，还好布鲁克同情自己，也具备专业知识，帮他渡过了难关。他说："我对这些手续和要做的事情一无所知，有什么事都是她来打理，她就像是我的亲人。"

无论客户遇到的问题是怎么产生的，也不管问题有多复杂，布鲁克的职责就是帮客户解决问题。她所在银行的高管激励机制并不是基于销售或内部业绩，而是基于客户是否认为这家银行给他们的生活带来了积极影响。

由于这家银行亲近客户，对客户问题也有独到的见解，所以，其一直能通过革新持续在市场取得领先地位。在数字领域，该银行也是全球的佼佼者，原因不是其对技术的专注，而是对人性的研究。因为该银行的许多客户附近没有分行，于是它首创了拍照存支票的方法。该银行还开创了无纸化保险理赔：它推出了一个手机应用，不仅能让客户记录事故的所有重要信息，还能迅速换一辆车。该银行还有一个购车应用，可以预先为客户办理贷款和保险，并进行所有购买前的检查。关键是，它还会提供特别折扣，所以买家就省去了讨价还价的麻烦。所以，客户看车、提车一套流程在一小时内就都能完成。

> 客户至上
> 基业长青的六大支柱

这家银行是全球最重视客户的企业之一。它位于美国得克萨斯州，拥有1100万名客户，22500名员工，且赢利能力很强，也是全球费用率最低的银行之一。事实证明，最低的成本和最高的客户满意度搭配在一起，会有绝佳效果。

这个银行就是美国汽车协会联合服务银行（USAA）。它主要为美国军人及其家属服务，通过"装备"同理心，建立了自己的声誉。在加入USAA时，每个新员工都必须体验银行客户的生活——接受军事训练、吃军粮、参加军事活动等。了解客户是该企业各个层面的核心竞争力。

之前提到的那位美国海军陆战队前少校写信给USAA客户关系团队，对布鲁克给予自己的帮助进行了一番夸赞，他是这么说的："我的妻子之前在USAA这里办了业务，你们的工作让我印象深刻，所以我最近也想着在你们这里开户，之前的银行我从1978年用到了现在……你们USAA专业性强，工作人员也很重视家庭观念，我不胜感激。"看，这就是同理心带来的回报（The American Legion，2021）。

在大西洋6000多千米外的另一边——英国利兹市，另一家银行的员工陷入了困境：她正在与一位年轻的客户交谈，这位客户在电话中表示，他感到伤心欲绝；事实上，他有抑郁症，很可能做出傻事。这家银行的员工注意到，该客户与他的母亲住在一起。她一点儿都没有犹豫，请了一位同事帮忙，同时让那个客户继续讲话。同事联系了客户的母亲，筛选了当地的出租车公司，很快便付了钱，并找了一位体贴、暖心的司机，以确保能顺利接走年轻人并安全地把他带回到母亲身边。过了一小会儿，该员工打电话给这位母亲，确认无事发生。

这个员工把这件事告诉了团队领导，领导立马把她当成了英雄，她的故事传遍了整个办公室，领导称赞她：虽然这么做可能有些地方不合规，但为了客户，她做得对。重要的是，你的所作所为体现出你是在乎客户的。为客户做正确的事，永远都不会错。

这家银行就是英国的第一直销银行（First Direct）[1]，也是全球最重视客户的企业之一。它的口号是："开创令人惊艳的服务。"其工作重心是与客户进行"难忘的对话"。员工会竭尽所能去深入了解他们的客户，明确客户所需，他们已经知道，如何持续提供这种优质服务（Gordon，2020）

视角再转到几千千米外的中国台湾省，雷克萨斯销售人员林慧晨接到了一个客户的电话，客户要求的交车日太近了，所有细节问题难以在这么短的时间内解决。然而，林慧晨利用公司所有可用机制，满足了客户的必要需求，在规定的日期交了车。

在交车日之前，她来到客户所在的公司，递送了一些文件。她得知，客户的妻子明天开始就要接受化疗了。于是，林慧晨决定为客户和他妻子准备一个惊喜。

交车日当天，林慧晨邀请了一个大鼓演奏团来到这对夫妇家里，击奏了一首正能量曲目，祝福客户的妻子好运常在。除此之外，林慧晨还给他们写了一副对联，内容是首象征健康生活的诗。客户的妻子感到非常惊喜，感动得哭了，说这是她曾收到的最好的礼物（Lexus，2016）。林慧晨奉行的是以诚待客原则，即预测并满足人们的需求，对待客户要像对待来到家中的客人一样。

在法国西部，一家保险公司设立了一个单独的职能部门，只负责解决客户问题。这个部门叫作"实用生活组织"，可以为客户提供一次性或定期个性化服务，提供的服务囊括看护儿童、帮助弱势群体和上门送餐，等等。该公司将解决客户的问题视为其理念的核心，希望让客户的生活更加便捷，陪伴在客户左右，随时提供帮助。这家公司就是法国互助保险公司（MAIF）[2]，它卖的不是产品，而是一种合作思想（ESS et Société，2006）。

在瑞典，一位年轻的企业家构思出这么一种新型药店：这种药店只在网上

---

[1] First Direct 是英国一家以电话和网络为渠道的零售银行。——译者注
[2] MAIF 成立于1934年，是法国最大的保险提供商之一，提供汽车、人寿和家庭保险，以及健康保险，约有300万会员。

运营，会为客户带来更好、更精准的服务，并完全改变药品分销的经济模式。Apotea 是瑞典最大的网上药店，现以创新和可持续发展而闻名。其 CEO 的理念是让网上购物的便利性和吸引力最大化，包括产品信息、支付方法、配送等。该公司重视可持续发展，其办公室的发电量超过了耗电量，业务的每个方面都以可持续发展的角度进行分析。Apotea 现在是瑞典客户体验的第一品牌（KPMG，2020a）。

我们生活在日新月异的时代。许多公司只是看到客户在努力应对生活中的不确定性，而那些力图实现优化的公司则将此视为一次机会：一次突破的机会，一次为客户生活带来更大影响的机会，一次出类拔萃的机会。这些企业的信心来自他们对客户的深入了解。这些公司亲近客户，对客户有深刻的了解，像家人一样看待客户，所以当客户身边发生变故时，这些企业仍能与客户保持紧密关系。

许多寸步难行的执行团队都在说，复杂的传统业务遭到了无形的阻碍。现在硅谷独角兽企业会提供数字化工具，企业文化也变得宽松起来，所以人们往往会觉得取得进步并不难，失败也无所谓。而值得注意的一点是，MAIF 和 USAA 两家公司都有上百年的历史，是老牌企业，而 First Direct 银行相对来说是个新企业，但它也有几十年的历史。所以，与客户保持紧密联系并创造情感联系不是年轻企业的专利，而是适用于所有企业的一个持续性的计划，一个不断重塑的过程。

这些客户得到良好体验的例子不是出于偶然，它们彼此之间也不是毫无关系。在这方面领先的企业存在着共同点：他们与客户步调一致，创造了一种环境，每天都有惊喜发生，同事们围绕着同一个核心企业理念，心里有种持续存在的使命感，于是，新的优化自然而然地发生，企业存在的目的也不单单是为股东带来收入。如果没有这些企业，世界会缺少别样的色彩。

随着时间的推移，这些企业变得游刃有余，主动制定了客户战略。他们认为，这不是企业营销人员和数字化专家等的专利，而是贯穿企业每个部分的"金丝线"，可以连接每一种职能和能力。

在我们与毕马威进行的全球研究中，我们分析并拜访了一些龙头企业，他们能不断优化、超越市场大多数企业，在全球只占5%。我们得出的确切结论是：并不是物质条件让这些企业具备了优势。这些企业的业务领域不同、坐落在不同的地方，规模也大小不一。但他们有一个共同点：通过下列方法，他们在全球确立了领导地位。

这套方法，我们会在本书中进行系统的介绍和解析。此方法基于对人性的理解提出：那些出类拔萃的企业都能意识到我们是情感动物，并将这种认识渗透到企业各个环节中去。重点是，这套方法适用于所有企业。所有想追求优化的机构、政府部门或社会企业都可以采用这套方法来实现优化。要想做到这一点，你需要领导力和管理方面的专业知识，另外，在传统的商业惯例看起来更为简便时，你不能动摇或妥协。除此之外，你基本上不需要其他特殊技能了。

本书围绕这套方法展开，共分为三个部分。

第一部分　不断变化的客户和员工

成功的企业都了解它们的服务群体。在本书第一部分中，我们探讨了目前影响商界的宏观趋势，了解这种大趋势后，企业需要重新考虑自己的商业模式是否合适、对客户究竟有多了解、员工在企业中的作用、公司想要为社会带来什么，以及企业规划是否能迅速应对未来的变故。

而危机又总是会加快这种大趋势，让未来的事情提前发生。人类遭受了新冠疫情的冲击，目睹着无法逆转的变化。新型客户和新型员工需要一种与以往不同的商业参与形式，从而催生了人们对体验的新需求：体验目的要明确，要令人感同身受，同时是数字化的，可以保持社交距离，还要更加便利。

第1章：何为"优化"？

本章采纳了我们的研究，包括我们对成功企业的认识以及他们重新思考其战略、结构和方法的动因。通过案例研究和领导品牌的范例，我们逐渐确定成功企业的表现和感受。优秀的品牌在为更高目标服务的过程中，创造了稳定的情感联系。他们必须密切关注特定客户群体的需求和体验，也要向公众表明，自己为世界贡献的价值大于其索取。

第 2 章：了解新型客户

在新的背景下我们看到，新冠疫情扰乱了生活节奏。在本章中，我们确定了消费者行为的变化及其对购买路径的影响。我们引入了"五个我的"概念，这是一种理解客户行为影响因素的机制，我们把这些因素放在了生活事件和变化的环境当中。我们认识到，企业必须重视环境和道德价值观，走向诚信经济。

第 3 章：了解新型员工

体验的核心是员工。员工要么直接在接触点与客户接触，要么是以数字化体验的开发者和设计师身份出现。然而，在许多品牌中，员工在企业内部的体验是一回事，而领导要求他们对外提供的体验又是另外一回事。这种明显的差异可能让员工觉得企业很虚伪，于是企业很难取得成功。为了解决这一点，企业领导者正在采用一种服务型领导方法，他们自身的角色是去下放权力、为员工赋能、让员工为同事和客户做有意义的事。现在，最优秀的首席执行官（CEO）们是客户和员工体验的监护人，他们关注长期的人际关系，而不是短期的财务结果。

第 4 章：新型企业

本章探讨了企业如果想要获得成功，应当采取怎样的组织架构形式。传统的商业模式正在被以客户需求或客户旅程为中心的组织结构设计所取代。围绕客户构建起来的企业，其员工更能理解人们的需求，并展现出自身的个性。这种企业可以摆脱许多传统企业受到的限制，容易取得更好、更具创意的成果。

第 5 章：化零为整

我们研究了一些成功的企业，并给出了 First Direct 银行的扩展案例研究。First Direct 银行是一家在客户体验方面领先世界的英国银行，我们研究了该公司对客户、员工和组织设计所采用的方法。我们分析了 First Direct 取得成功的做法和原因，以及企业能从中学习和借鉴的地方。对于许多企业来说，系统和技术似乎是变革中不可逾越的障碍，但事实并非如此。

第二部分 体验六大支柱：优化体系

通过在全球范围的研究，我们发现，企业失败背后的原因各不相同，而所有成功的企业却都有一个共同点。我们从几百万次客户访谈中提炼出了"六大支柱"，这就是世界领先企业的典型特征。

第6章：体验六大支柱模型简介

六大支柱模型基于人类心理学和神经科学。我们研究了该理念如何在同客户的线上线下互动中发挥作用。

- 诚信：诚信行事，建立信任。
- 解决方案：力图将不好的体验变得美好。
- 期望：把握、满足、超越客户的期望。
- 时间和精力：最大限度减少客户投入的精力，让整个流程畅通无阻。
- 个性化：关心客户及其境况，促进情感联系。
- 同理心：充分了解客户境况，建立亲密、和谐的关系。（KPMG，2020b）

掌握这六大支柱的企业能够获得领先市场的客户支持、忠诚度和收益。

第7章：六大支柱模型在企业中的应用

六大支柱模型为实现优化提供了一个系统化的方法，涵盖了战略制定、体验设计、转型、持续评估等。我们将探讨，如何把这套方法应用在传统的客户部和整个企业的线上线下活动中。跟着六大支柱模型走，就像是编织一条金丝线，以客户和员工为中心，串联起公司的各个方面，在每个阶段都能建立起质量稳定的人际关系。要想看到效果的话，变革就必须得到首席财务官（CFO）的信赖。如果变革无法实现增长，所有董事会就会重走以前管理成本、控制风险的老路。这说明企业缺乏自制力，六大支柱可以证明低成本和体验优化并不是对立的，从而帮我们找到正确的方向。

第 8 章：六大支柱与难忘的客户体验

世界各地的企业都表示：他们希望打造令客户流连忘返的体验，让客户乐意支持企业，保持忠诚，增加消费。我们利用了记忆科学，特别是能催生客户消费行为的体验心理结构，来确定究竟什么才算是令人难忘的体验。

第三部分　90 天计划：实现质的飞跃

有些人或许有志于像世界领袖一样实现卓越，而本书最后一部分就为你们提供了一个循序渐进的方法。这要从领导高层开始，改变企业的思想和工作重心。该方法考虑的是一系列活动，能够带来自我完善的成果，达到一加一远远大于二的目的。我们研究了一些比较常见的问题，如为什么许多公司在效仿行业标杆时，遇到了似乎无法克服的阻碍。然后，我们找到了造成这种局面的原因，并就如何系统地克服这些阻碍提供了见解。

无论你是在着手进行大规模的数字化转型，还是试图创造一种客户导向文化，将你的方案与那些最佳实践案例进行比较，你可以找到差距和机遇。

第 9 章：准备工作

改变从企业的高管层开始，团队在面对新型客户时所面临的挑战也会有所不同。在过去的十年里，社会不断发展，数字科技不断进步，许多企业曾辉煌一时，但如今，无法亲近客户、与客户渐行渐远已经使他们走向衰弱。我们探究了迅速解决这一问题的方法。

第 10 章：第一个 30 天

许多公司是由内向外地看世界。这些公司有自己的行政便利，内部存在偏见和惯例，视角也有局限性，这样他们就会将所有外界的新鲜事物屏蔽。因此，他们就无法抓住机遇，更有甚者，他们会发现自己离客户越来越远，与员工接触也越来越少。

要想成功转型，最重要的一点是让高管层直接面对新型客户，以及团队所面临的挑战。这不仅是传统的"客户之声"[①]，更是一种"客户环绕声"。在高管层中，有的人大概率已经很多年没有定期与客户互动了。我们探究了迅速解决这一问题的方法。

第 11 章：第二个 30 天

本章将重点探讨企业内部如何实现优化，涉及企业应首先塑造哪些能力，以及如何把握一系列变革。我们研究的变革方法，不单单是去推进项目，而是让公司在不同情况下进行蜕变。这种方法包括必要的关键程序和分析，注重企业内部的相互依存性，明确企业在某个时间点上作为一个实体能够做些什么。

但有的企业还没准备好全面调整其组织结构，针对这些企业，我们研究了建立"客户体验优化中心"的必要性。这种部门可以规划客户旅程，寻找稳定可行的方法来定义并集中管理客户旅程的改进。

第 12 章：最后的 30 天及以后

本章的主要内容是创造变革的动力，建立能力路线图。为了锁定一种新的发展路线，我们建议首先进行小规模但影响深刻的象征性变革，为以后更多的根本性变革奠定基础。这些小而深刻的变革是一次机会，可以向整个企业的员工发出公司即将蜕变的信号。根据我们的总结来看，先进行小规模变革往往比一次性尝试大规模变革更容易成功。虽然我们认识到，及时了解潜在新客户的使用案例并非毫无作用，但我们着重提出了一些实用方法，可以解决客户问题、改善客户旅程，让员工的生活更简洁、更有所收获。

尽其所能，不断地在企业的新愿景上形成凝聚力，这是实现优化的最后一步，也是至关重要的一步。

[①] 指收集、分析客户反馈数据，挖掘数据价值并用于指导商业决策，以优化客户体验。——编者注

参考资料

1. ESS et Société (2006) La Maif lance OVP, sa nouvelle offre de services à la personne. www.ess-et-societe.net/La-Maif-lance-OVP-sa-nouvelle (archived at https://perma.cc/2Y8N-HKDG)

2. Gordon, J. (2020) CEO first direct [Interview], 8 July.

3. KPMG (2020a) Sweden. https://home.kpmg/xx/en/home/insights/2020/09/sweden.html (archived at https://perma.cc/76ZF-YX4C)

4. KPMG (2020b) Customer experience in the new reality. content/dam/kpmg/xx/pdf/2020/07/customer-experience-in-the-new-reality.pdf (archived at https://perma.cc/6UWS-YMH6)

5. Lexus (2016) How do Lexus dealers demonstrate omotenashi? https://blog.lexus.co.uk/lexus-dealers-demonstrate-omotenashi/ (archived at https://perma.cc/WP74-GDJP)

6. The American Legion (2021) USAA member stories that 'tug at your heart'. http://dev.legion.org/usaa/customer/93145/usaa-member-stories-tug-your-heart (archived at https://perma.cc/9DTP-YNGJ)

第一部分

不断变化的客户和员工

PART 1

USING
SCENARIOS

第1章

何为"优化"？

对所有企业来说，若想实现优化，必须先从了解其客户开始。而从世界范围来看，近几年要想做到这一点，也是很不容易的。这十年以来，全球疫情、数字化转型、政治变革和社会进步对大多数人都或多或少产生了影响。从行为上来看，我们与品牌的互动少了，购买频率不一样了，而且与以往相比，更多的是在线上购买。从心理学角度来看，这种变化很彻底，也很有意思：新的观念和新的态度重新定义了我们会如何做出决定，我们重视的是什么，以及我们会在何处投入时间。一种"新型客户"已经出现。

新型客户指的就是我们每一个人：以消费者、社会性动物、公民和员工的身份存在。我们每个人都充满了复杂性和矛盾性：不容易信任别人，但渴望诚信。与以前相比，我们更多的是在线上活动，但从根本上来看，我们的动机是寻求真实的人际关系，这已经超越了以往消费者与品牌的关系。

企业只有充分理解新型客户，才有可能实现优化。虽然企业的每个部分都很重要，但只有通过服务客户，企业才能存活、发展和壮大。财务团队失败、人力资源工作流程存在问题、高管层不闻不问、数字化营销进展不顺，这些企业都能够承受，慢慢找到解决方法。但是，如果没有客户，企业就毫无价值可言。如果每个企业都不能满足客户的需求，那么企业也没有存在的必要了。然而，过去十年，世界的变化日新月异，大多数企业还没有准备好理解或满足这些客户需求，绝大部分企业领导也仍在绞尽脑汁重新组织自己的企业，以应对刚刚出现的挑战。

找到这些变化背后的原因并不难。光是2020年上半年的几个月内，由于社交隔离、远程办公和业务调整，一代人被迫做出了改变。微软CEO萨蒂亚·纳德拉（Satya Nadella）指出："我们在两个月内就看到了两年的数字化转型成果。"（Spataro，2020）

在过去这段日子里，受到多重因素的影响，我们的行为发生了变化，工作方式和消费方式也发生了变化。全世界的人们在价值观、理念和需求方面也出现了相应的心理变化。现有的趋势进一步加快，新的趋势也在不断出现。客户觉得自己比印象中任何时候都更无助、没有安全感，压力也更大。人们的价值观也发生了变化：希望企业领导能承担社会责任、优化员工体验、提升多样性和保护股东权益。

果不其然，许多客户做出决定的动因已然发生变化，而这便是每个企业的工作基点。为了参与市场竞争，让自身发展壮大，多年来，每个企业都在根据客户需求的变化不断进行小规模的调整，但这种调整早已不适用当下的情况。CEO和客户负责人从来没有面临过这种性质的挑战（KPMG，2020）。

在这种大变革的背景下，客户洞察变得比以前越来越重要。了解客户之声已经成为一种至关重要的管理能力。有了这些数据，就可以形成一种预警或预测体系，若使用得当，可以对每一个商业决策产生积极影响，让领导在变革时期保持敏锐。

但是这种体系真的有用吗？事实证明，作用好像不大。英国市场研究协会调查显示，在客户相关决策中，对客户深入了解后再做出的决策只占10%（MRS，2016）。这说明剩下90%的决策都只是大概的猜想，或者是以往经验带来的直觉。《哈佛商业评论》也得出了类似的结论，认为只有11%的营销决策（可以说，这是与客户最相关的决策）是利用客户洞察做出的（Hinshaw，2016）。当这种经验或猜想不再适用时，会发生什么呢？后果很严重：曾经辉煌的企业会慢慢走向破产。

在新冠疫情出现之前，人们并不重视客户体验方面的竞争。而现在有了更大的挑战，不只是竞争的差异化，企业还要创新、适应，否则就会走向灭亡。

◁ 是人类革命还是数字革命？ ▷

为了参与未来的竞争，企业领导必须尽快适应不断变化的新型客户。但是，客户导向不是老生常谈了吗？这种挑战我们不是经历过吗？

诚然，多年以来，评论员和专家们一直都很喜欢写"客户时代"的题材。2010年到2020年，整个行业中出现了客户顾问和客户体验专家，他们提供有关企业转型、优化或发展的专家建议。大多数CEO已经将"客户导向"纳入了发展战略，且一直在汇报工作进展，他们信心满满，把净推荐值或客户满意度措施与传统的会计报告放在一起。

可惜，这样做并没有带来好的效果。如果去看一下毕马威客户体验优化中心的数据，以及2010年到2020年的优化水平，我们就会发现：从客户的角度来看，这种做法在全球范围内产生的效益很小。

同样，随着大多数企业一步一步更换传统的系统和线路，"数字化转型"已成为他们最大的支出项，到2023年，这将是一个价值6.8万亿美元的产业（Business Wire，2020）。然而，在数字化上进行巨额投资并不一定能实现优化。对于许多企业来说，"数字化优先"是他们在线上复制现有流程的准则。这些流程之所以还存在，往往是因为企业遵循老路，而不是从根本上去评估如何才能帮客户解决问题。出现的结果就是，只有少数公司真正通过数字化提供了良好的客户体验。重要的一点是：无论线上线下，要让投资实现企业的目标，确保让客户的生活更轻松，这才是决定企业成功与否的要素。

现在，想想看，在新冠疫情暴发之前，客户体验取得的进展也才不过如此，而如今疫情彻底改变了我们的生活。如果我们展望未来，一切都表明，在即将到来的变化面前，过去所有关于"客户时代"或"数字化转型"的观点都只不过是旁枝末节。我们所面临的，并不是向一个新的客户时代有序过渡，而是一场彻底的革命。

那么，如果数字化转型视角并不是理解新型客户的着手点，过去的模式也不起作用，那么领导者应该从哪里开始他们的优化之路呢？回顾一下我们的全球研究，我们发现，客户负责人，以及那些转型最迅速的企业领袖，都有一个典型的特征：他们的目标（即宗旨）非常清晰。这不仅指企业的愿景或理念清晰，更多的是指其利润动机很清晰。确定目标，然后将其融入每一个体验中，为客户和员工服务，这样做，你的企业将实现蜕变。在当前客户变革的背景下，优化始于一个条理清晰的好目标。

◁ 价值观的变化 ▷

优化源于宏伟的目标。自 2010 年以来，我们一直在了解目标所带来的经久不衰的力量：那些眼里不止有利润的品牌，其表现要优于市场整体水平。客户体验到的是诚信，而诚信构成了企业其他一切行为的基础。越来越多的企业通过 ESG[①] 方案来体现这一点，但目标和诚信往往更为宏观，可以构成企业快速发展和完善内部文化的基础。

在后疫情时代，公共卫生和安全、劳动力市场的状况、良好的治理和社会发展不平衡将成为企业和政府的短期优先处理事项。在当今背景下，企业必须诚信可靠。对于许多企业来说，应对新情况的出发点必须是确立目标（KPMG，2020）。

在毕马威发布的《2020 年全球首席执行官展望》中，79% 的 CEO 都表示，在新冠疫情出现之后，他们需要重新审视自己的目标，重新评估企业与环境和社会的关系（KPMG，2020）。

---

① 即"环境（Environment）、社会（Society）和公司治理（Governance）"。——译者注

对新型客户的研究表明，我们正在进入一个"诚信经济"时代，一个企业的道德与它的产品和服务同样重要的时代。正如玛丽·波塔斯（Mary Portas）所描述的那样，人们正在"从购买变成入股"（Cassidy，2019）。64%的英国人现在更关心公司的起源（KPMG，2020），一个企业对其社区的责任及其社会和环境影响不能再委托给企业社会责任部门（CSR）了。这些问题需要变成企业品牌的一部分，摆在中心位置，通过交流来传达出去。但从根本上说，要通过企业提供的体验来将其实现（KPMG，2020）。

受到新冠疫情的影响，在可预见的将来，人、利润和环境的三重底线已经变得比以往任何时候都更重要。对于我们的企业领导来说，这一直是他们看待世界的方式。成功的领导者意识到，这三者之间的关系是共生的：重视客户和环境，可以降低成本，吸引更多的客户。正如英特飞（Interface）前CEO雷·安德森（Ray Anderson）在2003年所说，可持续发展是"扩大利润的更好方法"。他还写道，"如果做法恰当，可持续发展将稳赚不赔"。（Anderson，2003）

举一个宜家（IKEA）的例子，宜家的目标是在2020年前确保其供电全部来自可再生能源，现在，宜家可再生能源的产量要大于使用量。宜家为自己的商城投资了7万块太阳能电池板，将多出来的可再生能源出售，从而又有了新的收入来源（RE 100，2018）。

玛莎百货（Mark and Spencer）通过其"A计划方案"[①]（M&S，2020），经常让客户了解（一般是通过店内的海报告知客户）企业在做些什么，以履行其对环境、供应商和客户健康的责任。

而First Direct银行有它的"开创令人惊艳的服务"计划（First Direct，2020）。

而英国化妆品品牌岚舒（Lush）则是"通过我们的选择来改变世界"（Lush，

---

① 玛莎百货于2007年提出的永续能源方案"A计划"。之所以称为"A计划"，是由于"缓解气候变迁没有B计划可言"。——译者注

2021）。Lush 是一个以企业社会责任为核心的品牌，其业务的每个方面都旨在让世界变得更美好、人人都能承担起爱护世界的责任。

来自英国伦敦的金融科技公司蒙佐（Monzo）则"专注于解决实际问题，而不是销售金融产品。我们希望让世界变得更美好，改变人们的生活"（Monzo，2020）。

对于丽思卡尔顿酒店（Ritz-Carlton）来说，目标和对客户的执着是密不可分的。每天，全球各地的所有团队都会分享昨天为客户服务的故事。每天一开始，他们就诠释了什么叫优秀，而丽思卡尔顿的宗旨——"独特的、令人难忘的、完美的客户服务体验"，贯穿于公司的每一项活动中（Ritz-Carlton，2021）。

美国西南航空公司（Southwest）利用讲故事的能力来传达自己的目标，并确保每天公司 46000 名员工中的每个人都在追求公司的愿景，即成为最受旅客喜爱、飞行次数最多的航空公司。西南航空的做法是让员工围绕一个共同目标团结起来，这个目标就是："我们存在的目的，正是通过服务亲切、安全可靠、价格优惠的航空旅行，拉近人们与其所重视的人或事物的距离"。（Southwest，2021a）

企业传播里都是真实的案例和引人入胜的故事，以便帮助员工直观地了解目标的每一小步是要做什么。每周，CEO 加里·凯利（Gary Kelly）都会为一些员工们"叫好"（公开表扬他们），因为他们不仅完成了分内工作，还提供了出色的客户服务。每个月，《西南精神》杂志都会介绍这种员工的故事（Southwest，2021b）。美国西南航空公司通过各种奖励机制来鼓励员工积极作为。对于目标驱动型企业的客户来说，如果这个企业明天就不复存在了，那么世界将错过一些有意义的事物。目标是组织成立的原因，与企业要做些什么（即使命）和企业发展的方向（即愿景）并列。企业的目标回答了这样一个问题："抛开我们生产、经营或销售的产品来看，我们的企业为什么要存在。"

案例分析

英国维珍理财公司[①]：对 CEO 大卫·达菲的访谈

维珍理财是一家挑战者银行，主要目标是颠覆英国银行业的现状。维珍理财大约有 6500 名员工，600 万客户和 750 亿英镑的资产，是英国第六大银行。

维珍理财坚信自己的目标："让您对自己的钱更满意。"无论服务对象是学生、家庭还是流浪汉，维珍理财都始终贯彻这一目标，确保人们对自己的钱感到放心，并且知道，这些钱是放在真正关心客户的人手中，非常安全。这个目标由公司员工提出，并"渗透到我们所有的行为当中，我们的所作所为都围绕这一目标"。

而维珍理财对目标的贯彻落实也是很彻底的。领导团队每次做出决定时，都必须概述自己的做法将如何促进公司实现目标。数据在银行业中无处不在，在维珍理财中也是如此。但是，"数据承担着重要的责任，我们逐渐将数据与我们的目标相结合，这样我们就可以看到我们的工作情况，同时确保我们以最合乎商业道德的方式来处理数据"。

维珍理财为了突出自己注重客户体验，领导团队中的一位成员要担任首席客户体验官，这个职位可以听到客户的声音，确保所有的决策在执行之前都必须考虑对客户体验的影响。客户体验官负责确保最终的客户体验是良好的，并努力确保目标、产品、品牌和技术都统一起来。当然，这个职位会同其他部门进行商议和合作，具有建设性意义，传达的信息用处非常大。"有时候，不同的团队都觉得自己的策略才是正确的，这在所难免，每个企业都有意见不统一的时候，这就是职场生活的一个要素。而客户体验官的责任就是确保决策绝对有利于客户，确保我们有正确的程序，为客户提供最好的成果。"

为了确保企业专注于最重要的事情，维珍理财设定了一些增加薪酬的小目

---

① Virgin Money 是英国维珍集团旗下的财经服务机构，以下简称维珍理财。——译者注

> 标。这些小目标涵盖了客户、同事、财务和ESG等相互促进的指标。这些小目标推动着长期激励计划，是管理银行的核心。

企业的目标不只反映了品牌定位，还反映了企业的价值观、文化和理念，是企业值得信赖的根本体现，也是让品牌在整个客户体验中保持活力的一个平台。目标就像是一种"接口"，其重要性在于它对所有的客户接触点都具有整合、调整和凝聚的作用。如今，业务和社会影响必须携手并进。在这个信息时代，消费者接收的信息太多，关联性太强，疑心太重，如果一个品牌声称自己追求的是具有深刻意义的"目标"，但实际上真正在意的还是亏损和收益，消费者就不会再相信它。作为人类，目标激励着我们，我们渴望真正的联系和意义，这是我们在工作之外所能获得的满足感。目标创造了为员工和客户谋利益的人。企业需要了解自己的目标与新型客户的相关性。

如果没有目标，客户体验就会显得虚伪、不真实。企业目标的核心是一种主导想法，就像北极星一样，是一种能与员工和客户产生深刻共鸣的想法。目标塑造了内部员工和外部客户的体验。那些龙头企业是将人与发展目标联系起来的全球典范。

目标明确的公司是这样的：

- 由高层领导——CEO制定目标议程，说明自己除业务影响之外的想法。在Lush、亚马逊（Amazon）和Specsavers[①]等企业，都是公司创始人设立目标，让业务围绕着目标进行。First Direct的目标是在1989年确立的，而每一位新任CEO都有责任调整目标，使其符合当下背景。
- 公开和透明。企业需要公开自己目标与业务的联系，同时为社会带来积极

[①] Specsavers是英国最大的眼镜连锁零售店，仅在英格兰范围内就有超过400家门店。——译者注

的影响。同时，企业需要一种合理的叙述方法，从而简洁、清晰地描绘出一幅蓝图，来解释为什么打造共同价值观对每个人都有好处。

- 参与式活动。如今，消费者都知道，做比说更具有说服力，他们希望自己的行动能产生影响。所以，成功的品牌会为客户提供参与的机会，共同创造价值。在最近的排名中，许多名列前茅的公司都加强了客户的参与度，而这并不是偶然，因为对于这些公司来说，参与，是一种生活方式（KPMG，2020）。

◁ 确定目标 ▷

只定下一个有说服力的目标是不够的。目标需要指导原则，并具体到该如何实施。

企业目标必须与公司每一个部门联系起来，不能只是营销人员或客户服务团队的一个职能产物。如果你的财务团队或业务服务部门觉得目标不真实，那么这个目标就是虚设的。正是这些简要法则，或者说是设计原则，确保了所有接触点上体验的一致性。

想一下候鸟，它们有凝聚力，以群体方式活动，它们只有一个目的：飞到更暖和的地方。然而，它们控制群体的方法很简单：与旁边的鸟保持最合适的距离；根据群体调整速度和方向；对可能出现的方向变化做好准备。几条简单明了的准则就能促进凝聚力，这一点人人皆知，而我们的全球企业领袖却能利用这一点来发挥自己独特的优势，见表1.1。

表1.1 客户目标及简要法则

美国 USAA 保险公司	客户目标： 为会员的生活做出积极贡献。 简要法则： • 深入了解客户。 • 像对待自己一样对待客户。 体验： 出色的同理心和情感联系。

续表

迪士尼乐园	**客户目标：** 为他人创造幸福。 **简要法则：** • 为每个客户带来奇妙的体验： • 我会充满活力，展现一个积极向上的形象。 • 我会尊重所有游客，对他们彬彬有礼。 • 我会沉浸在角色当中，扮演好这个角色。 • 我会为游客提供超值服务。 • 像对待自己一样对待客户。 **体验：** 充满魔力、令人惊艳的体验，可以带来70%的收益率（Ciotti，2021）。
亚马逊	**客户目标：** 客户就是上帝。 **简要法则：** • 始终掌握客户动向。 • 成为世界上最看重客户的公司。 • 激发客户兴趣，唤起客户热情。 **体验：** 亚马逊已经为其客户明确了网上购物体验。
美国大众超级市场公司（Publix Super Markets）	**客户目标：** 让购物成为一种享受。 **简要规则：** • 利益要给正确的选择让路。 • 让食品成为公司明星产品。 • 提供出色的客户服务和优惠的价格。 **体验：** 客户爱上在Publix购物的体验。
美国韦格曼斯食品超市	**客户目标：** 确保真正把客户放在第一位。 **简要法则：** • 员工要乐观向上、见多识广、训练有素。 • 把客户当作贵客一样来对待。 • 让客户沉住气，放轻松，真正享受体验。 • 呵护每个人的幸福感。 • 高标准是一种生活方式。 **体验：** 有能力、有激情的员工在一个食品主题公园工作，与客户构建稳固、亲密的关系。凭借自身努力成为榜样。在《财富》杂志评选的"100家最适合工作的公司"中，韦格曼斯食品超市是美国最佳企业之一（WHAM，2021）。

续表

美国鞋品零售商美捷步（Zappos）	**客户目标：** 非同寻常的服务。 **简要法则：** • 打造一种客户文化，基于以下方面： • 通过服务，让客户眼前一亮。 • 接受并推动变革。 • 创造乐趣。 • 要有冒险精神、创造力和开明的思想。 • 追求成长、乐于学习。 • 建立公开、诚信的关系。 • 打造积极向上的团队和家庭风气。 • 做到事半功倍。 • 充满激情和决心。 **体验：** 不断超越你的期望。

案例分析

迪士尼乐园

当华特·迪士尼（Walt Disney）开始定义迪士尼主题乐园体验时，他的核心目标是创造幸福感，并适当运用白雪公主中七个小矮人所体现的简要法则[1]（Kober，2016）。这些法则在20世纪50年代很实用，直到现在，也同样适用于任何公司。

- 要做开心果——要有眼神交流，面带微笑！
- 要做喷嚏精——问候、欢迎每一位游客，传播热情好客的精神。
- 不要做害羞鬼——主动同游客交流。
- 要做万事通——及时进行服务补救。
- 不要当"爱生气"——始终展现恰当的身体语言。

---

[1] 七个小矮人分别为"万事通""害羞鬼""瞌睡虫""喷嚏精""开心果""糊涂蛋""爱生气"。——译者注

- 要做瞌睡虫——创造梦想，保持奇妙的客户体验。
- 不要做糊涂蛋——要感谢每一位游客！

案例分析

通过简要法则来体现目标：Mozilla

Mozilla 是一个位于美国旧金山的非营利组织，是第四大最受欢迎网络浏览器——火狐浏览器的开发者，其使命是倡导互联网平等信息访问权和透明度。火狐浏览器有 3 亿月度活跃用户，这些人之所以选择火狐浏览器而不是谷歌、Safari 或 Edge 浏览器，至少有部分原因是火狐浏览器可以保护他们的私人数据，并限制大数据对用户活动进行追踪（The Times，2019）。

CEO 亚沙·凯卡斯·沃尔夫（Jascha Kaykas-Wolff）于 2015 年来到 Mozilla，便立即开始明确公司的目标，他指出，Mozilla 的责任是确保所有人都可以访问互联网，但只有当企业具备足够的能力时，这种高尚的目标才有可能得到实现。沃尔夫发现，敏捷开发方法在一些技术领域的业务中得到了应用，他开始大规模使用敏捷开发方法，通过应用其中的一些简要法则，将目标融入日常活动中。

他注意到，公司里存在一个根本问题——这个公司习惯根据职能专长把各个部门分隔开来。而这样做阻碍了进步，还在各职能部门之间形成了屏障。因此，他把工作重点放在了打破这种彼此孤立的状态上。而这就需要一种以合作作为基础的新方法，涉及学习如何将公司其他部门运用的高效快捷项目管理流程应用到营销、产品和中心团队。建立跨职能团队（这种团队表面上看像是一个小型企业）是打破部门相互隔绝造成人为阻碍的方法。这可以让以前联系甚少的部门开展合作，部门之间从而不仅可以相互理解，产生更多见解，还能带来更好的效益（The

Times，2019）。

这种方法也提高了企业管理层的工作效率。沃尔夫和其他高层领导伙伴采用了敏捷的理念，每周会举行三次"单口"会议：每次管理会议持续时间为七分钟，会上，每个高管都会讲述当天最重要的事情。战略会议每周举行一次：他们会考虑重要的客户洞察，然后迅速确定更好的新产品和新功能所需的资源组合。

沃尔夫的做法见效了：Mozilla 宣布，截至 2020 年，火狐浏览器将进入新的月度更新周期——更新速率比以前快了一倍，这在以前来看是根本不可能的。Mozilla 还开发了一系列为用户提供更好网络保护的新产品，是由各部门合作开发的，而不是凭借以前相互孤立的模式。这些新产品包括私人网络技术，可以增加使用咖啡店公共 Wi-Fi 接入网络时的安全性，还有可免费使用的火狐监视器（Firefox Monitor），如果用户的数据遭到黑客攻击，监视器就会提醒用户（The Times，2019）。

Mozilla 已经成为一个目标驱动型企业，现在公司促进的是决策，而不是利润或股东利益，它通过简单的敏捷管理准则来加速实现目标，使其客户受益（The Times，2019）。

在"诚信经济"中，很显然，目标将决定每个企业的灵魂，这一点对目标某个单一的方面（如品牌、社会、ESG、道德或客户体验）来讲更宏观，是比利润更重要的基本要求。正如我们将在本书第二部分中所看到的一样，这种对诚信的承诺构成了每一次体验的基础。

◁ **要点总结** ▷

1　世界在短时间内发生了巨大的变化，新冠疫情加快了现有的宏观趋势，而新的趋势也已经出现了。

2　在这个崭新的世界里，优化来自对客户的把握和企业目标。

3　在客户的潜在价值观里，他们越来越注重公司的运作方式、公司与环境的关系以及公司所追求的崇高目标。

4　如果公司与客户有共同的价值观、世界观，且对当地经济有共同看法，就会吸引越来越多的客户。

5　公司需要明确：自己经营的业务是什么，自己代表着什么，如果公司不存在，世界会错失什么？如果答案是"有没有我们公司，世界都一个样"，那么现在我们必须思考：自己的服务对象是谁？我要把公司打造成什么样子？为了更崇高的利益，我能做出什么贡献？

◁ 参考资料 ▷

1. Anderson, R. C. (2003) A better way, try it. www.raycandersonfoundation.org/assets/pdfs/rayslife/08–13–03–A–Better–Way.pdf (archived at https://perma.cc/7YQC–HCEY)

2. Business Wire (2020) IDC reveals 2021 worldwide digital transformation predictions; 65% of global GDP digitalized by 2022，driving over $6.8 trillion of direct DX investments from 2020 to 2023. (www.businesswire.com/news/home/20201029005028/en/IDC–Reveals–2021–Worldwide–Digital– Transformation–Predictions–65–of–Global–GDP–Digitalized–by–2022–Driving– Over–6.8–Trillion–of–Direct–DX–Investments–from–2020–to–2023)

3. Cassidy, F. (2019) Mary Portas: Retailing is entering a brand new era. www. raconteur.net/retail/mary–portas–retail/ (archived at https://perma.cc/RA59– QDGX)

4. Ciotti, G. (2021) How Disney creates magical experiences (and a 70% return rate). www.helpscout.com/blog/disney–customer–experience/ (archived at https:// perma.cc/M6PW–BFJQ)

5. First Direct (2020) first direct in the community. www.firstdirect.com/uncovered/

in-the-community/ (archived at https://perma.cc/7MRB-8V9B)

6. Hinshaw, M. (2016) The real value in voice of the customer: the customer experience. https://blog.adobe.com/en/publish/2016/03/20/the-real-value-in- voice-of-the-customer-the-customer-experience.html#gs.u7yqtp (archived at https://perma.cc/PG8T-9CLN)

7. Kober, J. J. (2016) Disney's four keys to a great guest experience. http://disneyatwork.com/disneys-four-keys-to-a-great-guest-experience/ (archived at https://perma.cc/Z5K7-WASA)

8. KPMG (2020) Responding to consumer trends in the new reality. https://home.kpmg/xx/en/home/insights/2020/06/consumers-and-the-new-reality.html (archived at https://perma.cc/N5VH-XMWS)

9. Lush (2021) Our values. www.lushusa.com/stories/article_our-values-lush.html (archived at https://perma.cc/6JFR-BGEG)

10. M&S (2020) Sustainability. https://corporate.marksandspencer.com/sustainability (archived at https://perma.cc/H72D-4F38)

11. MRS (2016) Towards an insight driven organisation. www.mrs.org.uk/pdf/insightdriven.pdf (archived at https://perma.cc/69FB-2VLK)

12. Monzo (2020) The Monzo transparency dashboard. https://monzo.com/transparency/ (archived at https://perma.cc/X9F5-5GV9)

13. RE 100 (2018) Ikea Group has committed to producing as much renewable energy as it consumes by 2020. www.there100.org/our-work/news/ikea-group-has-committed-producing-much-renewable-energy-it-consumes-2020 (archived at https://perma.cc/VYZ6-2T49)

14. Ritz-Carlton (2021) Gold Standards. www.ritzcarlton.com/en/about/gold-standards#:~:text=The%20Employee%20Promise-,The%20Credo,%2C%20relaxed%2C%20yet%20refined%20ambience (archived at https://perma.cc/S6R3-VB33)

15. Southwest (2021a) About Southwest. www.southwest.com/html/about–southwest/index.html (archived at https://perma.cc/BV9Y–2CH3)

16. Southwest (2021b) The Magazine. www.swamedia.com/magazine (archived at https://perma.cc/H9G4–7KH9)

17. Spataro, J. (2020) 2 years of digital transformation in 2 months. www.microsoft.com/en-us/microsoft-365/blog/2020/04/30/2-years-digital-transformation-2- months/ (archived at https://perma.cc/KV7V–M8QC)

18. *The Times* (2019) How a not–for–profit firm took on the planet's most powerful tech giants. www.thetimes.co.uk/static/how–a–not–for–profit–firm–took–on–the–planets–most–powerful–tech–giants/ (archived at https://perma.cc/U3CX–2ES7)

19. WHAM (2021) Wegmans named No.4 on Fortune list of 100 Best Companies to Work For. https://13wham.com/news/local/wegmans-named-no-4-on-fortune-list-of-100-best-companies-to-work-for#:~:text=4%20on%20Fortune%20 list%20of%20100%20Best%20Companies%20to%20Work%20For，–by%20 WHAM%20Staff&text=(WHAM)%20%2D%20Wegmans%20Food%20 Markets，Companies%20to%20Work%20For%20list. (archived at https:// perma.cc/2Y4W–M9B5)

第2章

了解新型客户

我们必须对客户有一个清晰的认知。但是，一个客户往往是很难琢磨透的，要从多方面考虑。我们每个人都有理性和感性需求，也有自己的理念和动机。在企业开始准备设计能满足客户这些需求（我们在本书第二部分谈论的重点）的体验之前，企业需要明确自己在为谁服务。

而这就是我们常说的市场细分活动，如今，市场细分这门学问比过去几十年都更加重要，也更为复杂。在公司进展缓慢或变革受阻的时候，首席营销官或客户服务团队可能会每隔几年就更新一下工作模型。对于大多数企业来说，许多客户模型存在于研究团队、数字化角色和广告功能中，体现出来的就是多个数据流和洞察力来源。这就像盲人摸象一样，通过多种不同的视角和术语来描述客户。

面对未来的客户变革，如果企业内部对公司的服务对象没有统一的共同看法，就说明公司高层没有起到好的领导作用，是领导力的重大失败。为了应对未来的变化和机遇，公司里每个人都要明确什么样的人才是客户，并且要用共享的术语来描述。

有许多方法可以帮助公司准确进行客户定位。有些方法更适合战略性的自动化和决策，比如优化营销技术以提供优惠或赠品，或安装客户关系管理系统（CRM）数据库以实现具体个性化的服务互动。其中最好的方法就是实时更新，利用多种信号将客户分配到小组中，并通过机器学习来匹配最合适的做法。其他模型则偏向宏观策略，如关注消费者的动机、需求和经济来源。

我们的建议是，在公司深入研究技术之前，先从这一步开始——企业要确保自己眼中的价值所在和客户的期望保持一致。

有几个不错的模型可供你选择，每个模型都有各自的系数和决定因素。本次论述中，我们将看到毕马威在世界各地进行的研究，从而确定了客户共有的五个因素，来帮助我们了解新型客户，以及他们的动机和行为——也就是客户如今做出购买决定的标准。这五个客户因素叫作"五个我的"，为在整个企业中形成统一的理解提供了一个实用的体系（KPMG，2017a）。

在每一个因素中，客户都发生了深刻的变化。为了公司能在新的现实背景中参与竞争，掌握好这些因素将成为打造竞争优势的出发点。

---

1 **我的动机**：当今消费者做出选择的动机是出于信任、真实性和社会价值，这种动机难以捉摸，却非常重要。

2 **我的注意力**：如今，企业争先恐后地想要吸引客户的注意力，而我们手头上又有海量的信息，让这种竞争更为激烈。

3 **我的联系**：如今，科技让人类与信息、人与人之间每时每刻都联系在一起，推动了我们的社交和行为的转变。

4 **我的时间**：如果公司了解时间的限制，并预测到时间限制在客户的生活中如何变化，就能把握对客户影响最大的时机，吸引客户，直接满足他们的需求。

5 **我的钱包**：在不同的人生阶段和重要的生活大事中，消费者会怎样调整自己的开销份额？这一点现在也在发生变化，在消费者所有资金分配领域中都产生了连锁反应（KPMG，2017a）。

◁ 我的动机：什么样的情况会让我采取行动、产生预期 ▷

购买动机是通过有意识和潜意识的生活及个人目的形成的，这些目的引导着客户购买的决定和优先级。西奥多·莱维特（Theodore Levitt）曾说过，我们买的并不是钻头，而是洞（Levitt，1969）；查尔斯·雷夫森（Charles Revson）是著名化妆品公司露华浓（Revlon）的创始人，他说过这样一句话，让人记忆犹新："在工厂里，我们生产化妆品，在商店里，我们卖的是希望（Revlon，2021）。"

一个客户急急忙忙赶到自己动手（DIY）商店购买材料，准备修裂开的水管。而两周后，他又回到这家商店购买庭院家具。同一个人的两次购买有着不同的动机、优先级和期望。正是我们的境况和购买的动机决定了我们所需的体验。

在这种背景下，传统的"战略化"细分形式已不再具有足够的洞察力。三个最常用的细分类型分别是：人口统计数据、地域统计数据和消费心态分析。过去，营销人员一般会把人们分成共性明显的细分市场，如有相似的年龄段、性别、地理位置、生活方式、职业等。但现在，人口统计数据不再是研究客户购买行为的一个可靠指标了。英国查尔斯王子和奥兹·奥斯朋（Ozzy Osbourne）[①]年龄相仿，也处于同样的人生阶段，但他们两个人不可能有相似的购买行为（Ward，2016）。

最近，出现了一种客户行为定向技术，可以让我们了解客户的意图。但是，公司正在从销售产品转向为客户复杂的生活问题提供全面的解决方案，涉及客户的身体、感情、意识和潜意识等方面。这就说明，公司需要掌握客户境况的多样性。对于大多数客户来说，是他们跨越多个渠道、接触点和媒体的旅程决定了自己未来的行为，而即便是最先进的数字化平台，也很难确定客户未来的行为。因此，我们需要新的方法来了解客户和他们的动机。

---

① 英国歌手、演员，主要作品有《小尼基》等。——译者注

> 客户至上
> 基业长青的六大支柱

而新方法的出发点，就是客户的个人境况及由此产生的意图。通过了解这些信息，我们可以精心打造合适的体验，以完美契合客户的个人需求和当务之急，从而让客户觉得，这是独一无二、专门设计的体验。

让我们设想一下，比如，有一家公司想让抽烟的人倾向购买健康风险较低的产品。这家公司先从了解吸烟者的动机开始，即吸烟者想戒烟的原因。而这种原因是多种多样的：可能他不想让自己身上有烟味，可能是想让身体变得健康，可能是不想让家人吸二手烟，可能是想树立一个好榜样，可能是想省点钱，也可能是想活得时间长一点。这家公司发现，烟民选择戒烟有几个很明显的原因。大多数吸烟者，无论年龄、性别、住址或经济状况如何，戒烟的原因无非都是这么几个。而一旦确定了吸烟者戒烟的主要原因，公司据此设计出来的体验就能不断提醒吸烟者：我是为了什么要戒烟，并且让吸烟者看到自己在戒烟之路上取得的进展。

很多公司都一直执着于"认识客户"，即在一个特定的时间点上识别客户。而公司这样做一般是出于监管部门的要求（如证明合规性），或者是公司想达成某个商业目标（如提高商品转化率）。很少有公司在"了解客户"方面有所作为，"了解客户"指的是更广泛地接触客户生活中发生的事情，并提供一个框架，让员工能够为客户提供适当的帮助。

美国 USAA 银行在毕马威美国百强企业指标中一直名列前茅。USAA 银行以自己能为客户的生活带来积极影响为傲（的确，USAA 高管的奖励机制也是以此为标准的）。在了解客户的境况、动机和购买原因方面，USAA 是世界上理念最超前的公司。其公司员工会先从以客户人生阶段和背景为基础的境况细分着手。他们会考虑促使客户购买的因素、客户生活中发生的事和客户的最终目标。根据客户境况，员工会在几个接触点之一采用公司的沟通策略吸引客户，用有相同人生阶段经历的客户所遵循的方法来引导客户。

沟通是根据客户生活中事情发生的时间进行的。预测技术可以用来确定客户的生活里将何时有事发生，从而与客户进行恰当的沟通交流。USAA 公司有几百万种不同沟通类型的组合，所以在每个案例中，采用的组合都可能是独一无二的。在这个例子中，沟通策略同时考虑了技术和业务惯例，但根本所在还是客户的境况和心理结果（Mocker 等人，2015）。

"颠覆性技术"这一理念的首创者克莱顿·克里斯坦森（Clayton Christensen）在和迈克尔·雷诺（Michael Raynor）的著作《创新者的解答》（*The Innovator's Solution*）中指出：60%的新产品在进入市场之前就夭折了。而剩下40%能进入市场的新产品中，又有40%的产品未能盈利，退出了市场。克莱顿认为，之所以失败率这么高，是因为公司使用了基于特征的市场细分，将产品特征和客户特征相比较，而营销人员试图从中找到两者之间的关系（Christensen and Raynor, 2003）。

克莱顿提出了一种基于客户境况的市场细分策略：关键的分析对象是客户的境况，而不是客户。他和迈克尔提供了一个案例分析来证明自己的观点。这个案例讲的是一家卖奶昔的快餐店。为了提高销量和利润，这家公司准备进行基于客户特征的市场细分，找出最有可能购买奶昔的客户的特点。虽然这家公司这样做了，但公司的业绩还是不见起色。

后来，研究人员依据对购买奶昔客户进行的人种志研究方法[①]，采用了一种基于客户境况的方法。他们没想到，大多数客户都选择在早上购买奶昔，并且是打包带走。研究人员在采访早上买奶昔的客户时，发现他们买奶昔是为了在上班路上喝。与硬面包圈、甜甜圈等其他早餐相比，奶昔似乎是最合适的早餐：喝奶昔需要慢慢喝，不会吃得到处都是，也不会让开车的人手变得黏糊糊，影响驾驶。而中午或下午，奶昔的主要买家是家长，因为他们的孩子上了一天的学，感到疲惫，家长就会买杯奶昔让孩子开心。早上开车的人比较看重奶昔的浓稠度，而到

---

① 一种研究者与研究对象"交互作用"的实地调查研究，尤其适合于对社会群体、个体与群体所处的背景以及人际交往过程的研究。许多人种志学者都在调查地区居住一年或更长的时间，学习当地的语言或者方言，而且尽最大可能融入当地人的日常生活。——译者注

了下午，孩子们往往喝不完一杯奶昔，因为他们喝得太急了。

在完成了基于客户境况的研究后，这家餐厅对如何提高奶昔的销量和利润有了清晰的认识：早上卖的奶昔喝完的时间要长一点，购买环节也要尽量快捷方便，可以放一些水果，或者推出新的口味，增加趣味。而下午卖的奶昔应该能尽快喝完，而且应吸引年轻的消费者，根据这种情况，餐厅可以采取一些策略，比如把奶昔做得更薄，用小一点、好看的杯子来装。这种基于客户境况的市场细分方式提供了一种十分有效的战略方法，来确定一个公司是否提供了客户需要的产品（Christensen and Raynor，2003）。

案例分析

了解你的客户：QVC

QVC是一家电视与网络百货零售商，年收入达90亿美元，QVC这个名字包含其高水准的品牌承诺（Q指质量、V指价值、C指便捷）。而QVC每天都在兑现这一品牌承诺。因此，该公司已成为英国美容和女装市场最大的公司之一。QVC的买家一直在寻找好的价值，而他们在QVC找到了这种价值。QVC的客户忠诚度在全球算是顶尖水平——其客户保留率平均高达90%，在零售业中几乎无人能敌。

QVC非常重视员工敬业度和强调提供出色的客户体验。QVC在毕马威指标中每年都稳步上升，在2017年成为第一名。

QVC成功的关键是因为它掌握了消费者心理学家所说的"准社会关系"的艺术和科学。准社会关系是人们对名人或虚构人物的单向情感依恋。这个说法是由唐纳德·霍顿（Donald Horton）和理查德·沃尔（Richard Wohl）在1956年提出的（Horton and Wohl, 1956）。两人把准社会关系描述为远程亲密关系。或者说，正如我们研究中的一位参与者对QVC电视主持人描述的那样："我想象中的朋友。"

QVC 了解其客户的心理。要想做到这一点，需要对目标客户有非常准确的把握，而 QVC 就对其客户的表述非常仔细。刚才提到的这位参与者，她（其86% 的客户是女性）就非常喜欢购物。对她来说，购物不仅是一种解压方式，也是她生活的一个重要组成部分。这是她放松身心、寻求快乐、找到自我价值感的途径。QVC 让她能够找到其他和自己有着共同价值观的人并与之交流。这是一种独特而深刻的关系。

每天，QVC 的电视主持人都会向观众展现自己的同理心。从他们的主持风格就能看出，他们很容易和客户产生共鸣，他们礼貌友好的气质会让人感觉自己就像是在和朋友聊天，这正是购物体验的一个重要组成部分。这些主持人都是经过层层选拔，然后接受培训（长达六个月），学习如何吸引客户、与客户交流互动。QVC 将这种方法称为"跨界对话"，就像是朋友给自己解释为什么某款产品会是自己的不二之选，没有强行推荐，也不会一个劲地说产品质量有多好，而是会把重点放在产品会给客户带来什么样的感觉上。

主持人在每个节目开始的时候都会设定预期结果，比如"我们今天为您准备了一个精彩的节目""今天我们的优惠仅限这一次，机不可失，时不再来"。公司鼓励客服中心的工作人员主动倾听客户的意见，并与他们建立情感上的联系。公司里有真正关心客户的好员工是一个关键要素，确保他们有能力和权力来提供最好的服务。的确，可以说同理心正是 QVC 赖以成功的关键所在。

对产品的描述，应该是要说出这个产品会让你看起来怎么样，或者是给你带来什么样的感觉。举个例子，描述珠宝时，就要说出佩戴它时的感觉，如妩媚、自信、时尚、个性、美丽等，取决于不同的情况。而香水，尤其是这种使用中看不见的东西，就要表述出把它当作礼物的感觉。这都与期望相关，要创造出一种期待的感觉，"想要"和"拥有"一样重要（KPMG, 2017b）。

◁ 我的注意力：我的注意力和
侧重点是怎样变化的 ▷

据说 Z 世代（指 1995 年至 2009 年间出生的一代人）的注意力持续时间是 8 秒，千禧一代（指在 2000 年后成年的人）的注意力持续时间是 12 秒。从以前的人口统计特征来看，可能千禧一代注意力持续时间要长一点，但现在也越来越短了——我们的时间总是不够用的，要在有限的思考时间内处理各种需求。这就意味着，每一个营销时间节点都需要计算在内（Patel，2017）。

客户在市场上买东西时，面对各种选择眼花缭乱，他们的注意力又受到限制，这时，想要抓住客户的注意力不再可行。毕马威指标中的领先公司和那些在近期排名上升速度最快的公司已经学会利用技术在销售中培养客户关系。因此，客户在生活中，尤其是在真正重要的时刻，心里就会想到这些公司。

案例分析

乔·吉拉德（Joe Girard）

乔·吉拉德是第一个超级推销员（Girard，2021）。从 1963 年到 1978 年，他创造了新的成功标准，他平均每个月卖出 100 多辆汽车，并打破了吉尼斯世界纪录中一年内销售 1425 辆汽车的记录。他没有给客户提供折扣、升级汽车或提供任何的福利，只是采用了与竞争对手不同的销售方法。他卖的不是产品，也不注重事务性销售。他提供的，是一种以信任为基础的、深厚的个人感情。

吉拉德会让客户在生活中时常会想到自己，时常与客户保持联系。由于汽车的平均更换周期为四年，对他来说，持续不断的互动是建立关系的关键所在，这比知道客户出现在市场上的时候才去联系要有用得多。他雇了两个秘书来协调自己同客户的沟通，他每个月都要给客户写一封个人笔记，几乎成了客户家庭中的一员。他把客户看作是一种关系网的入口，他的指导原则是：始终让客户知道他

> 们自己有多么重要和特别，让他们知道，你不会把他们的事情不当回事。重要的一点是，吉拉德自始至终管理着汽车的全部生命周期。他认为，真正的销售是从销售完成之后才开始的。因此，他的大部分业务都来自转介。在转介服务流行起来之前，吉拉德就已经是位老手了。
>
> 当然，现如今，技术可以取代两个秘书，并带来个性化的互动，让沟通交流变得有趣、切题，产生同客户建立关系的机会。

很多时候，客户生活中重要的时刻并不是销售产品的时候，而是建立关系的时候。那些在我们的指标中名列前茅的金融公司，如USAA、美国联邦海军信贷协会（Navy Federal）、爱德华琼斯（Edward Jones）和嘉信理财（Charles Schwab）等，这些公司的客户购买间隔可能相当长；而客户购买频率高、与客户接触多的公司，如美国HEB超市、美国大众超级市场公司和韦格曼斯超市，也是用同样的方法：在客户的购买间隔期间，通过数字技术在身心上陪伴客户，为他们提供服务。

我们的大脑好像预先配备了一种注意力过滤器，让我们能在生活的大部分时间里自动找到方向。当有重要的大事发生时，它也会让我们变得格外敏感、思维沉稳，这就是为什么我们在一个拥挤嘈杂的房间内依然能突然听到有人提自己的名字。

消费者会为那些与自己的生活目标、生活问题和对情感上满足的渴望相关的事物所吸引。一个安静的夜晚降临，一个婴儿诞生了，这两件事的相关性在不同的行业中也是不一样的，但这两件事明显推动了需求，通过分析这种需求，我们就会发现有些客户需求并没有得到满足。因此，像奈飞（Netflix）、QVC、希尔顿酒店和First Direct银行这样的行业龙头企业正在围绕这类事件设计体验。

第一类事件是生活事件，为客户提供了诱因，让他们为实现一个目的而开启旅程。一个事件发生，就有了客户在特定情况下亟待解决的问题。有些生活事件是可以预测的，而很多是不可预测的。生活事件的发生会影响客户的心态，也会影响他们在心理和生理上所寻求的满足感。正如我们之前提到过的，那个急着去DIY商店修理裂开水管的客户,一周后他又来逛庭院家具,这两种心态是截然不同的。

大多数行业都对生活事件发生的相关性有所了解,却很少有公司利用这种相关性来设计客户体验。能做到这一点的公司在毕马威指标中都表现优异。领先企业会观察客户是如何从头到尾完成这些工作的,明确客户眼中的"成功"是什么样子的,然后关注影响客户的障碍和阻力。最后,他们会分析:公司已有的一系列产品和服务体系最终如何服务客户?客户得到的服务是否周到、充分?现有的产品够不够用?如果答案是否定的,那么就说明公司还有创新的机会(KPMG,2017c)。

每个行业对生活事件的表述各不相同,但都有一个共同点——事件会发生在生活中的各个方面,如表 2.1 和表 2.2 所示。

表 2.1　不同行业中客户生活事件举例

行业	客户生活事件
零售	要买东西的时候
金融服务	人生大事(如第一次买房、生孩子、退休等)
医疗	疾病发作
保险	焦虑不安的时候(如担心入室行窃、出车祸)
资产管理	人生关键抉择点(其客户需要重新考虑自己的投资方式和内容)
公共事业	季节更替;客户住址有变(如准备过冬、搬新家)
电信、高科技	使用个人应用

表 2.2　不同公司中客户生活事件举例

公司	客户生活事件
QVC	妈妈们的自我放松时间;夜生活;过生日
玛莎百货	吃晚饭;两人在家吃饭;一日三餐
First Direct 银行	人生大事;过生日;加入 First Direct 银行的纪念日
普瑞米尔酒店	出差;一家人周末出游
Lush	轻松的沐浴时光;自我享受时间

续表

公司	客户生活事件
奈飞	建立人设；晚上和兄弟一起玩；家庭时光
阿联酋航空公司	出差；体验人生；一家人旅游
美国大众超级市场公司	吃晚饭（食材都摆放到一起，你看着工作人员做饭）

第二类事件是待办事项。人们未来要采取的行动，很大程度上会受到生活中发生的事件的影响，这一点我们早已心知肚明。越来越多的企业开始关注客户生活中发生的事情。事情一旦发生，客户就会有一系列工作要做，就像是一份"任务列表"，也就是克莱顿·克里斯坦森口中的"待办事项"（Christensen et al, 2016）。通常情况下，客户的需求是缓解生活中遇到的压力，而帮助客户解决这些问题就是企业创新的关键所在。成功的企业会注重现有产品和服务的不足之处，或者是客户需求还有哪些地方没有得到满足，并找到新的方法为客户创造价值（KPMG，2017c）。

USAA 在为客户打造体验时，采用了列出"待办事项"的方法。比如 USAA 的购车服务，如表 2.3 所示。

表 2.3 买一辆车的待办事项

生活事件	待办事项
买一辆车	决定买哪一辆车
	决定买车时间
	找到经销商，商谈折扣事宜
	确认购车基金
	申请补贴或政府折扣
	延长汽车保修期
	确认汽车购置税
	上保险（未出险则降低保费）
	在社交媒体上分享

USAA处理丧事的过程也是遵循列出"待办事项"的形式。家人的死亡必然会让人的情绪跌落到低谷，但也还有一系列事情要去做，也就是"待办事项"。USAA研究了所有这些客户需要做的事，并决定了公司将为客户承担哪些工作，以及公司将为哪些事情提供解决方案。整套方法的基础是一种生活事件指导原则，可以为客户提供一个系统的路线图，帮助客户顺利完成所有任务。

办丧事的过程由"逝者家属关系团队"负责，他们训练有素，情商比较高，可以在客户艰难的日子里为他们提供咨询和帮助（USAA，2021）。表2.4表明了USAA帮客户解决"待办事项"的做法，从中我们可以看出，USAA明确了公司团队要做的事情，也指明了工作方向（KPMG，2017c）。

表 2.4 生活事件及待办事项：办丧事

生活事件	待办事项
办丧事	通知出生、死亡、婚姻登记人员
	注销逝者的直邮
	让广告推销人员不要再拨打逝者电话
	向有关部门通报
	通知银行和公共设施部门
	索赔人寿保险
	查看养老金和福利
	确认遗嘱执行人
	房产管理

案例分析

希尔顿酒店

希尔顿酒店为了推出一个新的应用程序，对一个客户的入住体验进行了极为细致的研究。这位客户是个生意人，因参加商业活动要出差过夜，有着特定的需求。公司发现，客户在不同情况下有着一些不同的需求。从这位商人客户身上，

> 希尔顿看到了以下需求：
>
> - 客户到达和离开的时间比较特殊，通常酒店要求下午 3 点后入住，上午 11 点前退房，而客户希望自己在这个规定时间之外依然能进入房间。
> - 酒店常客需要有积分和兑换服务。
> - 客户旅途奔波后常感到疲惫，不想在前台排队等候。
> - 客户需要额外的"待办事项"，比如找到自己的房间、办理延迟退房、订餐等。
>
> 希尔顿的做法是：设计一种应用程序，让客户彻底摆脱传统的酒店入住流程。客户可以在网上预订房间，查看房间的环境，看这间房是否可以入住，也可以预订自己喜欢的房间。可以通过入住获得积分，用积分兑换礼品或返现。该应用程序还提供了酒店周边和房间位置的导航，客户还可以用应用程序上的电子钥匙来打开房门。

◁ 我的联系：我如何同电子设备、信息和其他人接触 ▷

商业领域中的重要联系主要发生在三个层面：第一，直接与品牌及其产品和服务的情感联系；第二，我们围绕品牌产生的联系；第三，一个人与身边有影响的人（意见领袖）组成的关系网的联系。

第一种和第二种联系与组织的目标有关。然而，在数字化时代，人们与他人有着更多、更复杂的关系。公司就需要重新思考自己如何看待客户以及客户的价值：如果一个客户对别人购买行为的影响很大，那么他的价值很可能就超过他作为消费者的价值。

新冠疫情对人们的品牌忠诚度造成了很大的影响。尼尔森公司（Nielsen）表示：现在，世界上只有 8% 的消费者认为自己依然会对品牌保持忠诚（Nielsen，2019）。现在网上有越来越多以搜索引擎和付费广告为媒介的数字化互动，再加上人们本身就渴望即时满足，导致客户的品牌忠诚度下降。同样，毕马威指出，87%的消费者在花一大笔钱买东西之前，都会受到别人的影响（KPMG，2020）。

除了不再像以前那样对品牌坚信不疑，我们如今更多的是受到社交群体的影响。社交圈的认可，即朋友们会羡慕自己、让自己更加自信，这一点已经变得比普通的产品满意度更重要了。我们对社交关系的忠诚，以及对社交群体的归属感，已经变得比品牌忠诚更重要了。简而言之，我们不能忽视其他人的态度和行为。社会认同现在是影响客户做出购买决定的一个重要因素。

在客户与品牌、市场和其他人之间的互动当中，客户不再是被动的消费者，而是在一个动态关系网中的节点，企业需要了解这些关系网是如何改变客户购买路径的，并且要开辟新的途径，为客户创造价值。

我们不应该把客户看作是客户关系管理系统（CRM）中的一行数据，或者需要立刻进行的互动，我们应该把他们看作是一个互联互通的网络。而了解这个网络中的节点有很大的价值。新型客户群体有着以自身价值观为基础的理念体系和共同兴趣爱好，他们正在重新定义营销沟通的目标所在。社交媒体平台也支持以特定的兴趣爱好进行分组。

哥伦比亚大学商学院的戴维·罗杰斯（David Rogers）将客户网络描述为：通过一系列数字化工具及互动，与企业和他人联系起来的所有现有和潜在客户集合（Rogers，2013）。客户网络之所以重要，是因为现在都是数字设备把我们联系到一起，通过数字设备，我们交流、互动和推荐的规模也越来越大。这些关系网络影响着甚至控制着人们的购买行为，并最终决定公司的财务绩效。过去，公司通过大众市场模式获得成功，他们以前可以与个体客户沟通，却不能互相影响。现在，企业成功的关键就藏在客户网络模型中。在客户网络模型中，企业倾听客户，与客户互动，并根据由积极热情的个体客户组成的互联互通网络进行创新。

◁ 我的时间：我如何平衡时间和资金的限制 ▷

经济学家长期以来一直在谈论机会成本：当我们做出不同的选择时，我们要对时间和金钱加以权衡。我们有多少时间，或者说我们以为自己有多少时间，会影响我们同其他人、服务和公司的相互作用。无论是定期送菜上门、整理房屋服务，还是利用算法来策划和引导我们以后要买的东西、看的电影或者听的音乐，我们现在越来越多地利用技术来让生活中的任务自动化，或者加快完成工作的速度。

然而，快节奏的生活、眼花缭乱的选择、日益复杂的数字技术和我们"始终在线"的生活方式，导致了一种叫作"时间贫困"（time poverty）的现象：我们会感觉自己能支配的时间越来越少。而这一点可以在很多方面影响我们的行为，会让我们优先考虑购物的便利性（如"到店自取"）、速度（如送餐上门）和舒适性（如倾向于线上沟通而不是面对面交流）。

此外，我们渴望得到信息，却希望信息能像婴儿食品一样喂给我们：把它揉碎，处理成最简单、最容易消化并吸收的形式。受大环境的影响，事情的紧迫性和即时满足都影响着我们的时间观念。我们偏爱短时间的极度快乐，而非长时间的适度快乐。

新兴的关键客户群体，包括 Z 世代和千禧一代，正在发生实质性的变化。这些人更愿意把自己的时间花在体验上，而不是攒钱。例如，英国一家大型零售商正在尝试大众市场的礼宾服务：从室内设计、保洁和园艺，再到持续家居维修和护理等。想要获得这些服务，只需按一下按钮。看来，我们不用再花时间做家务了。

我们要了解，客户花这几分钟，到底想从互动中得到什么，这是很重要的。神经科学家丹尼尔·卡尼曼（Daniel Kahneman）在他的《思考，快与慢》（*Thinking, Fast and Slow*）一书中指出：有一场演唱会，总时长 50 分钟，歌手前 48 分钟的演唱精彩绝伦，但最后 2 分钟唱得并不理想；一场同样是 50 分钟的演唱会，歌手表现好的时间加起来虽然远不及 48 分钟，但在演唱会达到高潮时，歌手表现得堪称完美，演出谢幕时的最后一首歌也唱得非常好。两场演出相比，后者要比前者更能在观众脑海中留下美好的印象。丹尼尔·卡尼曼将这一现象总结为"完美谢幕理论"（Kahneman，2011）。我们将在本书的第二部分探讨公司该如何处理这一问题。

◁ 我的钱包：我如何在生活事件中调整支出 ▷

在传统的人口统计模型的基础上，毕马威的研究告诉我们：要重点了解收入、消费、消费机构和积累的财富之间的关系，而这关键是要了解，在各个人生阶段，这种关系在不同时代的人身上有何不同表现。

我们决定买或不买某件商品的原因正在发生重大的改变。虽然有些人可能在新冠疫情中变得富裕起来，但大多数人的生活并没有明显的改善。以前的经济冲击（如2008—2009年和2001—2002年的金融危机）带来了以价值为基础的市场细分模型，这种价值细分取决于消费者的可支配收入和他们未来维持家庭生活的需要。现在，由于全球经济受到疫情的影响，新的细分市场已经出现，并且可能会在未来几年里持续存在。对许多人来说，他们会根据必要性把产品分成几大类（生活中的必需品；消遣娱乐用品；不着急现在买的东西；消耗品），并根据自己的财务状况随时调整。

虽然公司长期以来一直把客户潜在的赚钱能力和可支配收入作为市场细分和确定客户价值的衡量标准，但现在，新技术得到大规模推广使用，按需经济兴起，因此我们在不同类别产品之间愿意做出的取舍也不一样了。许多公司仍然认为自己主要的竞争者来自同行业，但实际上，他们真正的竞争者，是所有争夺客户钱包份额的公司。

◁ 购买路径 ▷

要想理解客户旅程，重要的是要从战略方向思考，并考虑到整个情景

（无论你想使用什么样的体系）。这个情景要随着时间的推移而发生变化，这不是把电话销售话术、了解客户调查和营销转化指标优化一下，以应对当下与客户短暂的互动就可以了，你要做的是与客户保持几个小时、几个星期或几个月的密切联系。由这些互动构成的客户旅程是企业盈利的关键，本书后面会把客户旅程作为成功企业领导者的管理工具来进行探讨。

了解客户同样也要以客户旅程为基础。客户旅程分析的重点并不仅仅只是说明性的见解和流程图，企业还需要有一个清晰的过程来阐明公司所要采取的行动，或者更准确地来说，阐明公司员工所要采取的行动。

消费者的购买路径就是很好的例子，它几乎是所有企业了解客户最重要的方法之一。同许多客户旅程分析一样，我们要承认：客户购买路径会和客户的习惯相互影响，而客户的一些习惯多年以前就已形成，可能很难去改变。为了解决这个问题，尼尔森（Nielsen，2021）已经提出了"欧米伽法则"的概念，即我们许多人在日常购买以前经常买的东西时，整套流程都是固定的，就像自动驾驶一样。你可以回想一下：你最近一次在超市购物的时候，你会很快就选好要买哪一个牌子。这时，就是"欧米伽法则"在起作用。

此外，尼尔森还提出了"德尔塔时刻"的概念，指的是在客户旅程中，客户预先设定的行为中断的时刻，即客户购买路径容易被拦截、发生改变的时刻。这些特定时刻往往难以察觉。此时，需要有新的刺激因素，让客户主动重新评估自己真正想要的是什么。

通过与了解客户的体系相结合，"欧米伽法则"和"德尔塔时刻"两个概念表明了公司应该在哪个节点按照客户洞察来采取措施。表2.5说明了"欧米伽法则"和"德尔塔时刻"是如何在客户购买路径上发挥作用的。

表 2.5　客户购买路径最优化

购买路径阶段	新的考量	德尔塔时刻
诱因——刺激消费者的目标，促使他们采取行动	我的动机： • 我的生活中发生的事，或者我计划要去做的事 • 我的安全保护 • 我有意识和潜意识的生活目标 • 我的价值观和理念 • 预计要解决的问题 • 预期回报	1. 当我的安全和健康能得到保障时 2. 预测分析——当生活中有事要发生时 3. 感同身受的人种志研究方法——详细了解客户的生活及其问题 4. 品牌价值或客户价值相一致——客户会对明确的目标做出回应，并认同公司价值观时
意识到有几种做法可能会达成目标	我的注意力： • 突出性——产品和公司要符合我的口味 • 相关性——与我的境况、事件、目的、问题和需求相关 • 及时性	1. 就目的展开沟通 2. 企业的行为与其宗旨相符 3. 沟通的时间与客户生活事件相吻合
考虑——评估备选方案	我的联系： • 信息 • 最终决定的形成过程，以及相关社交或兴趣团体的肯定 • 对自信心的影响	1. 及时沟通 2. 循循善诱，而不是硬性推销 3. 通过有影响力的人传播，针对相关社交群体 4. 营销要让客户看到能获得别人的羡慕和社会认可
购买——阻碍因素与最终挑选的动态平衡	时间与金钱的权衡以及阻碍因素 • 我能买得起什么？ • 在这次购买中，我投入的这些时间值不值（是自己做还是找别人做）？	1. 在客户购买的时候出现减少、阻碍购买的因素 2. 以价值为基础的体验 3. 了解争夺客户钱包份额的竞争势力
购买发生后的即时回顾	决定确认偏差和促进购买的因素： • 我的社交群体会有何反应 • 实现了预期目标 • 满足了自己的设想	1. 售后改进工作 2. 避免认知上的偏差 3. 超出预期

◁ **要点总结** ▷

1　消费者正在发生变化：新的价值观、新的行为和新的首要任务正在对客户的购买行为产生深刻的影响。企业需要弄清楚自己的客户是如何变化的：包括他们的价值观、关注点及生活事件的影响。要想做到这一点，公司需要更注重客户境况和背景而非人口统计的新市场细分方法。

2　企业应当考虑更宏观的社会、经济和环境因素，消费者对这一点的看法受到了新冠疫情的影响。消费者现在更喜欢那些把价值看得比利润更重要的公司。我们正在见证"诚信经济"的出现。

3　消费者在购物时，不再是单独行动的，他们是关系网中的一个节点。了解客户应该包括了解他们的关系网，他们会影响谁，又是谁影响了他们。

4　消费者购买路径研究必须在购买行为发生之前就开始进行（了解动机）。在购买行为完成后，整个流程还会（在顾客的心里）持续存在很久。

5　消费者同样也是员工。员工的体验也需要改变，你不必感到奇怪，因为这样员工才能与客户有真情实感的互动。在下一章中，我们将阐述员工体验需要如何优化，才能跟上新型客户的步伐。

◁ **参考资料** ▷

1. Christensen, C., Hall, T., Dillon, K. and Duncan, D. (2016) Know your customers''jobs to be done'. *Harvard Business Review*, September.

2. Christensen, C. M. and Raynor, M. E. (2003) *The Innovator's Solution: Creating and Sustaining Successful Growth*. 18th edn. Boston, MA: Harvard Business School Press.

3. Girard, J. (2021) The history of Joe Girard. www.joegirard.com/biography/ Horton, D. and Wohl, R. R. (1956) Mass communication and para-social interaction. www.

tandfonline.com/doi/abs/10.1080/00332747.1956.11023049? journalCode=upsy20 (archived at https://perma.cc/G2EP-XYHV)

4. Kahneman, D. (2011) Thinking, *Fast and Slow*. New York: Farrar, Straus and Giroux.

5. KPMG (2017a) Me, my life, my wallet – first edition. https://advisory.kpmg.us/articles/2017/me-life-wallet.html (archived at https://perma.cc/A4XB-PSR2)

6. KPMG (2017b) The connected experience imperative. https://assets.kpmg/content/dam/kpmg/br/pdf/2017/11/the-connected-experience-imperative-uk-2017.pdf (archived at https://perma.cc/SQU9-H6BC)

7. KPMG (2017c) UK customer experience excellence analysis 2017. www.nunwood.com/excellence-centre/publications/uk-cee-analysis/2017-uk-cee-analysis/qvc/ (archived at https://perma.cc/Z9P2-UB44)

8. KPMG (2020) Responding to consumer trends in the new reality. https://home.kpmg/xx/en/home/insights/2020/06/consumers-and-the-new-reality.html (archived at https://perma.cc/ZWV4-T7M5)

9. Levitt, T. (1969) *The Marketing Mode: Pathways to Corporate Growth*. New York: McGraw-Hill Book Company.

10. Mocker, M., Ross, J. W. and Hopkins, C. (2015) How USAA architected its business for life event integration. https://core.ac.uk/download/pdf/35286962.pdf (archived at https://perma.cc/R9FW-3T88)

11. Nielsen (2019) Consumer disloyalty is the new normal. www.nielsen.com/eu/en/press-releases/2019/consumer-disloyalty-is-the-new-normal/ (archived at https://perma.cc/XAU2-T5FE)

12. Nielsen (2021) Shopper fundamentals. www.nielsen.com/au/en/landing-pages/shopper-category-fundamentals/ (archived at https://perma.cc/8DUF-565U)

13. Patel, D. (2017) 5 differences between marketing to millennials vs. Gen Z. www.

forbes.com/sites/deeppatel/2017/11/27/5–d%E2%80%8Bifferences–%E2%80% 8Bbetween–%E2%80%8Bmarketing–%E2%80%8Bto%E2%80%8B–m%E2% 80%8Billennials–v%E2%80%8Bs%E2%80%8B–%E2%80%8Bgen– z/?sh=2f602f762c9f (archived at https://perma.cc/6BXQ–M4NH)

14. Revlon (2021) Our company, our founders. www.revloninc.com/our–company/our–founders#:~:text=Charles%20Haskell%20Revson%20was%20 born，the%20store%20we%20sell%20hope.%E2%80%9D (archived at https://perma.cc/4J9X–ED4A)

15. Rogers, D. (2013) The network is your customer. www.slideshare.net/ DavidRogersBiz/2013–1105–customer–networks (archived at https://perma.cc/ C7S9–Y6GT)

16. USAA (2021) Loss of a loved one. www.usaa.com/my/survivorship? akredirect=true (archived at https://perma.cc/DJ7Y–LRAA)

17. Ward, M. (2016) What do Prince Charles and Ozzy Osbourne have in common? www.bbc.co.uk/news/technology–37307829 (archived at https://perma.cc/ FEL7–J6AZ)

第3章
了解新型员工

世界领先的品牌公司不仅为客户提供良好的服务,而且一般也为员工提供极佳的工作场所。这就是企业实现优化的主要特征之一:不仅商业实力雄厚,与客户关系亲密,员工也感到幸福、充满动力。这些公司都意识到:员工每天的日常工作体验,与他们为客户提供的体验之间存在着密不可分的关系。虽然在一些公司内情况并非如此,但如果能实现员工体验优化,那么公司就很有可能实现客户体验优化。所以,在改善客户体验方面,第一要务就是先从改善员工体验开始。

许多人都认为,员工敬业度可以产生经济效益。美国盖洛普咨询公司对23910家企业进行了研究(Ott,2007),比较了员工敬业度最高的25%和最低的25%企业的结果。那些员工敬业度较低的企业,其员工离职率平均高出了31%~51%,库存损耗率高出51%,事故率高出62%。而那些员工敬业度排在前列的企业,其客户支持率平均高出12%,生产力高出18%,利润率高出12%(KPMG,2019)。

盖洛普的这项研究还考察了89个公司的每股收益增长情况:那些员工敬业度得分在前25%的公司,其收益增长率是员工参与度得分低于平均水平公司的2.6倍(KPMG,2019)。

有两项影响力较大的研究都把员工体验和客户体验联系在了一起。第一个,就是著名的服务利润链理论(首次于1994年提出)。2008年《哈佛商业评论》的文章

《让服务利润链发挥效用》(*Putting the Service-profit Chain to Work*)更新了这个经典的模型,阐述了盈利能力、客户忠诚度和员工满意度之间,以及客户忠诚度和生产力之间的关系(Heskett et al, 2008)。客户忠诚度来源于客户满意度。而客户满意度很大程度上取决于员工提供给客户的服务价值。唯有员工知足、忠诚、高效,才能创造出这种价值。而员工满意度则主要来自公司高质量的配合和政策,让员工能够为客户解决问题。

这层逻辑关系看起来似乎不难理解,就是人们通常说的"员工满意,客户才满意;客户满意,股东才满意"。然而,虽然这种关系看上去很简单,但我们必须深刻理解个体企业中客户满意度和员工满意度之间的因果关系。

案例分析

维珍理财:对 CEO 大卫·达菲的访谈

员工满意,客户才满意。一直以来,这都是个事实。作为企业领导,我们的职责就是确保员工要感到满意、幸福,并为他们提供成功所需的方法。体现在日常行为当中的企业文化,是由价值观所塑造的,这是影响员工和客户体验的重要决定因素。而这些价值观包括:发自内心地服务(要充满热心、不虚情假意),保持永不满足的好奇心(要不断学习),必要时打破常规(要勇于创新、不惧权威),与客户建立亲密关系(要大胆自信、积极上进),率真诚实(坦率真诚、建立信任),以及创造让人高兴的惊喜(寻找能产生很大影响的小事情)。

这些价值观不仅影响着我们的工作方式,我们也希望它们能帮助员工过上自己想要的生活,成为最好的自己。我们正在调整工作流程和方式,来实现这个目标。

第二个影响力较大的研究,是由美国密歇根大学罗斯商学院的商学教授戴维·乌尔里希(David Ulrich)对员工敬业度和企业绩效之间的关系所做的研究,旨在确定两者的因果关系，并量化每个变量对另一个变量的影响。他的研究表明：员工敬业度每提高10%，公司的客户服务水平就会提高5%，利润提高2%（O'Donovan，2007）。

在我们的研究中，除了打造良好的工作环境，排名靠前的企业都明白一个简单的道理：可以用同样的原理来设计员工体验和客户体验。可奇怪的是，在大多数公司的组织设计里，客户战略和员工战略分别被交给了完全不同的部门来负责，而部门的职能和所用术语也都不一样。虽然同为员工，但在大多数情况下，我们都不会完全相同地对待每一个人。公司若将客户和员工战略分开，独立规划，会导致术语、愿景和目标的混淆。通常情况下，这一点是可以看出来的，因为你会发现，通过员工战略实现客户目标的环节未能很好地贴合公司的价值观，而这已经算是运气好了。在最坏的情况下，人们会以为公司是在巧言令色，说一套做一套：口口声声说会给客户带来巨大福利，但其失败的企业文化却无法兑现这一承诺。

员工是提供和持续改善客户体验的关键所在。在我们的全球研究当中，那些掌握这一真理的品牌都表现得都很出色，而那些投资预算最多、数字化议程引人瞩目的品牌却表现平平。企业面临的挑战，是要确保员工的体验与他们期望客户所获得的体验相一致，换句话说，在设计员工体验时，要考虑客户体验。

和客户一样，如今的员工也与以往大不相同。毕竟，他们也是人，只不过观察的角度不一样罢了。员工的行为、理念和价值观同样也发生了变化，正推动着一场劳动力变革。在我们的研究中，企业领导正有效处理这个问题，让技术进步、多代劳动力和全球经济发展协调配合。

各个企业正见证着其劳动力和工作场所发生的根本变化。人们的生活事件不再于固定的人生阶段发生，千禧一代也可以像婴儿潮一代[①]的人一样做家庭护理，

---

① 本文中特指第二次世界大战后美国的"4664"现象：从1946年至1964年的18年间，美国的新生儿数量高达7800万人。——译者注

75 岁以上的人也可以结婚、再婚。人生阶段的重新定义，不仅影响着客户，也同样影响着员工。新冠疫情极大地促进了居家办公，我们需要新的领导方式，让员工更信任公司，建立新的协作机制。这些新的变化，让所有公司的惯例都有所调整，也影响着他们对企业文化和整体变革管理的思考方式。因此，企业经理和领导的角色正在迅速演变。

员工的性质正在发生变化。与以前相比，如今他们更多使用网络，更加全球化、多样化，对媒体的使用也更加熟练，因此，员工和员工之间的关系比以往任何时候都更紧密。从根本上来说，关于"工作在生活中的作用"这个问题，千禧一代和 Z 世代的看法与他们的前辈完全不同（KPMG，2019）。他们来到工作场所，期望能更好地平衡自己的生活和工作，也希望公司能给世界带来有意义的、明显的变化。

那么，要想打造良好的员工体验，如今的 CEO 需要了解和面对哪些新的挑战呢？

- 从千禧一代、婴儿潮一代到 Z 世代，劳动力中的人口结构越来越多样化。他们的观念和价值动因都有所差异，这就意味着我们需要一种分段式方法，就像对客户进行细分一样。
- 员工希望公司能主动关注自己的身体健康。员工想要的不只是过去"不伤害"员工的安全管理方式，也不只是自己身体上的健康。面对持续不断的变化，员工的心理健康也成了企业关注的一个领域。
- 这里再说一次，目标是成功企业的命脉。我们之前讨论过的每一条法则都适用，但对员工来说，企业的目标必须绝对真实可靠，不能说一套做一套。
- 技术既可以拉近人们的距离，也可以让人们变得疏远。过去几十年以来，员工都希望自己能多在家待一会儿，而现在，不少员工却渴望回到自己公司里的岗位。远程办公没有在公司上班的那种集体感、自发性和意义。

- 员工旅程是为公司带来变革的基础。我们常说要消除消费者的"痛点"、不要让他们感到失望，确保整个服务环节畅通无阻，而对员工开展这些工作也同样重要。我们的目标是大规模地形成一种情感联系，而不是简单地从"人力资源"的角度对员工加以管理。

- 各部门之间相互独立的工作方式已经行不通了。把各部门具有不同知识、技能的员工组织起来工作是一项关键的技能。T型人才[①]，指的是那些有较深的某方面专业技能，同时又有广泛的技能运用经验的人，这种人才是非常受欢迎的。

- 人们希望工作场所使用的技术与消费者技术具有同样的标准：美观、实用、有价值。虽然好的技术并不会让员工体验有明显提升，但如果没有适当的技术支撑，员工体验也得不到保障。

- 显然，领导力是关键，我们下面会对其展开讨论。对于企业领导来说，他们面临的压力从未如此之大——在每次参与公共讨论时，领导都要表现出人情味，让自己显得平易近人、体贴和真诚，同时还要体现出公司的目标。

◁ 协调员工体验和客户体验 ▷

在《哈佛商业评论》的一篇文章中，丹尼斯·李·约恩（Denise Lee Yohn）指出，公司要想做到以客户为中心，最常见、可能也是最大的阻碍就是没有客户导向（或者叫以人为本）的企业文化（Yohn, 2018a）。在大多数公司，其企业文化都坚持以产品为中心、以销售为导向：因为我们需要一起工作来赚钱，所以就无意中造成了这一个被我们忽视的后果。所以通常情况下，公司重视客户只是说说罢了，这就导致了企业对客户的追求和公司内部现实之间的巨大脱节。

---

① T型人才是指按知识结构区分出来的一种新型人才类型。用字母"T"来表示他们的知识结构特点，"T"由"—"和"｜"组成，分别表示知识的广度和深度。——译者注

要想成功实施客户导向战略和运营模式，公司必须有一种让内部员工文化与外部客户相一致的文化，必须要有领导有意培养员工必要的观念和价值观。

每个龙头企业都有一个典型特征：在共同客户目标的带领下，能实现组织协调。龙头企业协调工作的核心就是员工体验和客户体验之间的联系。企业组织的核心问题，就是如何将人与人之间的联系转化为商业价值。公司以企业文化为起点，以商业价值为终点。

在我们与毕马威的合作研究中，我们将这个理念称为"客户与员工平等统一体"，如图3.1所示。

正如我们之前所说，在许多公司里，这些领域的责任分别由不同的部门来承担。从形式上来看，企业文化由人力资源部门或者转型团队负责。但实际上，企业文化体现在公司内的每一位领导身上和每一种潜规则之中。员工们体验到的企业文化，通常由人力资源部门制定，但在整个公司内会以不同的方式实施，或者是遭到破坏。同样，在直接面对客户时，员工的行为会受到由当地公司管理层所制定的规则的影响。这就像是有五个引擎朝着不同的方向发力，领导们用着不同的专门用语，各说各话。"平等统一体"上的每一个环节都会带动企业增长，所以结果不仅是企业功能紊乱，经营业绩也无法让人满意。

图 3.1　客户与员工平等统一体

企业文化　员工体验　员工行为　客户体验　客户行为　商业成效

不过，行业顶尖企业已经通过统一价值驱动因素，在战略目标定位较高和执行程序过于死板之间进行了平衡。这些企业主要缩小了其驱动因素之间的差距，以确保五个引擎都朝着同一个方向发力。同样，一些企业还制定了共同的原则和方法，来讨论同客户和员工进行的人际互动（在第二部分中，我们将讨论"六大支柱"模型，帮助每个企业领导了解公司需要制定什么样的共同原则）。

企业所有价值的根源都是企业文化：企业文化可以无形之中为企业带来变

革,但也可以导致企业缺乏活力。企业文化可以促进革新,但也可以让变革举措失效。根据我们的经验,大多数想要进行组织革新的公司都会受到企业文化的约束。这种情况在有些品牌里非常明显,CEO们都曾试图处理企业中的潜规则,但都以失败告终。实际上,对许多公司来说,他们的企业文化、有关世界运行及参与全球化的心智模型已经逐渐落伍。在最好的情况下,这只不过表明公司的观点已经过时。在最坏的情况下,企业文化中就会催生"反人类"的工作方式,令员工感到痛苦,也让客户感到不满。执行团队大可勇敢地提出一个强有力的问题:"我们的企业文化到底是促进,还是阻碍了我们的战略?"

员工体验来自企业文化,对于大多数企业来说,这个概念的定义并不明确,也无据可查。然而,这并不代表此说法是空穴来风,员工体验是由公司有关员工角色的心智模型决定的:是要控制、管理员工,还是给他们授权和赋能?如果亚当·斯密(Adam Smith)看到如今大多数公司的管理方式和组织结构,他肯定会立马表示认同:部门之间彼此独立、以职能和部门化为主,是一种基于专业技术,而不是基于客户的组织结构。而这种领导模式和组织设计的原则是我们曾曾祖父那一辈适用的,不能真正反映今天的挑战。

也难怪这种员工体验会带来员工行为,而员工行为能带来客户体验,并影响着客户未来的行为方式。员工行为是以员工体验和企业文化为变量的一个函数,并由无数的潜规则构成,随着时间的推移,基本上没人知道这些潜规则是什么时候形成的,但它却对现在人们一起工作的方式产生了深远的影响。

纵观全球在排名中表现最差的企业,不乏打着客户导向的幌子而花费巨资的企业,他们打造了复杂的数字化平台、旅程图和净推荐值项目。可最常见的情况是,正是员工行为和企业文化阻碍了企业的发展:这些潜规则限制着他们对卓越的追求。

还有一个类似的制约因素——术语。即使有些公司的企业文化积极向上,员工也有良好的体验,但他们在内部描述世界的方式也往往与外部的客户战略脱节。无论是公司的价值观、愿景、能力体系、理念,还是企业的内部原则,往往都是在与外部原则相对孤立的情况下建立的。简单地把两种原则杂糅在一起并不能真正为员工或客户创造一种思想统一的愿景。

案例分析

W 酒店

W 酒店诞生于 1998 年喜达屋酒店（Starwood）与度假村国际集团旗下的创新实验室"星空实验室"（starlab）。该实验室专注于未来的酒店模式，为迎合有钱的年轻群体出现，W 酒店应运而生。这是一家标榜独特生活方式的酒店，面向更年轻、更注重时尚的旅客。"W"代表着"wow"（即"哇"，用于表示感叹、惊讶或高兴），在其品牌所承诺的"无论何事，无论何时"，你都会有这种让人感到惊艳的体验。房客体验中方方面面的设计都是为了吸引这个目标客户群。

客户体验的核心是实体环境、员工文化和品牌承诺，这些元素共同创造了一种多感官的体验。

公司在招聘员工时是非常谨慎的。当波士顿的 W 酒店开业时，有 7000 人应聘，当地报纸评论说：想在 W 酒店找个工作比上哈佛大学还难。员工们积极性高，让每一次客户体验都令人难忘。公司会把全体员工看作一个剧团，激励客户、带给客户快乐、让客户走向更好的生活。W 酒店的术语和定义塑造了其企业文化，它已经开发了其专门用语，尤其是任何以"w"开头的词，如"whimsical"（异想天开的），塑造了酒店的入住体验。所以，在公司里，员工叫作"talents"（人才），工作服叫作"wardrobe"（职业装），管家叫作"stylists"（造型师）。酒店的区域也使用了不一样的用语，前厅叫"living rooms"（客厅），游泳池叫"the wet"（湿地），泳池酒吧叫"the wet deck"（湿地甲板）。

员工行为基于以下品牌价值观：

- 幽默：幽默但不幼稚，以诙谐巧妙的方式和客户开玩笑、打趣。

- 内行：与时俱进，将客户与能够展现其自我意识的事件和活动联系起来，为他们提供一种归属感，让他们感到自己受到了圈内人的欢迎。
- 暂时的逃避：来到这里，你可以让自己"重启"，重新找回自我意识，并与你热爱的东西重新建立联系。

此外，工作人员（人才）能通过选拔，是因为他们有很好的心态：精力充沛、充满活力。公司希望参加面试的人能讲述自己曾经让客户感到眼前一亮的经历，并解释自己是如何做到这一点的。公司会把新员工看作明星，让他们在其他员工面前分享自己的亲身经历。正如 W 酒店所言，关键在于感觉，员工知道这是种什么样的感觉，也就能唤起其他人同样的感觉。

我们会关注品牌的关键时刻，也就是能促进体验优化的细节所在。员工会接受培训，学习提供客户服务的秘诀。要注意听——积极主动获取信息是一项关键的能力，注意倾听客户的要求和需要，尽早发现问题，以便为客户排忧解难，具体包括：要微笑，礼貌称呼客户，有机会时就为客户提供超值服务。每一个细节都要确保符合品牌一致性，并严格执行。

W 酒店是如何聚焦在那些认同企业价值观，并在酒店的理念中找到有认同感的客户的？这一点值得我们关注。其关键在于 W 酒店的音乐、设计、时尚和与时俱进的做法能不断展现新鲜的事物。

凭借行业领先的入住率和领先市场的平均客房收益，W 酒店既创造了出色的客户体验，也获得了商业上的成功（KPMG，2017）。

◁ 客户导向文化所带来的挑战 ▷

在图 3.2 中我们看到，该模型以企业文化为出发点。而领导力和企业文化本身就有密不可分的关系。毋庸置疑，如果公司内部的文化以服务为重心，就会产生对外的服务型文化。反之，一种苛刻、小气或者员工不信任的企业文化，也会带来同样的客户体验。

企业文化 → 员工体验 → 员工行为 → 客户体验 → 客户行为 → 商业成效

图 3.2　以企业文化为起点的客户与员工平等统一体

我们的龙头企业对这一点了然于胸。对于许多这样的行业典范来说，其企业文化是由公司创始人设立的，只要创始人在位，企业文化就会一直存在。然而，后续的企业领导行为，无论是有意识的还是无意识的，都会影响、改变企业文化，并且往往令人始料未及。在我们的指标中，排名靠前的企业都了解自己的企业文化，并能察觉到什么时候不需要大幅改动企业文化、什么时候需要对企业文化加以改进。

而大多数企业就没有这么幸运了。不少企业是几十年来兼并和收购的产物，随之而来的，是企业文化难统一的事实。可惜，大多数公司客户体验方面的活动，都大大低估了改变企业文化的难度。由于领导者没能理解员工工作方式背后的真正动因，所以很少有公司能成功改变企业文化。造成这种情况的原因有很多。

- 没有看到从企业文化到客户体验再到回报的逻辑关系。公司里许多言论只停留在表层，没有系统的知识或领导层的投入来连接"增长引擎"。结果就是，未能成为实现变革的商业案例。
- 没有明确的客户目标和愿景，或者没有对企业内部和对外目标进行清晰的描述。如果一个高管说不出来一个客户应该有何外在特征、会传递什么样的信息、给自己带来什么样的感觉，那么就说明公司不知道自己应该打造什么样的企业文化。
- 对企业文化到底是什么缺乏真正的理解，也没有合适的模范。不思进取的领导和中层管理人员对周遭的环境不敏感，还没有真正了解在企业中发挥作用的"潜在文化规则"。

- 未能充分了解企业文化的驱动和影响因素，导致那些巩固现有工作方式的无形规范仍然具有较大影响，抵制了变革。

- 企业领导缺乏长期的激励机制或人事支持来进行耗时长、难度大的企业文化变革。正如一位银行业高管最近在讨论客户导向的转型计划时，跟我们开玩笑说："一旦我们的转型项目完成，我们也就得另谋出路了。"在大多数公司里，专注短期成本或管理风险是一条更安全、酬劳更丰厚的道路。

- 企业领导缺乏认知多样性或情绪能力，无法担任服务型领导的角色。正如我们之前讨论的，直到不久前，公司都一直鼓励高管们优先（大多都是男性）在理性的、分析性的商业领域里好好表现。

- 企业创造了一个理想中的客户体验愿景，而这个愿景与企业的特征和文化大相径庭。因此，公司的措施未能在客户的实际体验中带来明显的变化。

- 独立的各职能部门中存在着几种不同的企业文化，最常见的是客户导向型的"前台部门"（如销售/服务/营销），和与之相对立的，以工作流程为导向的"事务部门"（如人力资源/财务/信息系统）。两者之间的脱节逐渐破坏了企业文化，影响了企业成效。

- 企业已经具备了正确的领导，但文化变革却缺乏一个有说服力的愿景或目标。因此，公司开展了一系列渐进式措施来一点点"优化"，而不是为了打造一个与众不同的雇主品牌[1]而喊出响亮的口号。

---

[1] 雇主品牌（The Employer Brand）是雇主和雇员之间被广泛传播到其他的利益相关人、更大范围的社会群体以及潜在雇员的一种情感关系，通过各种方式表明企业是最值得期望和尊重的雇主。它是以雇主为主体，以核心雇员为载体，以为雇员提供优质与特色服务为基础，旨在建立良好的雇主形象，提高雇主在人才市场的知名度与美誉度。——译者注

以上这些都是很难解决的问题。我们美国指标中排名第一的公司——USAA在决定他们需要一种客户导向型的组织方式后，USAA必须把曾经对公司思维有影响力的团队（即产品团队）的权力拿走，随后建立了新的跨职能团队，来负责管理客户和维系客户关系所需的体验。这些团队的作用是：了解客户，并向产品团队具体说明客户需要什么样的产品。在此之前，发号施令的向来是产品团队，他们看待客户的视角也是以产品为中心。而现在，产品团队更像是一个工厂的职能部门，根据最接近客户的人所给出的详细要求来工作（Mocker等，2015）。

当一家英国银行想要"恢复银行业的人性化"时，它必须从让这种人情味消失的职能部门下手，即工作看似热情的合规团队，他们通过详细的行为规定，不知不觉地就把接触客户的员工变成了机器人，他们设立的规定旨在确保工作的合规性，而不是力图与客户建立情感联系。这家银行转而让首席营销官来主持合规委员会的会议，以确保公司随时都考虑到客户，并且充分了解所做决策对客户的影响。最终，这家银行成功走出困境。

世界各地的其他顶尖公司，如美国的韦格曼斯超市、英国的奥凯多超市（Ocado）和法国的MAIF保险公司，都是从目标客户的体验出发，然后往回倒推：确定想打造的客户体验后，他们就确定这种体验所需要的员工行为，然后再确定如果想让这些员工行为自然发生，公司需要打造什么样的员工体验，并据此来塑造相应的员工文化。这种一连串的想法是人性化价值观的核心——从文化到商业成效的重要联系。

◁ 员工体验 ▷

在图3.3中我们可以看到，企业文化塑造了员工的体验。我们将员工体验定义为"员工对公司工作环境影响自己完成目标、满足客户重要需求能力的理性和情感反应"。

图 3.3　平等统一体中的员工体验

就像对待客户一样，公司首先必须了解员工看重什么，什么才能激励他们，工作在他们的生活中发挥着什么作用。正如我们之前所探讨的，如今的新型员工经历着新冠疫情，与以前发生了些许变化，企业领导就不仅要自然地亲近他们，还要密切关注构成其劳动力的不同要素。最近，与理解、定义、设计和主动提供一整套员工体验相比，各公司更多关注的是去改变员工体验的一个方面——员工对工作的敬业程度（Capek，2011）。

员工有着高敬业度是必要的，但高敬业度本身并不足以保证员工能提供你所期望的客户体验（Capek，2011）。通常情况下，员工体验是随着时间推移而实施的多种不同举措产生的默认结果，是一种准则与实际情况的综合体。很少有定义来说明员工体验，公司内也很少检查员工体验并根据不断变化的员工、市场或外部环境随时调整员工体验。

然而，龙头企业正在接受"工作场所也是种体验"的概念，对员工工作的每个方面都进行精心设计、安排和管理，以激发员工的活力和灵感，提供预期的客户体验。为什么要这样做呢？因为创新、创造力、激情、承诺和为客户成就大事的愿望，都始于员工，也终于员工（KPMG，2019）。

而员工的工作压力是相当大的。员工在和客户交互的过程中，存在着情感上的付出。按照现代客户体验的要求，一线员工的行为方式不能总是与自己的内心感受保持一致。提供个性化的、有情感联系的客户体验，同时还要与具有不同需求、心愿和个性的客户打交道，这种工作的复杂性需要员工有高度的共情能力、情商和适应力。

一个人的情商水平可以有很大的差异。这就是为什么行业领先企业非常注重招聘人员的类型、价值观、动机和关怀他人的本能。这些公司意识到了仅情感付出就给员工带来了巨大的压力,便通过福利和精神慰藉计划来帮助自己的员工(KPMG,2019)。例如,包括星巴克在内的许多公司,都意识到了员工的精神消耗越来越大,并免费为他们提供精神慰藉和健康服务。

然而,如果公司的内部体验与要求每个员工在客户前所展现的一面相互矛盾,那么员工要想付出感情、表现良好就会难上加难。为了解决这个问题,各公司正在用看待客户的视角来看待自己的员工,并运用相同的营销和销售策略,来提高公司的吸引力、员工积极性和员工保留率。这种做法涵盖了体验、旅程和个人成长,并表现为一种客户至上的文化。

各公司正在寻求在员工个人和工作场所之间建立深刻的情感和体验联系,从筛选、招聘和入职策略开始,并贯穿于员工在公司内的雇用生命周期,就像同客户建立的联系那样。最终为所有利益相关者,尤其是客户带来利益。

就像对待客户一样,良好的员工体验从理解员工开始,但是需要在一个清晰的背景下来研究,这就是员工生命周期概念和员工旅程的用途。

案例分析

星巴克:细分

星巴克这家行业领先的咖啡连锁品牌采取了"行为因素细分"的方法,来了解是什么吸引、激励、保留了员工。结果显示,星巴克发现了以下三种群体:一,"滑雪运动员",他们工作的主要原因是为了满足其他的爱好;二,"艺术家",他们希望自己的公司能注重社区、肩负社会责任;三,"事业狂",他们希望自己能在公司内获得长期的职业发展(Adams,2021)。通过这样的分组,经理们能定制更好的方案,以满足多组员工的需求,同时也让公司能够了解有哪些需求是多个群体共有的,比如员工对弹性工作制和助学金的需求(KPMG,2019)。

◁ 员工生命周期和员工旅程 ▷

如果不了解从头到尾的整套员工体验周期，就无法设计和提供预期的客户体验。员工生命周期包括从吸引和录用合适的员工，到开发员工的潜力、与员工沟通交流并管理他们的投入度，以及努力保留员工。

公司要想与员工建立情感联系，就需要考虑他们的工作和工作之余的生活，并找到一个将两者联系起来的方法。就像生活事件影响着消费者的购买习惯和购买优先级一样，生活事件也影响着员工的工作需要和需求。事实上，生活事件以及处理生活事件的方式，已经成为贯穿员工生命周期的关键点（KPMG，2019）。

在本书第二部分中，我们将通过体验六大支柱的视角来详细讨论公司需要打造什么样的员工参与。在员工生命周期的每个阶段，就像对待客户一样，公司需要着重建立不同类型的情感联系。通过运用共同的术语和一套实用原则，我们将探讨如何把员工和客户的世界连接起来，从而帮助公司用共同的目标和术语来调整所有的"增长引擎"。

现在，让我们先来看看管理员工生命周期的要求，以及一些世界领先企业的做法。

1 注重地方授权。各公司已意识到，要想带来优质的客户服务，员工需要有一定的自由决定权，从而让那些最接近客户问题的人能够做出明智的决策。因此，公司必须更加明确，授权到底对他们的员工来说意味着什么。所以公司就要建立起规定员工能做什么和不能做什么的体系，对员工如何发挥自身作用、履行自身职责以带来成果实行更好的管控。而这又要求员工自己能做出判断，并确保自身有做出正确判断所需的知识和经验。丽思卡尔顿酒店长期以来是为员工授权的典范，它允许员工花销高达 2000 美元来为客户把事情办好（Toporek，2012）。新加坡航空公司授权给其一线员工在提供客户服务方面自行决策，并在需要服务补救时采取纠正措施。

2 注重为员工赋能。意思是确保员工能获得合适的方法和技术，来推动他们的业务进展；提供清晰易懂的方法和技术，让他们在有需要时能及时对流程、服务和体验进行改进优化。如果员工在当地采取的措施取得了相对的成功，客户就会有持续的反馈。客户之声系统正在同员工之声程序相结合，以提供360°全方位视角来了解客户和员工的问题。苹果专卖店通过员工体验以及员工自己感到能解决客户问题的程度，来不断监测客户的反馈。

3 从等级制度到跨职能团队或员工网络的转变。传统的公司等级制度是跟不上企业生存所需的变革速度的。从历史上看，跨职能团队一直都能有效克服传统独立分工带来的局限性。斯坦李·麦克里斯特尔（Stanley McChrystal）上将把未来的企业描述为一种由不同小团队组成的大团队（McChrystal，2015）。对于新西兰几维银行（Kiwibank）、USAA 和奈飞等公司来说，由跨职能团队来管理公司日常事务已经成为一种新常态（这是未来企业的一大原则，我们将在下一章对其展开更详细的讨论）。

4 学习型文化的发展。对于大多数公司来说，职业生涯规划应该交给员工自己来做；然而，在当今这个日新月异、多功能化、以团队为基础的新世界里，预测自己的职业发展道路对员工来说并非易事，公司现在必须考虑，员工如何在独立部门和自己专长之外获得成长。要想让员工能在不同的团队之间流动，公司需要打造一种环境，让团队成员能够快速、便捷地培养必要的技能。在科技和先进学习系统的帮助下，现在有了微型学习软件包，公司可以随时随地获取最新的知识和培训内容。酒店行业在这方面就做得比较出色，如泰姬玛哈酒店、希尔顿酒店和万豪国际酒店等公司，都比较注重员工的持续学习和发展，形成了一种员工相互学习的环境。

5 让人才招募变得更科学。如今，随着机器正在取代人类从事一些特定工作，员工要想处理更复杂的问题，就必须具备更高的能力，这说明公司要做的不再是将低成本资源投入客户服务中。公司需要的是认同公司和客户价值观的员工，是有意愿在内外部提供出色客户服务、关心公司的员工。First Direct 银行会从护理行业招聘新员工。Zappos 从旧金山搬到了拉斯维加斯，为的就是招募大量接受过待客培训的员工（Hsieh，2010）。阿联酋航空公司招募了 140 多个不同国籍的员工，但每个人都要能提供阿联酋航空的体验（Seal，2014）。

6 需要新的技能。现在让世界领先公司员工脱颖而出的技能与往日大不相同。如今，员工不再是只做表面功夫的人，他们需要具备解决复杂问题的能力、批判性思维、系统思维、创造力和情商。凭借着员工的这些能力，阿联酋航空等公司正在打破传统的服务界限，制定新的客户服务标准。阿联酋航空的员工在面对航班延误、客户抱怨、员工遇到技术障碍或重新出票方面的问题、进行手动计算、报价、监测团队成员的出勤和生病情况、适当地给予培训并对队员的表现提供反馈等情景时，需要有处理问题的能力（Emirates，2018）。

7 员工体验设计和员工旅程的专业水平。在整个员工生命周期中，企业领导需要在多个员工旅程中提供帮助。其中有些员工旅程也是为客户着想的，如员工的入职、丧亲或债务管理，这些旅程的设计都需要专业技能和对员工的支持。还有一些员工旅程是与企业本身独立的，如休产假。无论是哪种情况，出色的企业对待员工时，都会体现出在客户体验设计中的专业性和严谨性。而这就需要专门的团队、兼容的运营模式和鼓励跨职能合作的工作方式。例如，苹果专卖店已经确立了关键的员工任务，并设计了自我服务系统，来反映公司对客户的态度。相反，许多表现堪忧的公司无意间只把员工当成了需要控制的资源。

8 奖励、认可和绩效管理。通常情况下，员工的奖励大都基于他们的职位和头衔。如今，在许多顶尖的企业里，公司会根据员工的技能开发和业绩来给予奖赏。虽然千禧一代和 Z 世代的员工更加看重这一点，但我们也能看到，这对所有员工群体来说都变得越来越重要。持续的职业指导和培训、定期的反馈以及一种能让人不断超越自我的工作环境，这些会越来越重要，并且将成为招聘、激励和留住新一代劳动力的关键因素。

案例分析

First Direct 银行

英国 First Direct 银行利兹市园区的客服工作人员可以在那里享受礼宾和熨烫服务。设立这些服务是为了解决员工的问题。First Direct 银行将其描述为"关心那些关心我们客户的人","无论你是需要寄送包裹、修一下最喜欢的鞋子、领取药品,还是要整理你干洗的衣服,我们的礼宾服务员都会非常乐意帮助你,而且不收取额外费用"。

如果有一位员工需要抓紧把尿布送回家,或者有人因为回家晚没法照顾孩子,礼宾服务就能为他们解决这些问题,从而让员工可以集中精力为客户提供优质服务。

案例分析

章鱼能源

值得一提的是,章鱼能源(Octopus Energy)在"2020年英国员工体验奖"中被评为"最适合工作的公司"。很明显,该公司对员工的关爱和投入并不亚于对客户。

该公司数字化运营团队的人员招聘是一个比较有趣的例子:这是一个直接对接客户的远程工作团队,在所有数字化平台上工作,工作时间也是在正常的上班时间之外,该团队的成员都是居家办公的职业女性,其中,大多数人都是在生完孩子后重新回到劳动力市场(KPMG,2019)。她们是一个有着特殊生活方式需求的群体,所以在满足这些需求方面的灵活性需要达到一个新层次(Clark,2020)。

> 运营总监乔恩·保罗（Jon Paull）表示，"Octopus模式还为团队提供了为客户服务的高度自主权。因此，同一个团队的成员们更倾向于合作解决复杂的问题，而不是把问题抛给别人。我们注重改进流程，我们没有标准化的流程和程序，因为人们如果经常依赖这些固定的工作方式，会导致客户成效不佳。现在我们赋予团队一定的自主权和施展能力的空间，来应对挑战、做出相应决策。这样做会让工作变得有意思，同时也促进企业的创新和快速发展"。（Clark，2020）

案例分析

谷歌

谷歌一直被评为世界上最适合工作的公司。谷歌努力善待其客户和员工，把员工体验和每天力图打造的目标客户体验联系在一起。

谷歌的员工拥有很高的自由度，公司不仅授予他们找到解决问题的最佳方法的权力，还授予他们成为最好的自己的权力。谷歌的理念是：有了正确的方法，你可以吸引最出色的人才，培养出更幸福、更高效的员工。因此，为员工赋能是至关重要的。管理者的作用是提供资源，而不是想着怎么当老板。

谷歌有一个扁平化的层级结构，公司只保留了不可或缺的结构。多年来，创始人拉里·佩奇（Larry Page）和谢尔盖·布林（Sergei Brin）每到周五都会开展一次答疑环节。他们希望，如果员工遇到了什么问题，能够大胆说出来。

在谷歌，团队工作和合作代表着一种生活方式。工作环境的设计很容易让团队聚集在一起，并在恰当的氛围下工作，这种设计也是为了让员工们可以"相互碰撞"，建立自己的联系。

谷歌意识到，在传统的等级制度中，员工的职业发展是只要向上层爬就可以了，而在现在的工作环境下，员工的职业发展道路就不那么清晰明了。而谷歌有一个"优化职业"计划，以帮助员工了解如何让自己进步。方法的核心在于其招聘过程：选好合适的人，然后给这些人自由表达自己的机会，这些都是受到谷歌目标（让每个人都能获取信息）鼓舞的人。

最后，谷歌的企业文化是非常重要的。谷歌在全球 70 个地方都有"文化俱乐部"，这是由当地志愿者组成的团队，他们会努力确保：无论在哪个地方，谷歌的企业文化都能坚守初心（Alton，2021）。

员工行为

图 3.4 表明了员工行为和客户体验之间的关系。打造恰当的企业文化和员工体验，会形成一种良好的工作环境，员工也就自然而然能做出正确的行为，这是后续工作的基础。然而，企业领导人还可以采取其他的一些措施来界定优化、扩大优化成果。不过，我们所关注的，并不是孤立的优秀个例，或者公司的服务有多好，而是持续在大量的人际互动中实现优化。

企业文化　员工体验　员工行为　客户体验　客户行为　商业成效

图 3.4　平等统一体中的员工行为

提到员工服务客户的典范，我们应该看看旅游和酒店行业。这两个行业在管理客户交互过程方面处于领先地位。杨·卡尔森（Jan Carlzon）是斯堪的纳维亚航空公司（Scandinavian Airlines）的 CEO，他把每次员工与客户的互动称为"真理时刻"（Hyken，2016）。

从丽思卡尔顿到万豪，从西南航空到维珍航空，旅游和酒店管理行业中实现优化的案例比比皆是。而新加坡航空公司也是一个模范，在我们的 30 个国家的指标当中，新加坡航空公司在 5 个国家都排名第一。而正是新加坡航空公司的员工表现，让它在众多航空公司里脱颖而出。

> **案例分析**
>
> **约翰·路易斯百货店的戏剧培训**
>
> 在我们英国指标排在前列的公司里，经常可以看到约翰·路易斯百货店（John Lewis）的名字。这是一家由员工所拥有的企业，而正是这种集体所有制的公司形式，鼓舞着公司几千名员工经常为客户提供增值服务。然而，仅仅这样是不够的，还必须每一个时刻都令客户难忘，每一次与客户的互动都有所收获。令约翰·路易斯百货店别具一格的是，它与英国国家剧院有合作，剧院的演员们会对约翰·路易斯百货店的 500 多名员工（他们叫"伙伴"）开展培训，以帮助他们提升客户服务方面的技能。培训课程包括发音和肢体语言技巧，将有助于员工在店内与消费者进行互动。
>
> 约翰·路易斯百货店之所以这样做，是因为它知道沟通的作用，而演员又非常善于与人沟通。沟通是提供个人服务的一个重要因素，在沟通中，重要的不是你说了什么，而是你怎样去说。除了你所说的话，你的肢体语言、视觉表达和声音也一样很重要。归根结底，关键在于要让员工有信心成为真实的自己，并展现出为客户带来优质服务的决心（National Theatre，2018）。

> **案例分析**
>
> **达美航空**
>
> 音乐会小提琴家吉奥拉·施密特（Giora schmidt）在乘坐达美航空公司的航班时去晚了，那时他发现所有的行李架都已经满了，而他的小提琴是一件意大利古董，不能一直用手拿着。达美航空的乘务员想出了一个新的办法：她让其他

> 乘客在行李架上腾出一点空间，作为回报，吉奥拉会为他们演奏一曲。最后，乘客们帮吉奥拉在行李架上腾出了空间，吉奥拉也在乘客的欢呼声中演奏了巴赫的《a 小调第三帕蒂塔》。
>
> 达美航空在与媒体的访谈中表示：当你遇到一个服务体面周到、能为乘客创造惊喜的空乘时，就会发生这样美妙的事情（Scott Clark，2019）。

招聘时要考虑员工行为

公司要对员工的行为进行引导，也要确保员工行为是他们自发表现出来的。员工的行为是由企业文化、潜在规则和在公司中的长期体验所形成的，把握员工行为的出发点是要看公司所吸引、保留的员工是什么样的人。公司在招聘员工时，可以带着一定的目的，也可以不抱期望，对员工的能力或专业技能以及性格或先天行为的关注程度也可以有所调整。

美国西南航空、Zappos 和 First Direct 银行等客户导向型企业能取得空前的成功，关键在于其员工的素质和工作热情。因此，那些想学习借鉴顶尖企业的公司，已经把注意力放在了顶尖企业的招聘方式上，并分析为什么员工的文化契合度和个人价值观比专业技能和能力更重要。

美国西南航空公司是第一家将其招聘方式表述为"聘用的是态度，培训的是技能"的公司。在英国，First Direct 银行也有类似的表达："我们需要的是微笑，培训的是技能。"（Taylor，2011）

旅游和酒店管理业再次设立了客户体验的标杆，这个行业的各大企业都很明确自己想招聘的是什么样的人。在客户体验方面表现优异的航空公司，如新西兰航空、新加坡航空和阿联酋航空等，他们都有一个明确的员工性格蓝图，以便在招聘时参照。他们想要的，是那些渴望为客户提供优质服务的人，是那些以同理心对待世界、在性格上天生就容易亲近客户的人。

对于大多数公司来说，在招聘员工时，测试一下他们的能力和专业技能差不多就够了，再看看招聘人员在直觉上是不是认为这个人"合适"。而龙头企业会从另一个角度出发：询问应聘者是否认同企业的价值观、目的和理念。这不仅仅是动动嘴皮子的事，如果把这一点做好，就能有效确保新员工融入品牌文化和体验中。

当然，在理想情况下，每个企业都希望员工既有高水平的技能和能力，也有适当的价值观和文化契合度。然而，如果一个员工的能力处于中等水平，但他的文化契合度却很高，那么领先企业也会毅然决然地选择他。这些企业意识到：学习如何与团队合作，以及如何在公司内有良好的表现，要比学习具体的工作职责难得多。所以，这就要求企业在招聘员工时有很强的针对性，要有意识地设计适当的过程，从而不仅可以为新员工提供合适的体验，也可以为企业带来长期有效的企业文化。

在招聘流程设计当中，对于许多模范企业来说，员工最重要的人格特征是他们的同理心。优秀的公司，如 USAA 和 QVC，已经围绕这一点打造了自己的客户体验。他们认识到：员工对他人情绪的感知能力，以及对个人生理、心理或交易需求做出反应的情商，是至关重要的。同理心正是六大支柱之一，而且，正如我们将在第二部分中所看到的那样，六大支柱中如果出现差错，最难解决的问题就是员工缺乏同理心。

◁ 员工评估 ▷

那么，世界领先品牌是如何招聘员工来实现优化的呢？在我们的全球指标中，每个表现出色的企业都有一个相似的招聘流程。公司要有一个清晰的模板，模板要包括一个"优秀"的员工在多个方面应当有何表现，此外还要包括以下几个方面。

文化契合

员工将如何适应公司的工作方式、管理风格和理念？他们是否认同公司的愿景，并希望成为其中的一部分？如果公司想改变自己的企业文化，那么员工将如何适应未来的企业文化标准？他们能怎样为企业文化转型做出贡献？

来自斯坦福大学商学院和加州大学伯克利分校哈斯商学院的研究人员发现：没想到的是，最有可能获得长期成功的员工，他的文化契合度可能比较低，却具有较高的文化适应性，即做出改变和适应新情况的能力。从长远来看，那些能随着企业文化的发展而发展，并且能适应变化的员工会有更好的表现，他们可能会为公司带来更多的价值（Lyons，2017）。

研究人员建议，公司可以在招聘过程中向候选人提出三个有关文化适应性的问题：

1. 候选人有多么想要寻求多样化的文化环境？
2. 他们对这些新环境的适应有多快？
3. 他们如何在适应新文化的同时保持自己的本色？

招聘是否算得上成功，关键要看员工的文化契合度，因为文化契合度对长期的员工敬业度、工作效率和员工保留率都非常重要。而员工的文化契合度或文化适应性往往并不是一目了然的，现在，越来越多的企业正运用心理测试和人格测试来确保对候选人有详细的了解，以评估他们在公司中可能取得的成就。

价值观

人的行为背后的无形驱动因素，即人的个性及其行为方式，将由他们的价值观所决定。要想确定个人的价值观将如何适应企业文化，公司就要确保自己的价值观和目标明确、一致。我们之前已经讨论过这个问题，以及公司价值观、体系和目标不统一所带来的风险。为了能成功招聘到更好的、更合适的员工，企业领导首先需要一个思想统一的体系来表述公司的目标、内部价值观和对外价值观。

掌握了这些，企业就可以进行相应的招聘。而要想了解一个人的价值观，不能只靠面试。以价值观为基础对企业和招聘候选人进行评估，可以提供预测分析，帮助企业确定候选人适合该职位、团队和公司的可能性有多大。

多样性

统一价值观或理念并不是说要让员工成为同一类人。表现出色的企业往往都是最多样化的——这方面的资料文献数不胜数。麦肯锡咨询公司（Hunt el tal，2018）对此进行了简单明了的总结："我们发现，在高管团队性别多样化方面，排名靠前的公司收益能力处在中上水平的概率，比排在最后的一批公司多出15%。而差不多三年后，这个数字上升到了21%，并且继续在扩大。而在种族或文化多样性方面，2014年的研究结果是：种族或文化多样性高的企业有35%的概率业绩表现优异。"

因此，企业在设计招聘和入职流程时，要考虑到多样性和包容性也是重要的设计原则。有多个维度需要企业去考虑，从员工的性别、年龄和种族，到他们的背景和认知特征。这里再次强调一下，重要的是，企业领导要考虑让员工体验个性化，确保自己的价值主张能为多种不同类型的员工提供恰当的体验。

胜任力

胜任力是指员工在工作场所有效发挥其专业技能的能力。通常情况下，公司会通过询问情景问题来测试员工的胜任力：比如"请描述一下当你……的情况"。越来越多的公司已经能熟练把能力和情商区分开来。胜任力的重点是人际关系和沟通技巧，以便在团队中有效地传授、使用知识。角色扮演法和评估中心法现在被广泛运用于衡量员工能力。First Direct 银行在招聘电话顾问时，普遍使用角色扮演法来评估候选人。

专业技能

与文化契合度相比，专业技能组合更容易定义和识别，因此，企业在招聘中也更倾向于关注候选人的这一方面。技能是由一个人的工作经验和资格证书证明的。许多企业在面试时，会加入天赋、数字和文字类推理测试，以便对候选人有更全面的了解。

> **案例分析**
>
> **Zappos**
>
> Zappos 是一家线上鞋类和服装零售店，它的招聘流程有些独特。为确保新员工能在社交、智力和情感方面融入企业，公司会对候选人精挑细选。文化契合度是最重要的，它事关新员工多久才能理解企业文化、根据企业文化来做出行动并确保自己对企业文化的发展做出贡献。
>
> 公司会为候选人会分配一个团队工作人员，他的作用是通过一些不同的特征来了解应聘者，这些特征包括：他们如何写作、如何对待他人，以及最重要的一点，他们的行为方式。然后，候选人有机会与自己专业领域的员工见面，去了解这个职位及其所处的企业文化环境。
>
> 如果候选人获得了面试机会，而且还是外地来的，就可以免费从机场乘车到 Zappos 拉斯维加斯总部。除了方便应聘者之外，这也是招聘过程中一个巧妙的设计。在路途中，不管他们这段旅程是否愉悦，班车司机都会留意候选人是怎么表现自己和对待工作人员的。经过一整天的游览和多次面试后，招聘人员会向司机了解他对这位候选人的看法。
>
> Zappos 前 CEO 谢家华（Tony Hsieh）在 2013 年接受《华尔街日报》采访时表示，"不管那天他的面试有多顺利，如果他对我们的班车司机很不好，那么我们依然不会聘用他。"

> 而得到录用仅仅是第一步。经过四个星期的培训和一个星期的工作，所有的新员工都会得到相应的报酬，而且如果他们最终认为公司不适合自己，可以领取 2000 美元的奖金并离开——仅有 2%~3% 的人会选择拿钱走人（The Wall Street Journal, 2013）。

◁ 沟通与理解 ▷

"如果我口头跟你讲，你会忘掉；如果我向你展示，你就会记住；而如果我让你参与，你就会理解。"

大多数企业都会犯这样的错误：口头上告知员工，公司希望他们做什么，然后当企业文化中的潜规则扰乱了公司精心设计的命令时，公司领导们又会感到意外。沟通是确定目标体验和行为的一个重要方法，但往往会被人们误解，也没有得到很好的实践。

毋庸置疑，大多数企业都重视沟通的作用；各公司正努力确保自己的员工能及时了解公司的计划和进展。每个经理都对如何进行沟通有自己的看法，他们所掌握的相关方法也比以前要多。但是，虽然他们的想法是好的，可结果并没有解决问题，反而让问题进一步加剧。员工们被迫接受着来自公司上层无休止的单向"沟通"。员工往往是被"告知"，而没有双向"沟通"的机会。

沟通首先应该是一种双向的过程，应该确保员工和管理层之间实现真正的对话，这就说明，征求反馈意见并对反馈意见采取行动是有效沟通的关键。在我们看来，除了未能利用反馈，实现有效沟通的最大阻碍，是未能解决如何实现员工真正领悟、创造自身体会的基本心理层面问题。

人类以对话和讨论的形式，通过倾听和探究其他人的观点，来形成自己的理解，而正是通过这个过程，我们形成了指导自身行为的观点和态度（即自身体会）。我们的研究表明，在大多数公司里，员工的沟通都不到位。对许多公司来说，之所以会有这种意想不到的后果，是因为公司的愿景不清晰以及领导职责和事项的优先级安排有误，而不仅仅是因为能力不足。在客户层面，良好的沟通是一个前提。如果员工不了解客户的情况，他们就不能在客户互动方面做出明智的决定和判断。这个问题背后有多个原因：

1. 沟通没有目标。公司缺乏对外目标、社会愿景或目标客户体验，无法以鼓励每个人参与的方式将所有事项联系在一起。

2. 沟通未能好好落实。在许多企业中，有一种普遍的理念：认为好的管理者无论如何都会与员工有良好的沟通。实际上，这种理念是错误的，大多数企业管理者都没能做到这一点。而造成的后果会从高层向下传递，高级管理人员的系统性失误会波及整个企业。

3. 企业并没有把沟通看作一个真正的过程。因此，企业在设计沟通环节时，就不会像设计和衡量业务流程时那么严谨。既没有可靠的指标来衡量员工的理解程度，也没有对沟通所带来的行动或行为的反馈意见。

4. 沟通一般以"告知"和"推荐"的形式进行，在语气上像是一种亲子之间的对话。而这就是我们正在做的事情，也就是为什么你们要按我们说的去做。

5. 沟通会让别人产生误解，员工会觉得虚伪、不可信。沟通时"用力过猛"，给话题添加了过于乐观的色彩，导致了员工的怀疑和不信任。

6. 沟通成了一项"说完就不管"的工作。随着企业内部网进入电子时代，沟通责任从沟通专员转移到了员工身上：沟通专员应该确认员工已经接收到了信息，并真正地理解信息，而公司却越来越期待员工保证自己及时跟进在网上传递的信息。

7. 沟通的内容量太大，成为员工难以消化的认知负担。我们所有的研究对象都抱怨：感觉自己被信息所淹没。同样的信息往往会通过多种高科技媒介以略微不同的方式传达，其原则似乎是，"只要说得够频，方式够多，最终员工肯定能收到信息。"可实际情况却事与愿违。

8. 沟通是按等级划分的，每通过一个层级，信息都有所变更。而沟通应当是具备合作性质的，主张快速解决问题。正如特斯拉 CEO 埃隆·马斯克（Elon Musk）所说："在一些公司里，并不是一个部门的人与另一个部门的人交谈，把事情办好，迅速解决问题，而是员工不得不找他们的上层交谈，而员工的上层又找自己的经理交谈，经理又找另一个部门的经理交谈，另一个部门的经理又找自己团队中的某人交谈。这真的太愚蠢了。"（Bariso，2021）

言语是企业领导所掌握的最精妙的工具，员工在进行销售、说服或推销时，也常常通过言语来展现绝佳的口才。而在企业内部，由于上述原因，大多数企业的做法是杂乱无章的，无法实现客户体验的优化。

沟通的战略作用，是确保整个企业有共同的心智模型，以巩固企业目标和共同愿景。沟通可以指导每个人去实现什么及如何进行合作。员工不仅要知道管理层正在做什么，或打算做什么，还要知道他们的想法。员工希望管理层能与自己分享他们正在考虑的问题、看到的机遇和威胁，以便讨论自己手头正在制订的计划和考虑的方案。员工希望能深入了解决策背后的根本原因、决策标准、客户的期望及他们准备如何满足这些期望。做到这一点并不容易，但只有这样，员工才能真正参与到业务中来，也只有这样，员工才能真正得到授权。若员工不了解整体的业务背景，所谓的授权就像是把汽车的钥匙交给一个五岁的孩子。

一旦员工掌握了比较全面的业务情况，他们就会感到自己得到了信任，有了参与感。最重要的是，员工在解决方案中发挥的作用更大了，并且可以开始发挥创造性思维，利用自己的前沿知识和经验，为重大问题提供实用的解决方案。员工可以根据自己对业务和工作流程的理解，质疑那些看起来不合理的决策。员工的反馈可以帮助企业收集员工的意见并采取行动，来消除阻碍，同时也消除了员工无人咨询的烦躁情绪和挫败感。

以下案例来自英国的一家金融机构，它是这种机制发挥作用的一个很好的例子，展示了企业如何把沟通机制设计到公司结构当中，使之成为企业变革的重要部分。

案例分析

英格兰银行

公司的内部沟通和简报会每月进行一次。简报会的日期会提前几个月作为团队会议安排在日志中。每个月大约有 400 名经理都参与其中,介绍自己团队的情况。参加简报会这件事并非可有可无。这个过程以级联的方式运作,通过系统地收集和分析反馈信息,来克服常规的层级沟通问题。这种做法创造了一种双向的对话机制,让沟通变得清晰明了,也让上层能根据实时反馈对计划进行调整和修改。

每个月,随着执行团队提供信息,简报会也就开始了。他们首先会评定自己想从当月董事会会议的讨论和决策中传达什么。他们还会考虑上个月简报会的反馈,以及需要回应的所有内容。此外,简报会还包括业务表现、市场条件的变化、新措施的引入和现有措施的进展。CEO 直接向高管通报情况,开启此周期,以此类推。

而组织简报会的目的是引起讨论,让每个员工都能在每次简报会中有所收获,找出存在的问题和机会。我们鼓励管理人员在简报会开始前将内容简化,以便与会者理解。简报会并不是简单地展示和回答问题,团队领导会通过提出以下问题来促进围绕信息的讨论:

- 这里还有什么我们不明白的吗?
- 这对我们来说意味着什么?
- 因此,我们必须换一种方式来做什么?
- 我们预知了哪些机会或问题?
- 这会如何改变我们当前的工作优先级?

由于简报会属于团队会议的一部分,团队可以在业务方向的背景下计划和安排自己的工作量和优先事项。询问上个月哪些事情做得好,哪些事情做得不好,也可以促进团队学习：我们现在面临的问题或难题，哪些可以通过团队内合作解决，哪些需要寻求企业中其他团队的帮助？

这个过程与团队汇报的不同之处在于其收集反馈的系统性。团队对话的结果由会议主持人输入电子系统，并会在整个企业内实时报告状况：

- 各小组是否理解了简报会内容？
- 他们的理解是否存在偏差？
- 在不同的工作领域，人们对信息的理解程度是否不同？
- 我们是否带来了意料之外的问题？
- 哪些环节有可能受阻？
- 企业目前正在努力解决的关键问题是什么？

通过运用这种技术，公司可以在理解、组织和整合反馈意见的节点上呈现出一种宏观状况，让反馈信息便于理解和操作。通过单独的部门报告，员工可以看到企业其他部门对自己所在部门及相关活动的有关反馈。

高管层也从而能够全方位地了解企业的情况，并对存在的问题和担忧直接做出回应："上个月你说过……因此，我们将……"这样，即使他们没有核查自己所实施的解决方案和干预措施是否有效，在迅速投入到下一个优先事项后，也能随时得知自己的决策效果如何。

公司也可以利用员工理解的过程，让员工参与到特定的问题中去（例如成本、合规性、流程改进、主要系统的推广）。仅仅几秒钟内，公司就可以动用5000人的集体思考能力。

◁ 员工参与到问题解决中 ▷

当员工们融入一个强大企业文化中，并拥有良好的体验和真正的沟通（而不是被告知）时，他们就会成为一个有效问题解决系统中的一部分。对于我们研究中的全球企业领袖而言，这是一种巨大的竞争优势。这些员工在企业中释放出了一种超常的潜力，一种潜在因素，使得公司能一次又一次地超越竞争对手。公司成为问题导向型企业，员工的每个细胞都被调动着，朝着共同的目标不断改善表现，为客户和彼此服务。

要想实现这一点，一个有效方法就是把解决问题沟通中的特定过程自动化。通常我们把这种方法称为"员工之声"，它适用于解决客户和员工体验方面的问题。过去，这种方法只关注员工，其重点在于后者："我们怎样才能让员工更加投入？"，而这样的方法带来的价值其实是有限的。

为了确保方法真正有效，员工之声需要的不只是传统意义上每年一次的员工敬业度调查。围绕员工体验构建与员工持续的交流，这的确很重要，但关键是，员工之声不是偶尔进行的调查，或没有关联的数据合集。相反，企业领导应该考虑运用一系列先进的系统和平台，包括内部社交网络和专门的员工之声技术，为持续监测、讨论和管理体验提供基础架构。如果用来定义员工体验所用的原则与对待客户的原则相同（我们在第 2 章中讨论过这个问题），那么这些技术和方法就会更有效果。

然而，通常情况下，企业并不知道怎么发挥员工之声真正的用途。在任何企业里，大多数的知识都是隐性而非显性的。这就意味着，大多数情况下，解决方案已经存在于某个人的脑海当中，只是管理层无法获取罢了。对于任何给定的问题，一线的员工很有可能完全知道怎么去解决这个问题，他们只是缺乏沟通、背景或手段来进行实践。

员工之声的真正作用在于建立一种问题导向型企业。这指的是按部就班地让员工们参与到如何改进工作、服务客户的交流当中。这就要求员工提出常见的客户问题，并邀请同事们参与到解决方案的设计当中。要想做到这一点，你可以采用多种常见的方法，包括"闭环"系统和系统性思维。现在，这些方法背后的技术已经很成熟了，无论是大企业还是小微企业都可以使用。然而，不要把这种关键的交流对话简化为一个流程或者不起眼的环节，关键是要促进以客户为中心的合作和创新。

飒拉（ZARA）已经掌握了利用系统化的员工反馈来推动本地和战略客户决策的方法（Budds，2016）。飒拉成功的一大秘诀就是：它会培训商店员工和经理，让他们能灵敏地感知客户的需求，以及捕捉到这种需求的流露（KPMG，2019）。

飒拉成功让其销售人员和商店经理站在了客户研究的最前沿，他们会仔细倾听并记下客户的看法，以及客户对剪裁、面料或新系列的想法，会仔细观察客户身上穿的新款式，而这种新款式就有可能转化为飒拉的独特款式；相比之下，传统的日常销售报告并不能提供这种动态的最新市场信息。飒拉的设计师可以在一到两周内将新产品送到商店。飒拉的发展历程是建立在两个基本法则之上的："给客户他们想要的"和"以最快的速度把它送到客户手中"。而其员工在实现这一目标方面发挥了重要作用。

对飒拉而言，员工是客户解决方案的核心所在。飒拉让员工参与进来，听取他们的意见，邀请员工分享自己的经验、专业知识和想法。飒拉已经建立了相关机制，同员工持续进行交流，以确保员工和客户的声音都能够被听到（KPMG，2019）。

案例分析

维珍航空

英国维珍集团旗下的许多企业也把倾听员工的声音和与员工合作解决问题当作自己最重要的经营策略，其中就包括维珍航空。维珍航空对员工意见的重视显而易见，而员工也会感觉自己得到了重视，维珍航空会听取员工的意见，征求员工的想法，让员工坦率真诚地同彼此交换意见，促进持续的创新（Branson，2015）。因此，公司不断地学习进步，员工也感到自己很重要，并参与其中。维珍航空这样做的成效体现在了一系列结果衡量指标当中，如净推荐值和客户体验得到高分、销售成本降低、客户保留率增加。

> 倾听员工是调动员工敬业度的关键：因为每个人都希望自己能得到别人的注意，自己的想法能得到别人的倾听。倾听员工是对领导层的最低要求，然而领导往往没有看到这种做法背后能带来巨大的价值，就是打造一个更灵活的问题导向型企业。我们可以看到，那些感觉自己得到倾听的员工，他们都希望能回报公司，想要尽全力做到最好，就是因为他们感到自己得到了重视，是公司不可或缺的一部分（KPMG，2019）。

◁ 对员工体验负责 ▷

我们经常会问企业高管（主要是为了引起对方思考）："你们的人力资源总监、客户总监、首席营销官和首席运营官，他们上一次聚在一起商讨客户体验及其所需的员工体验是什么时候了？"

令我们没想到的是，他们给出的答复往往是"一次都没有过"。在大多数情况下，从来没有三个上述职位的人同时出现在这种会议中。此外，他们每个人负责的领域不仅毫无关联，而且还使用不同的原则、术语和行为理论来进行管理。这种尴尬的事实是职场的常见现象。实际上，这种脱节完全可以避免，但却阻碍着许多企业发挥其真正的潜力。

如果员工体验要以提供明确客户体验的方式来设计的话，那么这些职位之间就需要一种新的工作契约。的确，整个企业内部需要以一种新的、更以客户为中心的方式连接起来。而员工体验和客户体验可以提供这种连接，编织起一条把前台和后台串联起来的金丝线。

我们之前讨论过，有一种价值链存在，即一种"客户与员工平等统一体"，而世界上最成功的那些企业就是凭借这一理念实现了公司里的互联互通。当价值链上的每一个要素都由公司内不同的独立部门来管理时，最终的结果是：没有人来管理价值链从头到尾的整体效果，每个独立部门都在忙自己的事情，都在按照自己的方式工作，用着自己的术语、数据、技术和模型。这样即使表面上大家处于同一个价值链，彼此之间也并没有做到真正的协调配合。这就好比多个独立引擎朝着不同的方向发力。而如果企业能让这些引擎协同工作，朝着一个方向使劲，就会对员工、客户和商业绩效产生深远的影响（KPMG，2019）。

一些企业已经认识到，这种"互联互通的体验"是走向成功的关键。为此，必胜客、约翰·路易斯百货店等企业已经将某些高管职责合并，其他企业则已经成立了客户委员会和工作小组。

另一个行业领先的企业——爱彼迎（Airbnb）也已经改善了自己的人力资源部门，组建了一个专门的团队来"推动公司的健康发展和员工幸福"（Sapling，2021）。除了招聘和人才管理等传统职能，这个新的员工体验部门还把重点放在了工作场所文化上，涵盖的活动和职责范围也远远超过其作为人事部门的前身。从饮食到内部沟通，再到工作环境的创新，爱彼迎的目标是通过优化办公场所，来增强公司赖以生存的全球团队意识（Sapling，2021）。

奥多比系统公司（Adobe）建立了一个名为"客户和员工体验"的团队，用他们的话说，该团队"将我们的客户体验团队——那些在第一线帮助客户使用我们的产品的人——与我们的人力资源结合起来"。这个团队的工作建立在这样的基础上：无论是客户还是员工，都要以同样的基本原则对待他们（Yohn，2018b）。

◁ 要点总结 ▷

1 这些开明的企业认识到：成功的关键不仅是要了解自己的员工或客户，还要利用体验来创造联系，从而打造出高效、灵活的企业。要想在未来的市场中蓬勃发展，公司领导就要建立起具备这种基本特征的企业。

2 员工体验和客户体验之间的联系是非常深刻的，并且根源在于企业文化。员工和客户并不是相互独立的两个群体——他们的体验和旅程具有相似性，并存在重合的部分。

3 服务型领导认为员工才是客户关系的重中之重，并专注于训练员工，为员工赋能、授权，从而催生成功的客户关系。

4 员工体验优化并不只由人力资源部门负责，需要公司全体员工参与。

◁ 参考资料 ▷

1. Adams，L. (2021) Create my employee experience. https://disruptivehr.com/create-my-employee-experience/#:~:text=Tailoring%20talent%20 management%20at%20Starbucks&text=They%20found%20three%20 clusters%3A%20%E2%80%9Cskierswant%20long%2Dterm%20career%20 advancement (archived at https://perma.cc/44Q3-KRQU)

2. Alton, L. (2021) Employee perks and benefits: insights from how Google approaches HCM. www.adp.com/spark/articles/2018/12/employee-perks-and- benefits-insights-from-how-google-approaches-hcm.aspx (archived at https://perma.cc/C94P-5K8R)

3. Bariso, J. (2021) This email from Elon Musk to Tesla employees describes what great communication looks like. www.inc.com/justin-bariso/this-email-from- elon-musk-to-tesla-employees-descr.html (archived at https://perma. cc/2MAF-V37M)

4. Branson, R. (2015) Listen to your employees' ideas. www.virgin.com/branson-family/richard-branson-blog/listen-to-your-employees-ideas (archived at https://perma.cc/8KCJ-FYR6)

5. Budds, D. (2016) The secret behind Zara's warp speed fashion: its store managers. Zara. www.fastcompany.com/3066272/the-secret-behind-zaras-warp-speed-fashion- its-store-managers (archived at https://perma.cc/UP9P-ANXV)

6. Capek, F. W. (2011) Getting the employee experience right. https://

customerinnovations.files.wordpress.com/2011/05/ci-getting-the-employee-experience-right-20111.pdf (archived at https://perma.cc/X5WX-ZUJ6)

7. Clark, N. (2020) Power & utilities, retail: interview with John Paull. www.bcg.com/en-gb/publications/2020/interview-with-octopus-energy-jon-paull-on- cutting-edge-customer-service (archived at https://perma.cc/YWG5-GMCD)

8. Emirates (2018) Emirates Group careers. https://ae.indeed.com/cmp/The-Emirates- Group/reviews?fcountry=ALL&fjobtitle=Team+Leader (archived at https://perma.cc/EC99-U44V)

9. Heskett, J., Jones, T., Loveman, G., Sasser, Jr, W. E. and Schlesinger, L. (2008) Putting the service-profit chain to work. https://hbr.org/2008/07/putting-the- service-profit-chain-to-work (archived at https://perma.cc/D247-3XLG)

10. Hsieh, T. (2010) How I did it: Zappos's CEO on going to extremes for customers.https://hbr.org/2010/07/how-i-did-it-zapposs-ceo-on-going-to-extremes-for-customers#:~:text=In%20search%20of%20high%2Dcaliber, to%20Las%20 Vegas%20in%202004 (archived at https://perma.cc/NMT6-UZQT)

11. Hunt, V., Prince, S., Dixon-Fyle, S. and Yee, L. (2018) Delivering through diversity. www.ucl.ac.uk/human-resources/sites/human-resources/files/mckinsey_-_delivering- through-diversity_full-report_0.pdf (archived at https://perma.cc/Q4RL-GC8Z)

12. Hyken, S. (2016) The new moment of truth in business. www.forbes.com/sites/shephyken/2016/04/09/new-moment-of-truth-in-business/?sh=2f06021238d9 (archived at https://perma.cc/GTG5-2RUW)

13. KPMG (2016) Interview with a CX leader. www.nunwood.com/excellence-centre/ blog/2016/interview-with-a-cx-leader-tracy-garrad-chief-executive-first-direct/ (archived at https://perma.cc/VZ7X-LQHH)

14. KPMG (2017) Engineering a human touch into a digital future. https://assets.

kpmg/content/dam/kpmg/uk/pdf/2017/05/US-customer-experience-excellence-analysis-report.pdf (archived at https://perma.cc/FS9P-TKYV)

15. KPMG(2019) Power to the people. https://assets.kpmg/content/dam/kpmg/uk/pdf/2019/06/power-to-the-people-2019-uk-customer-experience-excellence- analysis.pdf (archived at https://perma.cc/VAL4-ET38)

16. Kruse, K. (2015) How Chick-fil-A created a culture that lasts. www.forbes.com/ sites/kevinkruse/2015/12/08/how-chick-fil-a-created-a-culture-that-lasts/?sh=724f7e633602 (archived at https://perma.cc/WLY2-7MP2)

17. Lyons, R. (2017) Lose those cultural fit tests: instead screen new hires for 'enculturability'. www.forbes.com/sites/richlyons/2017/06/07/lose-those- cultural-fit-tests-instead-screen-new-hires-for-enculturability/?sh=52ed474063a8 (archived at https://perma.cc/527S-UT7K)

18. McChrystal, G. (2015) Team of Teams: New Rules of Engagement for a Complex World. London: Portfolio Penguin.

19. Mocker, M., Ross, J. W. and Hopkins, C. (2015) How USAA architected its business for life event integration. https://core.ac.uk/download/pdf/35286962. pdf (archived at https://perma.cc/VL7D-Z4PU)

20. National Theatre (2018) Theatreworks: creating the ultimate John Lewis and Partners experience. www.nationaltheatre.org.uk/blog/theatreworks-creating- ultimate-john-lewis-and-partners-experience (archived at https://perma.cc/ SG27-Z5SS)

21. O'Donovan, D. (2007) The impact of benefits on business performance

22. Ott, B. (2007) Investors, take note: engagement boosts earnings. https://news.gallup.com/businessjournal/27799/investors-take-note-engagement-boosts- earnings.aspx#2 (archived at https://perma.cc/QY9N-MWHZ)

23. Sapling (2021) Companies leading the future of employee experience. www.saplinghr.com/blog/companies-leading-employee-experience (archived at https://perma.

cc/Z92M-REF8)

24. Scott Clark, J. (2019) Delta flyer earns overhead bin space with inflight violin concert. https://thepointsguy.co.uk/news/delta-flyer-earns-overhead-bin-space- with-inflight-violin-concert/ (archived at https://perma.cc/VN4K-QCYZ)

25. Seal, M. (2014) Emirates Airlines: among the best. www.cirpac.com/emirates-airlines-among-the-best/ (archived at https://perma.cc/8M2Y-4Y3K)

26. Taylor, B. (2011) Hire for attitude, train for skill. https://hbr.org/2011/02/hire-for- attitude-train-for-sk (archived at https://perma.cc/ESD9-R4RE)

27. Toporek, A. (2012) The Ritz-Carlton's famous $2,000 rule. https://customersthatstick.com/blog/customer-loyalty/the-ritz-carltons-famous-2000- rule/ (archived at https://perma.cc/R29Z-WFGP)

28. *Wall Street Journal* (2013) CEO Zappos. www.wsj.com/video/story-of-the-week- zappos-ceo-tony-hsieh/27FDAFB3-1A1B-484F 8870-BBD390165C49.html#!27FDAFB3-1A1B-484F-8870-BBD390165C49 (archived at https://perma.cc/HAC2-6VMQ)

29. Yohn, L. D. (2018a) 6 ways to build a customer-centric culture. https://hbr.org/2018/10/6-ways-to-build-a-customer-centric-culture (archived at https://perma.cc/FR3J-3AGM)

30. Yohn, L. D. (2018b) Fuse customer experience and employee experience to drive your growth. www.forbes.com/sites/deniselyohn/2018/03/06/fuse-customer-experience-and-employee-experience-to-drive-your-growth/?sh=65abde6742e9 (archived at https://perma.cc/R9T4-GBTA)

第 4 章

新型企业

加拿大总理贾斯汀·特鲁多（Justin Trudeau）在 2018 年达沃斯论坛上提出了具有先见之明的观点：变革的速度从未像今天这样快，但也不会再像今天这样慢了（World Economic Forum, 2018）。我们生活的世界越来越错综复杂，而这就要求企业打造一种灵活的、适应性强的内部结构，来迅速应对外部变化。

那些后来在新冠疫情中崛起的企业，既不是规模最大的公司，也不是历史最悠久的公司，却是最能适应变化的公司，是那些在一夜之间就实现了直销渠道数字化的消费品公司，比如：为了保持流动性，餐厅成了餐盒创业公司；超市扩大了业务规模，改变了经营方式；银行开始为看病困难和经济困难群体提供帮助；时装公司也重新规划其生产线，来支持医疗工作者。

有意思的是：从我们的全球研究来看，在大多数情况下，那些在客户和员工体验领域已经成熟的品牌，即在我们的国家指标中名列前茅的品牌，适应变化的过程最平稳。那些最了解企业所接触的人（即客户和员工）的品牌，反应最为迅速。那些目标最明确的品牌，在面对困境时决策也最果断。

我们已经讨论了这些公司在理解客户和员工方面取得成功的基本原理。我们已经研究了把体验连接起来的必要性，以便实现人的价值、创造一个贯穿整个企业的统一体，从而将企业文化与商业成效联系起来。

而这些原则需要在一种新型企业中实施。这种企业以客户为中心，其内部围绕着体验连接起来，它是数字化的，但也是人性化的。要想转型成为这种企业，过程非常复杂，因此，本章将探讨这一范围更大的挑战：我们如何定义未来的企业？为了实现我们的原则，领导必须打造什么样的企业？在该过程中又有哪些需要注意的地方？

◁ 确定问题 ▷

管理学家彼得·德鲁克（Peter Drucker）指出，面对市场动荡时，公司遇到的问题不仅与内部组织结构有关，还与公司的思维模式有关。而最突出的隐患，就是公司用过去的逻辑来应对新的问题。他注意到，在过去几年里行之有效的措施或理念，并不能表明它对现如今的问题就一定有用（McConnell，2020）。然而，对于大多数高管来说，他们的工作全凭着过去的经验。正如我们所见，管理层一旦有直觉和经验，就很少再借助数据或洞察力了。但是，如果过去的经验不再奏效，这对企业而言意味着什么？他们该如何应对未来的社会、技术和经济上的挑战？

思维模式是我们工作结构中的一种功能。问题是，大多数的大公司都是以传统的方式组织起来的，就像过去的军事或工业结构一样，注重层次结构。而这些层次结构明确规定了由谁来负责哪些任务，以及他们有哪些权力。这种结构教会人们如何考虑合作，指明了他们的工作重点。然而不出意料的是，这种组织结构也阻碍了公司发展应对新型客户所需的灵活性和速度，影响了员工的最佳体验。

我们生活在一个互联互通的时代。我们的客户是彼此关联的，他们期望能得到一种无缝体验。但我们的公司内部却不是彼此关联的。很少有公司能够好好利用技术上的巨大进步，他们大量的"数字化转型"却经常反映出其运营的关键问题是种人为造成的职能紊乱。

而造成这种现象的原因是什么？我们已经研究了企业的目标、领导力、文化以及员工体验和企业文化缺乏联系的问题。但所有的这些要素都是在企业的整体设计中运作的。大多数企业所面临的最大的限制因素之一，就是一种脱节的、死板的、迟缓的组织基础结构，其次是企业的能力早已过时，缺乏一个真正准备好应对未来的企业所必备的专业知识和能力。

这种知识和能力的缺乏所导致的后果反映在企业的存活率上。在20世纪50年代，世界500强公司的平均寿命是60年，如今却变成了16年（Sheetz，2017年），技术是一种最具颠覆性的力量，而事实上，某些行业正同时遭受多种颠覆性力量的冲击。那些不具备适应能力和反应能力的公司，似乎都会夭折。

连通性差的问题核心在于企业的组织方式，这影响着企业的思维模式和企业的运作模式，也是造成体验不一致的根本原因。

◁ 规划旅程 ▷

倘若看看我们全球研究中的领先企业，你就会发现：企业实现持续优化的一大决定因素就是企业本身的设计。质量管理之父威廉·爱德华兹·戴明曾指出，就算人们的工作积极性再怎么高，但只要他们身处的系统存在问题，那么他们终究还是不能成功（Deming Institute，1939）。而错位的企业组织结构就是一种存在问题的系统。

许多公司的组织设计是一种自然发展的结果，是随着时间的推移而产生或演变而来的，而不是一种为实现转型的主动投入。企业的结构是如何设立的？这会受到历史、兼并和管理层变化，或者重组和权力争夺的影响，是一种随时间逐渐增多的无数讨论会、指导小组和流程的默认集合。

在世界各地，我们发现有越来越多的公司意识到：职能结构和跨职能旅程的组合是低效率的。这样做会导致工作重复和效率低下，最终影响客户和成本基准。而正是这些客户旅程——能让客户和员工发挥最佳水平的流程——是实现成果最有效的方式。

我们现在可以看到，有越来越多的企业开发了新的组织结构，这种新式结构摒弃了传统的组织设计形式，以客户为中心。要想为员工和客户提供高质量的体验，就越来越需要企业围绕客户和员工的关键需求，把员工旅程和客户旅程结合起来。

新加入市场的公司并没有受到其他公司拘泥于传统设计模式的影响。声田（Spotify）和荷兰国际集团（ING）等公司已经创造出了能适应当今企业所面临挑战的组织设计模式，但是那些仍然执着于过去模式的传统公司就会发现：自己应对市场变化的措施既迟钝又无效。

什么叫好的设计？就是指某个事物的组织安排方式能让它有效地服务于自己的目标。确定职能才会有相关的形式，确定战略才会有整体的结构。可问题是，什么才是能实现企业目标和战略的最佳设计？如今高效并且未来仍将保持高效的企业，是那些能够迅速摆脱过去组织方式的企业。要想做到这一点，企业需要的不是在过去的权力结构上添加新设计来随意地重组，而是需要废除传统的权力结构，并建立新的权力结构。简而言之，要想迅速摆脱传统的组织方式，你需要移除企业中守旧部门的权力，并向满足客户未来需求的新部门授权。

如第 3 章所述，USAA 必须把以往权力结构（主要是产品领域部门）的权力拿走，并赋予现在的客户接触团队（即会员体验团队）权力。然而，企业需要对此过程加以控制，以防止对企业造成影响，而这种影响有可能是毁灭性的。戈尔公司（W. L. Gore）表示，给员工多大的权力取决于决策需要多大的权力，如果企业不谨慎操作，可能会让整个企业覆灭（Gore，2021）。

此处的授权设计原则是：把尽可能多的自主权给予那些最接近客户的人（如销售、客户管理、客服中心和零售环境分析等职位），而控制传统权力（如会计、法律和人力资源等职位）风险的能力应当尽可能地集中起来。此设计原则认识到了这种固有的矛盾，并对其进行了规划，创建了一个结构，试图利用这种矛盾来实现企业的整体利益。然而，现实情况是，大多数企业采用的仍然是职能性的等级制度，虽然有的企业采用的是扁平化的等级制度，但也属于等级制度。而等级制度处在内部联系和客户旅程的对立面。设计等级制度是为了确保企业处于稳定的状态，让增长引擎平稳运行，设计稳定模型的目的是让企业更加稳定，确保事情不会出现大的变动。

在我们的研究中，大约有三分之一的公司已经采用了矩阵组织结构，将客户旅程负责人和旅程指导小组设立为跨职能的新模型，在传统的设计上添加了一种更先进、连接性更强的模型。对于一些公司来说，这样做是为了提供一个过渡期，一种进一步变革的催化剂。而对另一些公司来说，这就成了企业政治和文化上的问题——进一步的变革太多了、幅度太大了。现实情况是，公司已发现这种过渡阶段管理起来很复杂，而且随着时间的推移，它变得与以前的等级制度一样不灵活了（KPMG，2017）。

有的企业则更加干脆，我们在美国的研究表明，美国大约有30%的全球500强企业现在已经转向了以客户为中心的运营模式。有些企业围绕客户需求构建，另一些企业则是围绕客户细分市场构建，但每一种类似的转型都需要彻底地对企业结构进行重新评估，以使其更接近客户。这样做的结果是，他们在巩固客户关系的想法和创新方面有了明显的改善。这些公司已经学会了如何比竞争对手更快地把好的想法转化为客户利益（KPMG，2017）。

而这种转型过程并非一帆风顺，公司的财务状况也必定会受到影响。的确，上述的许多公司在第一年（有时在第二年）的利润下降了，但在后来的几年里恢复到了远高于以前的水平（Lee et al，2015）。

◁ 隐患和限制因素 ▷

在细说这些以客户为中心的新模式的特点之前，我们不妨先来看看，究竟是什么阻碍了企业的变革。如果企业已经明确了更好的模型应该是什么样，手头也有不少相关的案例分析，那么到底是什么阻碍着企业采用这种新模型？是什么限制了连接性差的传统企业，让他们停滞不前？

可惜，相关的限制因素太多了。纵观我们的全球研究，值得注意的是：所有优秀企业的成功点都非常相似，我们会在第二部分研究六大支柱模型时看到这种优化的成果。当然，我们也看到，所有未能实现优化的企业的失败点却略有不同：企业未能做到以客户为中心，导致出现了一系列制约企业发展的限制因素、隐患和工作缺陷。

大多数企业在实现优化的过程中所面临的问题是：失败的概率要大于成功。过去的工作方式有用，并不意味着将来就能获得成功。那么，如果曾经的经历意义不大，企业领导应该如何进步？

众所周知：有70%的企业的变革计划都未能实现其目标（Percy，2019）。为了让企业成为世界一流企业，领导层需要了解失败的原因，并采取相关措施。任何客户导向方案的第一步，必须是去识别并模拟出潜在的阻碍，以制订出一种容错率高的变革计划。

失败点1：不够重视客户

在本章前面的部分，我们提到了现代管理学之父彼得·德鲁克的一个观点，而他还曾指出，"企业的目标是创造并保留客户。"（Trout，2017）那么，如果这就是一个企业存在的最根本目的，那么企业的高管团队会花多少时间去思考客户问题呢？我们经常会问这个问题，也经常对人们给出的答案感到震惊——因为他们的答案几乎都是"从来没有过"。

然而，我们看到，推动企业走向成功的做法，是去了解客户问题并以创新的方式解决它们。那么，为什么高管团队没有花时间去打造良好的体验、了解客户、推动创新呢？因为这些负责管理公司与客户关系的人基本都在忙着处理财务、风险、运营、销售、法律问题和管理人力资源。如果你不去带头做出改变，只盼着公司为客户带来美好的体验，这是没有用的。因为公司会模仿你的行为，而员工只会做你要检查的事情。

只有当领导层重视起客户来，并且领导团队有着与客户和保留客户所需体验相关的清晰目标，每个成员都能为之努力时，企业才能取得进展。尽早确认并彻底解决真正的工作失调问题,才是至关重要的。通常情况下,领导团队成员有着不同的目标和完全不同的观点。企业组织不协调的问题从高层开始,并在整个企业中被放大。企业一定要对理想的未来、走向成功的路线图和事项的优先级有清晰的想法。

失败点2:企业不清楚何为"优秀"

这个常见的失败点与这一现实有关:如果你都不了解客户的期望,那么何谈去超越客户的期望。如果你不清楚目标体验应该是什么样子的,也就很难确保每一次体验都能体现出品牌的特点。员工需要知道,应该运用什么样的心理和生理特点——打造亲密人际关系所需的情感联系的确切特征。龙头企业对目标客户体验有明确的想法,可以培训员工来提供这种体验,并以此来衡量员工是否成功。

许多企业对客户的情感采取了一种简化的方法,将其归结为客户满意度、净推荐值或客户费力度(CES)得分。他们把人类情感的全部范围缩小到某一个指标,想知道为什么公司没有吸引力。例如,美国的家居建材公司家得宝(The Home Depot)有一种细分的方法:将目标体验与其每个目标市场联系起来(Soni,2015)。这些客户包括房屋主人这样自己动手的客户,这种人会购买产品,并使用在线或店内的资源自行安装,而他们往往需要知道是"怎么去安装"。找人帮忙的客户包括那些寻找第三方提供安装服务的客户。家得宝提供多种安装服务,包括地板、橱柜、台面、热水器和棚屋等。该公司还提供室内咨询和安装服务。而专业客户则包括承包商、建筑商、贸易商、室内设计师和装修公司(Soni,2015)。实际上,这些都是小企业,需要得到相应的服务。家得宝的员工都接受过培训,能够发现客户属于上述中的哪一类,并提供合适的体验。

失败点3:未能将企业视为一种有机系统

很少有企业的组织结构可以从整体的角度看待客户,并与企业提供良好体验所需的全方位运营方式相匹配。职能部门各自为营不利于企业培养客户思维,这也是客户旅程未能带来有意义变革的关键原因。所以，企业的所有组成部分往往都需要以新的方式彻底相互关联在一起。

想象一下，你的企业的所有不同组成部分就像是一个拼图的碎片。掀开盒子，七零八落的碎片就会掉落在你面前。所有不同组成部分都在那里，但整体画面却支离破碎，晦涩难懂，也没有逻辑。要想让真正的画面出现，就需要把所有的碎片都以正确的顺序拼接在一起。而大多数企业就像我们的拼图一样——企业拼图的碎片是以一种杂乱无章、不断变化的方式组装起来的。每个部门都在塑造自己的拼图，虽然他们的想法是好的，也与其他的碎片联系起来，最终的设计对每一块碎片而言都是有意义的，但在整体上却并没有形成一个条理清晰的画面。

企业文化往往是问题所在的核心。很少有企业会停下来扪心自问：我们的企业文化是促进还是阻碍了战略的实现？企业文化塑造了一个企业的思维方式、行为方式和工作方式。苏格拉底曾言，"未经审视的人生是不值得过的"，同样，未经审视的企业文化是不值得采纳的。龙头企业对自己的企业文化非常重视，不断对其审视检讨，循序渐进地完善，让其有更好的效果。企业文化决定着员工体验，员工体验又决定着员工对客户采取的行为。员工是否以客户为中心，他们是否得到了赋力、授权和参与感？这是企业路线图中的一个关键因素。

失败点 4：扣错了第一粒扣子

大多数企业都忙着分析客户旅程图，这的确是一种强大的技术，但这就像是没打地基就开始盖屋顶一样。

通常情况下，我们在进行客户旅程分析时，必须鼓励员工先把眼光放得长远一点，去制定客户体验战略。搞清楚企业的目标是什么、想要服务的客户群体是哪些人、想要提供的目标客户体验是什么样的，以实现企业的品牌价值，满足设计原则，确保客户在各个接触点上能获得相同的品牌体验。在许多情况下，人们一直都把重点放在了产品旅程上，例如按揭的旅程，而不是盖房子的旅程（客户旅程）。用产品的术语来定义一个客户旅程是不对的，这样不利于创新，也不利于企业想出贴心的设计来解决客户的生活问题，让他们感到眼前一亮。

如果企业无法迅速做出决策，也没有一步步的规划，那么想做好客户旅程就特别困难。亚马逊CEO杰夫·贝佐斯（Jeff Bezos）认为，公司要有能力进行"高速决策"，面对机遇和威胁，能快速采取可信的对策（Larson，2018）。

事实上，大部分企业都不会仔细研究他们的决策过程。对许多企业来说，做决策只是敷衍了事，还要通过层层审核，会花很多时间。可这样的结果就是，客户方案一拖再拖，最终不了了之。贝索斯把那些不忘创业初心和状态的公司叫作"第一天公司"，把决策水平高，但决策过程慢的公司叫作"第二天公司"。而往往决策一慢，那时机会也就溜走了（Forbes，2016）。

现在，越来越多的企业采用灵活的组织架构，而这就需要决策更加迅速。首要工作是在企业内创造一种环境，让围绕客户的决策可以快速、畅通无阻地进行。为此，有的企业需要谨慎管理组织，而有的企业则需要把权力下放。

失败点5：缺乏对客户的洞察或预判

之前我们说到，英国市场调查协会的研究表明，在企业高层做出的客户相关决策中，对客户深入了解后再做出的决策只占11%（MRS，2016）。这意味着将近90%的决策都只是大概的猜想。这也难怪公司和客户脱节的情况这么严重。其原因如下：

- **洞察力差——与客户脱节**：只有通过客户的反馈，企业才能有效监测决策的执行质量，并持续推动客户旅程改进。而企业在规划新的客户旅程时，了解客户对这些改进的接受程度也变得越来越重要。只有持续得到客户反馈，企业才能对客户旅程进行有效改进。如果企业不能倾听客户的声音，就无法满足客户需求，从而给客户带来不好的体验。
- **客户洞察无法推动决策的制定**：客户的反馈需要推动决策和战略的制定。优秀的企业会实行"客户环绕声"策略，这指的是企业不仅要让客户的声音反馈到企业的管理和决策部门中去，还要使其有意识地影响所有企业相关人员对客户的看法。

- **客户视图过于分散**：单靠客户调查所得到的细节信息太少，不足以构建准确的、有实证的企业改革案例。当下，客户之声方案是否成功，日益取决于企业对整个洞察体系的利用程度。所有可利用的客户信息来源——企业内部、企业外部、大数据和社交媒体等——都可以帮助企业形成统一客户视图（KPMG，2017）。

失败点6：未能创新

企业几乎都不怎么关注其客户理念是否可行。有的企业只注重潜在业务或交易过程，殊不知专注于客户的思考过程也同样重要。企业的客户理念好坏与否，会影响企业与客户的亲密度，以及员工在企业各个地方的思考和对话。

我们的大脑偏向通过"连接"的方式来工作，把想法和概念联系起来，形成新的想法和概念。可惜，现代企业生活导致了人们的思维机械化，这意味着我们的想法总是会向惯例、无意识的联想和过去采取的措施上靠拢。而当我们的大脑陷入固定的思维模式之后，慢慢地就不会建立起事物之间的各种联系，不会进行创新。这样一来，企业就会被那些新兴公司和数字科技企业所超越，因为他们并没有拘泥于过去。

USAA、亚马逊、First Direct 银行和 QVC 等企业靠着他们出色的客户服务理念变得家喻户晓，大获成功。然而，在当今大多数企业的组织方式下，员工都没能对有关客户及其需求的问题进行全面的思考。事实上，在大多数企业里，没有人能提出很好的客户服务理念。公司只是简单地重复过去的工作方式，因为在公司内部，这样做更保险。但这种"安全感"是虚假的，因为如果员工对公司的期望越来越高，就意味着以前的运作方式已经不再奏效了（KPMG，2017）。

失败点 7：不了解成功的回报

人们不理解客户体验背后的经济意义，也没能很好地理解客户体验的投资回报率。而公司也就无法确定改善客户体验所带来的经济价值。因此，首席财务官就不会在客户体验方面投入太多。

实际上，与其努力创造良好的客户体验，不如想想怎么减少不好的客户体验，这样做更有价值。许多公司会使用"净推荐值"的衡量方法，即询问客户是否会向其他人推荐该公司，然后根据客户的推荐意愿让客户在 0~11 分打分，再根据打分情况将客户分成以下三类：贬损者（对体验打 0~6 分），被动者（对体验打 7~8 分）和推荐者（对体验打 9~10 分）。通常情况下，公司都会想着怎么给客户带来良好的体验，认为将那些态度不温不火的"被动者"转变成"推荐者"会带来更多的经济效益。然而，许多研究（包括我们自己的研究）表明，让"贬损者"变少要比增加"推荐者"的经济效益更大（Marsden et al，2005）。

把客户放在首位，这其实和成本并不挂钩。许多客户管理专家都会犯这种典型的错误，他们只会将投资与一些未来增长指标联系起来，如客户保留率、客户获取率和客户终身价值等。无论模型的准确性如何（很多模型确实不错），大多数企业领导都认为，未来的增长是不可预测的，而成本是固定的。而最好的模型会从成本驱动因素出发，如投资组合的变化规模（通常是过大的）、服务成本和故障需求等。而这些成本动因可以快速受到以客户为中心理念的引导，产生积极作用。这一点我们将在本书的第三部分进行分析。这样一来，企业可以更快获得实实在在的回报。

失败点 8：缺乏协调性以及现代化和数字化的能力

将企业与客户协调起来，也许是一个变革型领导者所迈出的最艰难却也是意义最大的一步。然而，除此之外，企业还需要拥有适当的能力，即现代化商界的基本技能，包括供应链、财务、人才、运营等全部知识领域。其中每一个领域都有重要的数字化部门，而在我们的研究中，出类拔萃的企业早已舍弃了分散独立的数据部或职能。重要的是，过去企业可能更多依靠职能部门。而现在，对目标客户和员工体验有明确的把握才是连接这些能力的关键。

◁ 组织优化旅程 ▷

关于如何克服以上这些失败点的问题，我们注意到，企业在逐渐实现以客户为中心，走向成熟的过程中，有可能经历多达五个步骤。第1~3步是抛弃原有的层次结构，第4步是将其细化为一种新的工作方式，第5步是围绕客户彻底对企业进行重组。而现实情况是，直接进入最后一步是非常难的。大多数企业都要经历以下的一个或多个阶段。

1. 单个旅程负责人

许多公司在确定了旅程后，第一步就是指定一个人来负责这个旅程的全过程，同时保持企业的汇报结构不变。

虽然这是获得整个企业有效认可旅程的第一步，但实际情况中，对当事人来说，旅程负责人往往是一个非常难担任的职位。你需要有基辛格灵活变通的能力[1]，曼德拉影响他人的能力，和所罗门判断识别的能力[2]，而要找到一个具备所有这些特质的人是很难的。在不同的部门规划、层级间的权术和个人动机之间能做到游刃有余是一项非常困难的任务。除非这个人对涉及的成员有直线职权，否则很难成功。

我们的一个银行客户举了这样的一个例子：银行活期存款账户流程负责人无

---

[1] 作为一位现实政治的支持者，1969年到1977年间，基辛格在美国外交政策中发挥了中心作用，并在中美建交中扮演了重要的角色。2016年5月9日，美国前国务卿基辛格获得了美国国防部卓越公共服务奖章。——译者注
[2] 《圣经》里有一个"智断亲子案"的故事，讲的是所罗门王运用自己的聪明才智解决了一件亲权纠纷案件，显示了所罗门王的智慧。根据对这段圣经故事的通行解读，这显示了所罗门王的智慧，堪称"智慧的判断"。——译者注

法阻止银行邮件部门决定以每年可节省 50 万英镑为由更改自己的邮件分类。结果是，借记卡邮寄时间从以前的 2 天变成了现在的 10 天。没多久银行客服中心就受到了极大的影响，因为需要立刻用卡的客户会打来电话催促，而那些认为卡已经丢失或被偷的客户则会去催促银行邮件部门。最后的后果就是，整个企业耗费的成本远远超过了 50 万英镑。

2. 产品内的旅程

一个更简单的做法便是通过产品的视角来看待旅程，并将全套旅程分配给一个产品负责人。这种方法的好处是，它可以让旅程管理方法得到发展和完善，而且随着企业对旅程越来越有信心，还可以重新调整旅程的方向，使其更加以客户为中心。

然而，这种方法缺点是：这个旅程是以产品术语定义的，而非以客户术语定义，例如，定义为按揭的旅程，而不是客户盖房子的旅程，但按揭只是盖房子流程中的一部分。公司若采用了这种方法，就会发现产品所有权限制了创造力，并阻碍了一种叫作"待办事项"的创新方法。不过作为第一步而言，这种方法确实更容易实施。

3. 跨越分散的职能部门，以 KPI 为导向落实旅程

这种模式将旅程细化，规划了不同部门在这些旅程中的互动和作用，明确了各自的职责。在旅程的每个阶段，都有相关的个人关键绩效指标（KPI）和检测标准，交由负责该阶段的部门进行考核。

虽然各部门都有责任确保整个旅程的运行质量，但其实是由于高层有着跨越各部门的视角，以及各部门在推动整个旅程中工作比较高效，旅程才行之有效，其成功有赖于自上而下的决策。

4. 旅程管理委员会

现在，有越来越多的企业设立了旅程管理委员会或指导小组。在这种模式下，客户旅程所涉及的每个部门或流程的负责人会组成一个委员会，负责管理整套旅程。这就说明，如果是在之前提到的银行邮件部门/借记卡的例子里，决策

就会是整个团队做出的，而非某个负责人，而各个部门的日程规划也会是在整体的背景下进行的。

这种委员会制的主要特点是：

- 涉及所有与旅程相关的部门负责人。
- 对客户旅程的成功（包括净推荐值/客户满意度/盈利方面）担负集体责任。
- 成员自行从团体中选出委员长。
- 必须解决部门之间的矛盾，以确保整个旅程从头到尾的完整性。
- 集体负责旅程的设计和改进。

一家英国银行确定了30种主要的旅程，其中有10种交叉旅程，包括欺诈、丧亲、新产品应用等。交叉旅程只需设计一次，可在主要的旅程中多次实施。

这家银行一开始采用的是单个旅程负责人制，但很快就发现这种方式行不通，于是转而采用了旅程管理团队。这些团队是根据包括平分旅程在内的所有旅程而设立的，所以，旅程管理团队成为一种管理和报告的新方式，而且这种方法更以客户为中心。

5. 需求状况和旅程

最终的客户导向模式是去围绕着客户需求小组来组织企业，并从客户的角度出发，将旅程明确成他们生活中想要实现的事情。例如，USAA已经定义了八种客户需求，并以此来组织企业。这些需求都与客户的生活有关，如退休后的生活（而不是养老金）和日常的资金管理（而不是活期存款账户、借记卡、个人贷款、按揭、车贷等）。这些需求小组由跨职能团队组成，负责在需求小组内产生的客户旅程。在USAA的案例中，客服中心等客户互动点都是围绕着客户的生活事件来规划的。

USAA已经促进了成本的大幅度削减（通过解决效率低下和工作重复的问

题），现在其管理费用与利润率领先世界。由于USAA更亲近客户，它还推动了大规模的创新（如拍照存支票、买车、保险索赔等方面的创新）。USAA的技术架构旨在为生活事件和旅程思维方式提供支持（Mocker et al，2015）。

◁ 互联互通的企业 ▷

当然，并不是所有的问题都是与客户相关的。虽然说以客户为中心是企业实现长期增长的关键，但管理和经营企业本身也是非常复杂的一件事。企业仍然需要确保自己的技术在运转、财务必须规范、流程必须行之有效、风险必须得到管控、供应链必须安排妥当、业务必须顺利进行。

毕马威与弗雷斯特研究公司（Forrester）在多个地区进行的研究表明，如果企业要想在关键运营领域实现企业的互联互通，并确保自己走在成功的道路上，就需要培养八项关键能力（KPMG，2021）。这些能力是：

1. 以客户洞察为驱动。现在，仅仅了解客户需求已经远远不够了。所有的企业都需要对客户的生活有深入的了解，之后还要能将其转化为决策、优先事项和体验设计。为此，企业要：

- 协调数据和分析能力，从而快速产生洞察。
- 以自服务和自动化的方式，合理安全地协调不同的数据源。
- 充分利用数据湖、机器学习等数据平台及分析技术。
- 推动前瞻性的企业绩效管理。

2. 勇于创新。对客户生活的深入了解是创新的动力来源。企业需要有一种问题导向思维模式，当这种思维模式与强烈的使命感结合在一起时，就能产生工作聚焦点，而"在检验中学习"的思维模式则能让企业不断实现进步。为此，企业要：

- 重新定义业务模式、产品和服务。
- 创建专门的客户价值主张和深度分销。
- 通过灵活的定价机制和以消费为基础的模型，以数字化手段巩固创新。

3. **以体验为导向**。体验必须是有意设计的，而不能是多个内部进程无意产生的默认结果。体验有关如何在每个接触点上传达品牌承诺，企业要思考，在客户与品牌的每一次互动中，如何让品牌承诺成为现实，从而与客户建立亲密的关系。为此，企业要：

- 实现体验设计的快速迭代并根据市场反馈随时调整。
- 通过高水平的客户和市场感知解决方案，来衡量体验设计和执行带来的真正影响。
- 确保有务实的设计思维方式。

4. **畅通无阻**。随着企业不断向数字化转变，企业需要确保客户互动从头到尾都畅通无阻，要有安全可靠的支付方式。为此，企业要：

- 加快向最佳交付渠道的转变。
- 在不断变化的条件下产生、转换和满足客户的需求。
- 利用新兴渠道，并将其与现有业务相结合。
- 以网络安全为主导。

5. **反应迅速**。企业是通过供应链来维持服务的，而新冠疫情已经说明了企业的灵活性和反应能力有多重要。最后一千米已经成为各企业的工作重点，企业正是通过提供从头到尾的客户体验，才促进了客户对品牌的拥护。为此，企业要：

- 打造灵活的、有弹性的、反应迅速的供应链和业务。
- 利用先进的数据和人工智能工具，提供实时的预测性见解。
- 在整个供应链或价值链中，确保流程畅通无阻、决策轻松自如。
- 吸纳微供应链，实现供应商多元化，以提高安全性和灵活性。
- 以供应商为中心进行采购，从而更好地整合供应商的分层采购工作。

6. **学会授权**。员工是良好客户体验的基础。企业领导、员工和工作文化需要通过一个品牌目标，和一套激励、塑造行为的价值观来保持协调一致。员工需要能够在互动中做出客户所期望的判断和决定。为此，企业要：

- 在新的劳动力理论模式下，无论是线下还是线上办公，企业都能蓬勃发展（而不仅是存活）。
- 在无法实现线下办公时，为虚拟工作场所创建协作平台。
- 塑造一种看重、认可员工成就和合作表现的文化，而不是一味注重员工的工作时长。

7. **数字化能力**。企业要打造一种围绕客户建立的、能对客户需求和偏好迅速做出反应的技术架构。事实上，这种技术架构背后必须有灵活的思维方式，以便迅速推行新技术、新产品和新服务。为此，企业要：

- 获取底层架构和数字基建，以便在一个高度连接的世界中快速运行。
- 除信息技术领域外，还要在整个业务领域采用灵活的工作方式，做到反应迅速，以体验为中心。
- 部署一种以现代化基础设施和应用为基础的数字化本地架构。
- 在工程心理学的基础上，重新设计服务提供模式。

8. 整合联盟。 识别并利用企业与第三方和外部生态系统形成的协同作用，这种能力现在变得越来越重要了，因为一个公司不能总是自己包揽所有的工作。企业向平台的转移，正在推动构建更广泛的伙伴关系，以满足相关的（往往是相互关联的）客户需求。为此，企业要：

- 找出那些了解并能发挥合作和沟通作用的人，为他们建立一个"耐冲击性强"的合作伙伴生态系统。
- 共同达成一系列明确的商业成果，其范围要比服务水平协议和成本更广泛，但同时也包括风险缓释、执行的灵活性和信任（KPMG，2017）。

管理由小团队组成的大团队

各企业正在以客户旅程、客户需求和全企业范围方案为中心组建跨职能团队，来摆脱职能型组织结构的束缚。这些企业都是以网络化为基础，实现多个团队协同工作，在这种企业中，动态合作变成了一种常态，其职能部门只是作为利益共同体以微观的方式存在。实际上，这种企业更像是一种由小团队组成的大团队。

20世纪90年代初，当时一家英国金融机构开始围绕着业务流程进行重组，那是"由小团队组成的大团队"这种说法第一次出现。这家金融机构发现，跨职能团队能有效解决根深蒂固的层次结构所带来的问题。因此，该公司并没有继续沿用传统的组织结构（人们在基于职能或正式业务部门的层级制度下工作），而是形成了一种团队网络，围绕特定的目标（最常见的是流程设计和客户解决方案设计）聚集在一起，每个项目组的组成人员会随时根据需要来调整变化。

各个团队及其成员以流动的、不断优化的方式进行合作。这种模式强调的是分权管理的自主权、一种合作意识、成为整体中的一部分以及一个首要目标。这家公司发现，要想让这种模式发挥作用，就需要在行为和协调方面做出重大改变。该公司实行了一种协调管理程序，这一程序逐渐发展成了一种先进的需求设定和跟踪系统，以实现团队和关键人物之间的协调。但关键问题在于行为。人们不必再把自己的部门或职能规划放在工作的首要位置，以便通过恰当的方式为公司做出贡献，并以主题专家的身份参与到工作中。基于团队的培训和由团队自己进行的行为评估对于实现这种转型而言至关重要。

最近，从美军退役的斯坦利·麦克里斯特尔将军出版了一本名为《团队的团队：复杂世界的新交战规则》的书（McChrystal，2015）。麦克里斯特尔概述了他在伊拉克对军队进行重组，打击基地组织的经历，讲述了即使是在美国军队的这种传统的等级制度中，分权模式也能有效发挥作用（Meehan Ⅲ and Starkey Jonker，2018）。

这是一种在专业服务领域运用已久的工作方式，其中，部署跨组织和跨职能团队是满足客户需求的重要一步，而管理不断变化的团队是一种核心能力。专业服务公司的员工善于游走在各团队之间，并且能在团队转换的过程中带来价值。

对于 USAA 和联邦海军信贷协会银行等龙头企业来说，这些团队让企业内部和外部的界限不再那么泾渭分明，因为客户加入了团队来共同创造价值，在客户需求、愿望和问题方面为企业提供了信息和见解。因此，企业对自己在客户生活中所能发挥的作用也有了更深层次的理解。

对于没有层级制历史的初创企业来说，他们从一开始就采用了团队合作的方法，因此具有高度的灵活性和适应力。声田等企业已经开发了网络化结构，可以反映团队合作的理念，但同时又运用了新技术和方法（如敏捷开发）对其进行强化。

敏捷方法

敏捷的发展是帮助企业变得更加灵活的一个重要因素。这种方法以一种能够创建最小可行产品的方式将工作分块，然后根据对新产品性能的反馈和洞察，逐步对其进行迭代开发。利用"冲刺"（sprint）的概念，团队可以非常迅速地产生结果（通常是在一到两周内）。在这些短暂的活动中，团队会经常进行工作检查（通常是每天一次），以分享工作进展，解决问题并确保工作的一致性。在两次"冲刺"之间，团队成员会聚在一起回顾和反思，并做下一步打算，来讨论迄今为止的进展，并为下一次"冲刺"设定目标（Aghina et al, 2018）。

而成功的关键在于授权和所有权的问题。毫无疑问，没有授权的敏捷会失去发展动力，其进展会被推迟甚至叫停。因此，决策权必须下放，且速度要快。从敏捷团队工作的性质来看，他们不可能在做出决策之前浪费太多时间。

遵循这一种成体系的创新方法，可以节省时间、减少返工、为创新性"跨越式"解决方案创造机会，并提高团队内部的主人翁意识、责任感和成就感（Aghina et al, 2018）。

规模化敏捷

如今，你要确保公司的每个人都对组织的工作有一个整体、全面的了解。曾经，欧洲航天局的发射任务之所以连连失败，是因为不同的火箭部件是由不同的国家制造的，单独拿出这些部件来看，的确没有什么问题，但当火箭组装起来升空后，火箭就会爆炸或偏离轨道。而美国国家航空航天局则通过将其承包商纳入内部，并规定每个人都应该了解整个相关项目，从而避免了这种问题的发生。这种整体观和敏捷的结合将成为未来企业的特征。

敏捷已经彻底改变了技术世界，人们以前忙于冗长、耗时的瀑布式项目，从一开始就要明确所有要求，现在，他们更多采用的是一种敏捷的迭代式方法，这种方法能更快带来价值，并确保项目能在新需求凸显时得到实时改进。它带来了一种逐渐渗透到整个企业中的思维方式，从人力资源到信息技术、从产品到旅程规划的所有方案，都以敏捷的方法进行。

现在，企业要想应对迅速变化的外部环境，敏捷规模化势在必行，但是敏捷规模化并不适合以稳定状态为主导的等级制企业。

要点总结

1　企业需要做到灵活变通、反应迅速，才能生存下去，也才能蓬勃发展——领导团队需要相信目标或将其具体化。

2　复杂性正在迅速增加，坚持采用传统的组织结构将导致企业慢性死亡。企业需要更加灵活变通、反应迅速才能生存。

3　各企业发现，如果主要采用客户导向的跨职能团队，并且不断创建、解散和重新审视规划这种团队，企业就会获得最大限度的灵活性。

4　由于管理客户旅程较为复杂，企业的组织设计正在稳步向客户靠拢。

5　敏捷作为一个概念，需要适当的授权才能取得成功——授权标准从上到下都需要改变。如果大多数企业继续使用以往的流程规范，那么他们将很难从敏捷方法中得到效益。

参考资料

1. Aghina, W. et al (2018) The five trademarks of agile organizations. www.mckinsey. com/business-functions/organization/our-insights/the-five-trademarks-of-agile- organizations (archived at https://perma.cc/BK6U-8YSR)

2. Deming Institute (1939) A bad system will beat a good person every time. https://deming. org/a-bad-system-will-beat-a-good-person-every-time/#:~:text=Quote%20by%20 W., the%20notes%20of%20Mike%20Stoecklein (archived at https://perma.cc/Q8TH- RUGF)

3. Forbes (2016) What is Jeff Bezos's 'Day 1' philosophy? www.forbes.com/sites/quora/2017/04/21/what-is-jeff-bezos-day-1-philosophy/?sh=7f955ea01052 (archived at https://perma.cc/BQ7Y-S6GW)

4. Gore (2021) Our beliefs and principles. www.gore.com/about/our-beliefs-and-

principles (archived at https://perma.cc/2TDM-4BEA)

5. KPMG (2017) The connected experience imperative. https://assets.kpmg/content/ dam/kpmg/br/pdf/2017/11/the-connected-experience-imperative-uk-2017.pdf (archived at https://perma.cc/5W75-3HKE)

6. KPMG (2021) KPMG connected enterprise. https://home.kpmg/xx/en/home/services/advisory/management-consulting/kpmg-connected-enterprise.html (archived at https://perma.cc/C7S4-8CD3)

7. Larson, E. (2018) How Jeff Bezos uses faster, better decisions to keep Amazon innovating. www.forbes.com/sites/eriklarson/2018/09/24/how-jeff-bezos-uses- faster-better-decisions-to-keep-amazon-innovating/?sh=2013d7087a65 (archived at https://perma.cc/GA65-CDSR)

8. Lee, J. Y., Sridhar, S. and Palmatier, R. W. (2015) Customer-centric org charts aren't right for every company. https://hbr.org/2015/06/customer-centric-org-charts-arent-right-for-every-company (archived at https://perma.cc/D8K5-ECCA)

9. Marsden, P., Samson, A. and Upton, N. (2005) Advocacy drives growth. https://digitalwellbeing.org/wp-content/uploads/2015/05/Marsden-2005-06-Advocacy- Drives-Growth-Brand-Strategy.pdf (archived at https://perma.cc/M7W3-KFK7)

10. McChrystal, G. (2015) *Team of Teams: New Rules of Engagement for a Complex World.* London: Portfolio Penguin.

11. McConnell, J. (2020) Leadership everywhere means reversed leadership. www. druckerforum.org/blog/leadership-everywhere-means-reversed-leadership-by-jane-mcconnell/ (archived at https://perma.cc/9BQW-4S35)

12. MeehanⅢ, W. F. and Starkey Jonker, K. (2018) Team of teams: an emerging organizational model. www.forbes.com/sites/meehanjonker/2018/05/30/ team-of-teams-an-emerging-organizational-model/?sh=171984ae6e79 (archived at https://perma.cc/6XYY-WDVB)

13. Mocker, M., Ross, J. W. and Hopkins, C. (2015) How USAA architected its business for life event integration. https://core.ac.uk/download/pdf/35286962.pdf (archived at https://perma.cc/VL7D-Z4PU)

14. MRS (2016) Towards an insight driven organization. www.mrs.org.uk/pdf/insightdriven.pdf (archived at https://perma.cc/7JS8-Q5YT)

15. Percy, S. (2019) Why do change programs fail? www.forbes.com/sites/sallypercy/2019/03/13/why-do-change-programs-fail/?sh=5edb8d472e48 (archived at https://perma.cc/MV4P-XL2Q)

16. Sheetz, M. (2017) Technology killing off corporate America: average life span of companies under 20 years. www.cnbc.com/2017/08/24/technology-killing-off-corporations-average-lifespan-of-company-under-20-years.html (archived at https://perma.cc/4NDJ-D4RY)

17. Soni, P. (2015) Home Depot's target market and customer base. https://finance.yahoo.com/news/home-depot-target-market-customer-230603019.html?guccounter=2 (archived at https://perma.cc/LKG8-V6KD)

18. Trout, J. (2017) Marketing CX. www.forbes.com/consent/?toURL=https://www.forbes.com/2006/06/30/jack-trout-on-marketing-cx_jt_0703drucker.html (archived at https://perma.cc/DS58-4W8Q)

19. World Economic Forum (2018) Justin Trudeau's Davos address in full. www.weforum.org/agenda/2018/01/pm-keynote-remarks-for-world-economic-forum-2018/ (archived at https://perma.cc/X8P9-BNHE)

第5章
化零为整

市场在变，客户在变，公司也在变。保持公司与客户的关联性，始终是一项仍在进行的工作。这没有最终的目标，因为这是一种持续的旅程，在这个旅程中，公司如果缺乏灵活性和适应能力，就会被淘汰出局。快速反应的能力不再是一种企业渴求的目标，而是企业存活下去的一个基本要素。

公司要想在市场和客户之间持续实现协同发展，就需要不断提高快速反应能力。市场的开放和关闭都发生在很短的时间内，机会变得越来越转瞬即逝，竞争也越来越激烈，而客户也越来越清醒慎重。

在前面的章节中，我们已经确定了企业适应能力的构成要素：服务型领导、新型组织设计、客户导向文化和行为。所有这些要素都围绕着对客户的差异化理解而展开。那么，我们可以把哪些企业奉为典范呢？哪些企业已经掌握了这种协同发展的艺术，实现了和客户之间的持续协调发展？我们制作的全球排行榜可以帮你找到一些答案。这些排行榜上名列前茅的公司涵盖了所有的行业类型，其规模大小不一：他们没有行业优势，也没有成功的避风港；协同发展已经刻进了这些公司的DNA里，他们一直在适应不断变化的环境。

在美国，我们可以看到有些公司每年都占据着榜首位置，如USAA和联邦海军信贷协会银行等银行，开市客（Costco）、韦格曼斯、大众超级市场（Publix）

和 H-E-B[①]等零售商，捷蓝航空（JetBlue）和美国西南航空等航空公司，福来鸡（Chick-fil-A）和 In-Out Burger 等快餐公司。

在欧洲，像奥地利的道路救援公司奥地利汽车、摩托车及自行车协会（ÖAMTC）、德国的线上零售商扎兰多（Zalando）、英国的 Lush 和德国的眼镜零售商 Fielmann 等公司都是我们"名人堂"中的固定成员。

在中东，阿联酋的迪拜水电局（DEWA）和阿联酋航空公司等公司榜上有名；在东亚，新加坡航空公司在六个国家的指标中名列前茅。在澳大利亚和新西兰，劳埃德信托储蓄银行（Lloyds TSB）、几维银行、本迪戈银行（Bendigo）和澳大利亚联邦银行（Commonwealth）等银行，第一选择（First Choice）等零售商，Electric Kiwi 等公用事业公司和新西兰航空（Air New Zealand）等航空公司都位居榜首。在南美洲，Sodie Doces 和 Zaffari 等零售商，Nubank 等银行，万豪和希尔顿等酒店集团，甚至还有机场，都也出现在榜单，新加坡的樟宜机场已经证明了机场不仅仅是一个带着跑道的购物中心，它也可以提供良好的客户体验。

以上这些都是适应能力较强的公司，他们已经了解了迅速反应和与客户保持联系的艺术。

◁ 总体规划 ▷

企业实现协同发展并不是偶然的，是通过仔细认真、有条不紊地计划、设计和实施才得以实现的。对于上面给出的那些公司来说，这是一种生活方式，是对客户相关性的不断评估。虽然各个行业面临的挑战不同，但方法却是相同的：明确目标、注重文化、围绕客户进行组织调整，并从客户的角度不断监测和改善业绩。每个行业都有自己的明星企业，即在客户心目中脱颖而出的企业。某些行业，如零售、航空、酒店和金融服务，的确提供了更好的整体客户体验，但即使

[①] 全美最大的独立经营食品零售商之一。——编者注

> 客户至上
> 基业长青的六大支柱

在公用事业和公共服务这些平时人气不高的行业里，也同样存在一些榜样。

公用事业机构

公用事业机构的全球领头羊之一就是迪拜水电局，它采用了人工智能和数字技术，已经改变了其业务的各个方面（DEWA，2021）。作为"10×倡议"（一个由政府赞助的计划，目标是让迪拜比其他世界城市发展领先10年）的热心参与者，迪拜水电局已经为自己设定了一个非常高的水准：比所有其他公用事业的表现都要好10倍。

迪拜水电局所有服务都是通过各种智能渠道提供的。截止到2019年11月，迪拜水电局有94%的客户都在使用其智能服务。通过多个智能渠道和平台，迪拜水电局全天24小时都能提供其所有的服务。

迪拜水电局推出了"Rammas"，这是一种使用人工智能的虚拟员工，可以用英语和阿拉伯语进行答复。Rammas在迪拜水电局的智能应用程序（APP）、网站、脸书（现更名为"元宇宙"）页面、亚马逊Alexa、谷歌Home、机器人和WhatsApp Business平台上24小时在线提供服务。Rammas可以根据客户提出的问题来不断学习和了解客户的需求。Rammas还可以根据现有的数据和信息对客户进行分析，以便简化交易流程，做出最好的答复。

迪拜水电局的用电用水通知的智能响应服务有多种功能，比如对停水停电原因进行自我诊断。如果客户能自己找到问题出现的原因，就可以把处理问题的步骤从原来的10个减少到只剩下1个。智能响应服务能找到最佳解决方案，通过使用迪拜水电局的智能APP和网站，客户能够以更便捷、更容易的方式来处理、跟进和解决技术上出现的问题。这样做提高了客户体验和服务效率。

迪拜水电局的"我的可持续生活方案"鼓励客户节约用水用电，减少自己的碳足迹。这个方案是中东地区首个类似的计划，可以让居民比较自己和相似的节能高效住宅居民的每月平均水电用量，从而根据现有数据，做出明智的决定。这促进了客户之间的良性竞争，可以减少他们的水电开销（Water Online，2020）。

而"绿色充电器"倡议设立了200多个电动汽车充电站，以此鼓励人们驾驶电动汽车，减少碳排放。

在新西兰，Electric Kiwi 一直在社交媒体点评网站上获得五颗星的成绩，也在我们的全球公用事业公司客户体验指标中名列前茅。Electric Kiwi 有一种基于诚信的企业文化，可以避免员工的行为出现问题，员工总是在努力为客户做正确的事情，并通过企业的数字化能力降低成本，提供出色的客户体验。

Electric Kiwi 的业务建立在智能技术的基础上，力图让用电变得更优惠、更智能、更容易管理。其目标并不是提供限量的一次性折扣和新用户优惠，而是全面降低用电价格。Electric Kiwi 在定价方面体现了其诚实、透明和真实的理念，因此得到了较高的客户忠诚度，没有让客户流失。Electric Kiwi 在营销方面也相当聪明，它每天都会提供一小时的免费用电，客户可以自由选择在哪一个小时使用，所以客户可以利用这个机会，把这一小时用在用电高峰期。这种优惠简单易懂，能让客户自己主导电力的使用，给了客户管理的权力（Electric Kiwi，2021）。

Electric Kiwi 的客户可以完全通过一种个性化网络在线管理他们的账户，并能查看自己的账单和用电信息，可以精确到每半个小时的用电。客户互动主要通过实时网络聊天进行，提高了生产力，降低了成本。

同样，在澳大利亚，澳大利亚燃气照明公司（AGL）已经在其客户心中确立了自己的地位，AGL 帮助客户建立对品牌的信任，并使其感到事情在掌控之中，从而轻松获得了客户的支持。AGL 是一个以其宗旨（"为生活而进步"）和价值观为指导的企业，它所做的一切（尤其是帮助客户和社区度过困难时期）都出自这种宗旨和价值观。从2019年那场肆虐澳大利亚大部分地区的森林大火和干旱，再到新冠疫情，AGL 认识到，自己在社区中的作用不仅仅是去提供能源。

AGL 正在进行为期三年的数字化转型计划，该计划有三个核心要素：信息系统等基础能力，数字化采用，以及以客户体验为核心的"标志性时刻"（Simple，2021）。由数据主导的个性化服务决策已经对客户参与产生了很大的影响。现在的客户体验是以数字为媒介的。客户不再需要打电话，只要通过 APP 就可以直接给客服中心团队发送信息，同时公司自主开发的支付功能意味着客户通过应用内的首选支付方式就可以轻松支付账单。

公共服务机构

澳大利亚新南威尔士州的医疗机构——新南威尔士州卫生部（NSW Health）在澳大利亚表现优异，排名第七。新南威尔士州卫生部有一种高度以客户为导向的环境。新南威尔士州政府任命了澳大利亚首位"客户服务部长"。他的目标就是去追赶或超越私营部门的客户体验。新南威尔士州卫生部专注三个方面的变革：①将资源集中在客户看重、完成任务所需的地方；②促进客户体验的设计和实现，让政府更亲近市民；③开发数字化转型体系，建立客户信任。重点是各种病人的旅程（Government of New South Wales，2019）。

病人所得到的对待方式以及他们病情的治疗方式都会影响他们的旅程及护理体验。这两个问题都很重要，但实现的途径却不同。治疗结果是医疗机构促成的，并由护理团队提供支持。然而，病人的体验却是由各种人提供和主导，这些人包括临床医生以及与病人互动的非临床工作人员（Australian Commission on Safety and Quality in Health Care，2018）。

新南威尔士州卫生部规划了退休和死亡等重大生活事件的完整客户体验旅程图，促进了机构针对重大生活事件来建立在线信息服务。无论是组建家庭、计划退休、小孩开始上学、找到第一份工作，还是遭受重伤、租房、应对洪水，这些旅程都能让人们在各重大生活事件中更好地获得政府提供的多种服务。

新南威尔士州卫生部已经设立了新的职位——患者体验官，这是一种非临床职位，主要在患者需求高峰期工作。不过，患者体验官也可以轮班工作，来了解全天出现的挑战并协助员工发展。这些人是患者体验方面的专家，作为内部顾问工作，确保在任何时候都能提供理想的患者体验。

航空公司

新加坡航空公司在其核心市场的客户体验方面获得了高度评价。它有一种明确的使命感，因此塑造了企业的行为，赢得了本土国民的信赖（KPMG，2020）。该航空公司在其愿景声明中阐述了其目标：

新加坡航空公司不仅有责任成为一家优秀的公司，也有责任通过改善我们所接触的人的生活，成为一位优秀的世界公民。本着这一目标，我们致力于促进艺术和教育的发展，提升社区幸福感，提高我们国家公民和目的地国家公民的健康和福利水平。为了实现这一目标，我们还致力于保护环境和世界，以造福子孙后代。

致力于"改善我们所接触的人的生活"是新加坡航空公司的与众不同之处，也是其创新和提供体验的动力源泉。这一目标植根于东方国家的服务特质，并反映在每一次的线上线下互动中（KPMG，2019）。乘客们可以体会到公司对自己的关心、在自己遇到困难时公司主动提供的帮助，以及公司想要取悦自己的愿望。在航空业，当问题出现时，乘客的耐心会经受最大考验。与许多大型航空公司不同的是，新加坡航空公司的做法是：重点进行减轻乘客压力的沟通，确保乘客在错过转机，或者突然被迫要过夜等待时，能够得到通知和承诺，在乘客还没有想到这些问题时就提前考虑并做出答复。新加坡航空公司会尽一切努力平息乘客不满情绪，让乘客回到正常状态，减少压力和担忧。工作人员会接受培训，学习如何缓和与情绪激动乘客之间的关系，并表明航空公司关心乘客所处的困境，并会尽一切努力把事情解决（KPMG，2019）。

在公司内部，新加坡航空公司利用先进的系统来进行沟通，采用灵活的机组管理机制。它的软件生态系统会不断地更新数据流，具有机组人员所需的一切数据，如团队内对话、日程跟踪、任务列表、问题列表和报告等。机组人员快速、有效的沟通是解决问题的重要一步。因此，即使在困难重重、乘客情绪激动的环境下，公司员工也要贯彻"改善我们所接触的人的生活"的宗旨（KPMG，

2019）。

阿联酋航空是全球领先的旅游品牌。阿联酋航空之所以取得了成功，是因为它愿意根据客户的愿望来发展。阿联酋航空十分清楚，对某些人来说，乘坐阿联酋航空飞机的体验都是基于某个事件——可能是人生中唯一一次前往某个目的地的旅行，也可能是一对新婚夫妇蜜月的开始。因此，阿联酋航空在其愿景中表示，阿联酋航空打算投入大数据世界中，来创造一种可以为个人量身定制的客户体验，从而促进了公司定制音乐和电影播放列表等创新，这样一来，旅客就可以在飞机上享受自己最喜欢的娱乐形式（KPMG，2017）。

为了满足人们不断提高的期望值，只要能改善个人的体验，阿联酋航空并不害怕摒弃长期以来形成的惯例。公司愿景是放弃传统的座位等级（如头等舱和经济舱），而让旅客可以选择自己想得到什么样的具体服务。比如，一个旅客可能会特意选择经济舱座位，因为他是在白天坐飞机，不需要躺下休息，但同时他也可以选择商务舱的餐食。具体来说，阿联酋航空的想法是让限制更少、选择更多，同时让乘客了解、体会自己的整个旅行体验是什么样的（KPMG，2017）。

阿联酋航空也意识到了职能部门可能带来的限制，于是放缓了决策的速度。来自业务、信息技术和人力资源等不同部门的人员组成了跨职能数字化团队并投入使用，这正是阿联酋航空想要扩展的一种结构。阿联酋航空是一个能够倾听客户期望的品牌，它并不自满足于自己的使命（KPMG，2017）。

酒店行业

长期以来，酒店行业一直是客户服务的标杆。当谈到客户体验时，丽思卡尔顿酒店的案例经常作为楷模被引用（Ritz-Carlton，2021）。的确，丽思卡尔顿非常优秀，其培训学院都开始负责向世界各地的公司传授其客户服务技巧。

作为一家遍布全球的五星级酒店和度假村公司，丽思卡尔顿以其口碑服务和豪华的设施而闻名，在世界顶级旅游目的地为旅客们创造了令人难忘的旅行体验。丽思卡尔顿为1%的高级旅客服务，于是也力求招聘1%的顶尖员工。丽思卡尔顿将其员工称为"服务女士们和先生们的女士们和先生们",他们带着强烈的使命感得到授权,参与互动,这种服务精神贯穿员工生活的方方面面。公司希望自己的员工能够受到启发,充满动力,对客户保持热情,只有这样,他们才会有出色的表现。简而言之,丽思卡尔顿把员工放在第一位,注重企业文化和参与感,并知道每一次与客户的互动都是一个关键时刻,在这个时刻,公司可以兑现提供卓越服务的承诺,并有机会为客户付出更多努力。

丽思卡尔顿的员工承诺书印在口袋大小的小册子上,每个员工都能随时携带,它是由世界各地的员工编写而成的,规定了员工对待彼此的标准。这种非凡的体验被称为"丽思卡尔顿的神秘感",它有两个基本支撑结构:流程和技术。每天早上上班时,员工们也会排成队,用10分钟来聆听来自世界各地有意义的故事,以加强他们对公司宗旨的信念,通过分享"优秀"应该是什么样的来开启新的一天,鼓励员工在日常工作中运用公司的价值观。丽思卡尔顿相信,目标会转化为激情,而这种激情对旅客来说是明显能感受到的。

这一方法背后是一项名为"神秘感"(Mystique)的技术,这是一种先进的客户关系管理系统,能够收集客户的个人喜好,并在旅客入住丽思卡尔顿酒店时运用好这一点。如果一个旅客喜欢在可乐中加酸橙而不是柠檬,那么公司就希望确保旅客在入住时不用旅客说就在可乐中加好酸橙。

零售商

美国韦格曼斯超市经常被称为"食品主题公园",是世界上最出色的零售商之一。曾经,演员亚历克·鲍德温(Alec Baldwin)的妈妈拒绝和他一起去洛杉矶,因为洛杉矶没有韦格曼斯超市。

韦格曼斯超市的平均面积约为12000平方米,是标准超市的三倍。超市的设计让每次购物都带有一种仪式感。从米其林星级餐厅到体育酒吧,每个人都能找到自己想要的事物。模型火车环绕着屋顶空间,让孩子们充满兴趣。但是,韦格曼斯独树一帜的核心所在是其文化和员工。

韦格曼斯在员工、员工知识储备和传播，以及员工刺激消费者购物热情方面进行了大量的投资。正如其 CEO 丹尼·韦格曼（Danny Wegman）所说，如果员工不能解释芝士之间的区别，那么超市摆着几百种不同的奶酪又有什么意义呢？为了确保员工能够解释不同芝士之间的区别，公司派员工前往法国的葡萄园、美国纳帕谷的酒厂去参观芝士的制作过程。韦格曼斯卖的不只是食品，它卖的激发一个人烹饪细胞的知识（Boyle，2005）。

韦格曼斯不允许客户在离开时是不满意的。为了确保这一点，韦格曼斯鼓励员工尽己所能来确保客户的满意度，且无须事先咨询团队上级成员。这样的故事比比皆是：可能是派一位厨师到客户家里帮忙规划食品订单，也可能是因为妈妈买的火鸡太大，家里烤箱塞不下，于是就在超市里为一家人烹饪感恩节火鸡（Acosta，2020）。

给员工授权不仅仅是让员工去登门拜访客户，授权还意味着打造一种环境，让员工能够发光发热，不受等级制度和冗长决策周期的束缚。

金融服务

在这些领先的公司中，最令人瞩目的是英国 First Direct 银行。10 年里，它有四次在我们的英国 100 强排行榜中独占鳌头，并且一直位居前三名。当我们把文化差异因素纳入人们对企业的评价中后，First Direct 在我们研究的 34 个国家中，客户体验方面排名第一。

在本书的第二部分，我们会研究影响体验的六大支柱。可以说，First Direct 银行在这六大支柱中的表现都很出色。

◁ 英国 First Direct 银行：化零为整 ▷

以下内容基于对 First Direct 前 CEO 乔·戈登（Gordon，2020）和我写本书时的时任 CEO 克里斯·皮特（Pitt，2021）的采访。

第一部分
不断变化的客户和员工

在 1989 年银行业服务水平低下的背景下，First Direct 银行横空出世，客户们从 First Direct 创立的第一天起就认为这家银行与众不同。现在，几十年过去了，虽然科技在进步，其他银行客户导向转型进展迅速，也出现了新的客户导向挑战者银行，但 First Direct 银行依旧是行业的领头羊。

根据乔·戈登的说法，First Direct 能在客户体验方面持续获得成功，是因为它巧妙地平衡了两个关键因素：一致性和变革。戈登表示，"人们可能觉得这两个东西是不可能融洽的，但它们其实配合得非常好。"企业内部对客户导向关注的一致性，以及围绕银行口号（即"开创令人惊艳的服务"）工作的一致性，是银行里每个人都接受的理念。一致性对于 First Direct 的业务来说真的很重要，但同样，First Direct 工作方式上的变革也很重要。客户的期望在变，科技也在变。1989 年，First Direct 成立，想要开创令人惊艳的服务，它当时的工作方式是电话。后来，First Direct 变成了网上银行，再到手机银行，现在变成了开放式银行。First Direct 银行应对这种变革的能力、在当下的环境中理解这种变革的能力，以及与工作重点保持一致的能力，一直都是它成功的关键。

通过平衡一致性和变革，First Direct 银行既能够保持个性化，也能保持与客户的相关性，从而成为一个方便快捷、业务能力强的银行。

克里斯·皮特表示，现在又有了一种新的因素出现。新一代的客户对自己所接触的企业有更多的期望。有一种潜意识认为：这一代人对公平的感觉特别敏感。实行开创性的变革现在成了一种赌注，可能用不了几个星期，也可能在几个月后，企业的竞争优势就可能被削弱了。虽然客户服务和以往一样重要，但客户在使用 APP 时，很多时候是感觉不到哪个品牌格外突出的。这一代人正在寻求的闪光点是：一种能分享其在社会公平方面的价值观的企业，一种促进积极的社会变革（包括气候变化和解决歧视问题）的企业，其所作所为都能得到证明，并且其价值观非常重视这些问题。

组成部分

值得关注的一点是 First Direct 的整体性、综合性方法，这种方法可以确保 First Direct 战略中的方方面面都能得到整合、调整。这种方法把企业看作一种系统，每一个组成部分都在整体的背景下发挥作用。因此，每一个方案不仅是相辅相成的，而且明显会推动公司实现目标。最终的结果就是，整体效果远远大于各个部分的总和。

了解客户

First Direct 前 CEO 马克·穆伦（Mark Mullen）表示："我会鼓励所有企业领导，或者鼓励所有参与业务的人，要去观察客户。当你去问客户问题的时候，他们一般都不好意思说实话。但当你观察客户的实际行为后，再与客户眼中自己的行为相比，你会得到两种截然不同的答案。与人们在购买后的理性消费调查、问卷调查或反馈小组中给出的结果相比，他们其实在金钱方面更加情绪化。从我的经验来看，观察客户要比询问客户更有价值。"（Davey，2013）

First Direct 会运用多种不同机制来了解其客户，并且同他们保持密切联系。

- First Direct 很明确哪些客户是公司想要的，哪些不是。
- First Direct 知道公司在哪些方面做得好，得到了客户的欣赏。
- First Direct 的目标体验很明确：让每个电话都"令人惊艳"。员工很明白如何与客户交谈，应该用什么样的语气和风格，他们知道客户喜欢什么、不喜欢什么。
- First Direct 非常清楚客户群在任何时间点的感觉。例如，当公司发现 40 岁以上的女性认为自己没以前那么需要 First Direct 的时候，公司就会集思广益，创造一个新方法，为这个群体多付出一些精力。
- First Direct 的目标是"让客户成为自己的家人"而不只是提供"亲切友好"

的体验。

正是这种对客户心理的关注，使得 First Direct 在众银行中独树一帜，做到了真正了解人们的动机和欲望，同时也了解他们的问题、拘束感和生活大事。

目标和价值观

First Direct 的写字楼里也有非常鲜明的品牌特色。的确，整个建筑中唯一没有体现公司理念的地方是员工餐厅，因为公司认为员工们在餐厅里应该从工作中放松下来。然而，餐厅的墙上也凸显着公司的目标——每面墙上都标着"开创令人惊艳的服务"几个大字。这就是 First Direct 所有人努力的方向，是塑造公司每一次行动和决策的主导思想。

1989 年，带着改变银行业现状的使命，First Direct 成为行业开拓者是比较容易理解的，而在现在这个竞争更加激烈的时代，First Direct 仍旧鼓舞和激励着人们。"开创"是指那些走在别人没有来过的地方，是一种推动创新和新思想的心态；"令人惊艳"的意思是让人感到惊喜，让人印象深刻，让人觉得优秀。这是公司员工每天都在努力做的事情，不仅是对客户，对同事也是如此。"令人惊艳"是一种行为属性，表示人们时时刻刻都在寻找惊喜。每个人都有责任去不断重新审视"令人惊艳的服务"在今天到底意味着什么。

公司目标通过"商业命令"（即简要法则）来执行：

- 人更重要——工作首先要从员工开始。
- 不要舍本逐末——永远不要忘记，我们是在做生意，商业回报很重要。
- 成长、现代化、再加速——继续发展，预见未来。

决策执行会受到公司价值观的影响，First Direct 的价值观被称为"公司存在的四个核心"。

- 敢于独树一帜——First Direct 银行会寻找具有这种特质的员工，从而推动多元化，接受这样的理念：要想独树一帜，就要愿意承受失败，同时也能在失败中迅速学习。
- 难得的理智——赋予工作人员权力并给予其所需资源，让他们能够做出明智的决定。
- 我们一直在路上——确保对员工或客户来说，任何重要的事情都不会半途而废。
- 我们是把钱看得很重，而不是把自己看得很重——要认真也要谦逊，确保客户永远不会有任人摆布的感觉。

First Direct全体员工都高度重视成为"开拓者"这件事。这需要一种高度的自信，那些乐于接受难以理解事物的人，同时也有信心：虽然没有其他的榜样可以参考，但自己也会找到办法。在First Direct里，所有的事物都是通过公司品牌的视角来观察和筛选的，将可以增加价值的东西添加到现有的知识体系中，如高效、敏捷、持续改善、价值流，所有这些理念或方法都会经过分析、理解和调整，供First Direct使用。

文化

穆伦认为First Direct的文化很难用语言表达，却很容易感受得到。当你走进First Direct的办公室时，就能感受到这种文化——从你遇见的人身上所散发出来的活力和友好。穆伦表示："文化就是最重要的——尤其对于一家网上银行而言。实际上，如果你与First Direct的员工在网上进行交谈，下次与你交流的可能就是另外一名员工。那么，你该怎么在整个关系中创造一种一致性和可靠性呢？如果你没有真正明确的流程，没有真正便捷的产品，没有真正一致的招聘标准和训练有素的员工，你就无法做到这一点。"（Davey，2013）

有趣的一点是，我们的研究对象经常表示，"当我与First Direct的员工交谈时，感觉好像一直是在和同一个人交流，无论他们的性别或种族有什么区别，他们好像都在以同样的态度关心我。"

First Direct 对新员工的选择非常严格，大约 100 个应聘者里只有一个能通过整个流程。First Direct 的招聘在很大程度上是以应聘者的性格和价值观为基础的，而不太注重他们的技术能力。这种招聘方式也贯穿于 First Direct 银行欢迎新员工、为新员工提供搭档和培训。

克里斯·皮特承认，是员工让客户的体验变得与众不同，这来源于公司对正确招聘方法的高度重视。First Direct 不愿意从其他金融服务公司招聘，而是把目光放在了护理行业，在那里，First Direct 可以找到具有恰当同理心、懂得如何关心他人的人，他们也做好了让公司独树一帜的准备。

2019 年，基于"人们往往会招募和自己相似的人"这一理念，First Direct 有 44% 的新员工实际上是由现有员工推荐的。实际上，虽然 First Direct 于 1989 年开业，但也有三代人在不同岗位上工作的例子。克里斯·皮特表示，"我们知道自己在招聘时要找的是什么。一旦我们开始了应聘工作的流程，我们就会派做过这个工作的人去看应聘者的态度和对这个职位的理解。如果他们有相应的态度和理解，那么我们就可以培训他们。展望后疫情时代的世界，我们要能从更远的地方招募员工，住在国家其他地方并希望远程办公的人也能申请 First Direct 职位。这样我们就有了一个更庞大的人才库，可以在银行发展的过程中寻找合适人选，这是一件激动人心的事，但面临的挑战会是：如何将我们的文化注入那些不在办公室办公的人。"

First Direct 非常明确自己的文化是什么，并努力运用它来面对当前的挑战。First Direct 的文化有几个成形的组成部分：

- 重点不是指挥和控制员工。
- 重点是培训、指导和提供帮助，容忍员工的失败，直到看到一个人的明确上限，只有这样才能确定培训指导能激发员工的何种潜力。
- 积极的文化信息一直能得到传达。优秀的文化行为受到称赞。

- 从座位安排到分享想法的方式，都有"明显的开放特征"。
- 重点是始终保持活力，对人口统计数据的变化能迅速反应，如 Z 世代、多样性、性别流动性、环境问题。
- 信奉推动、鼓励、称赞创新和新想法。
- 通过"气泡"方法支持员工的参与。员工可以识别问题（气泡），公司会评估团队是否可以自己解决这些问题，或者是否要交给上层。如果上报，变革团队会评估是否有修复方案，或者是否需要增加并优先考虑作为变革计划的一部分——此决定会反馈给相关员工。

克里斯表示："也许 First Direct 的企业文化来自约克郡和格拉斯哥，但 First Direct 鼓励员工开诚布公，甚至到了直言不讳的程度，当然，这种不敬也是有意义的，如果我们想要继续改进，给予和接受反馈是至关重要的。我们一般给不了自己什么建设性的意见，所以如果工作出现问题，我们鼓励别人直接提出意见。即使我们做得很好，比如在客户服务调查中名列前茅，我们也会研究各种指标，看看我们有哪些地方可以改进，我们能以多快的速度做到这些。我们从来没有想过要满足或自满。"

服务型领导

首先，First Direct 的所有领导的职责是努力为自己的员工赋能。领导没有坐在单独的办公室里，而是坐在员工中间，在他们可以看到、感觉到和听到周围事情进展的地方。当问题出现时，领导们会迅速做出反应，了解企业和员工在所有时间点的情况。这是一种由对人的关心和对员工体验的关注所主导的领导风格，以确保能让目标客户体验自然而然地出现。

First Direct 的核心原则之一是围绕积极性高的员工创建项目，给他们工作所需的环境和支持，并相信他们能完成工作。敏捷的创新取决于拥有一群热心的参与者，所以员工的积极性和参与是 First Direct 的首要工作。

- 这是一种非等级化、开放和透明的领导风格。
- 遵循"服务型领导"的模式。CEO 的职责是让公司比刚创建的时候更好。
- 领导团队会议在开放的办公室举行——任何人都可以收听。
- CEO 和领导团队坐在开放的办公室里。
- 领导们在周一上班的第一件事,就是围绕公司的业务进展召开站立会议,主题是"我们需要实现什么?"。在周五再次召开站立会议,主题是"我们已经实现了什么?谁帮助我们实现了这个目标?"业务进展中会列出团队的优先事项,相关数据会放在办公室的中央,所有人都能看到。
- 企业领导每天都亲自参与到业务当中——这一点是必须的。
- 公司需要强有力的领导,因为领导要鼓励员工成为独立的个体并敢于独树一帜,尽管这种价值观会带来挑战。

员工体验

员工的重要性一直存在于企业领导层的脑海中。克里斯·皮特说:"这可能看起来是一件小事,但我们一直把员工叫作'人们'。在谈话中,在所有的正式会谈中都是如此。这会让人感到更温暖、更人性化,同时也加强了 First Direct 一直以来所培养的那种家人之间的亲密感。"

最近的一个例子发生在新冠疫情在英国刚开始暴发的时候,First Direct 决定让所有员工居家办公,在几个星期后,First Direct 就关上了公司的大门,员工已经准备好了所有需要的设备,能够在家里安全地工作,而且这件事对客户服务没有产生大的影响。的确,许多客户好几个月来都没有意识到 First Direct 的服务有什么变动。公司领导层迅速做出了决定,并果断采取行动保护员工,而这种可控的方法同时也留住了客户。结果就是,员工感到自己得到了支持,有安全感,也很感激管理层的行动,让他们做好了迎接困难的准备,以便为客户做需要的事情。

另一个因素是，奖励与客户绩效挂钩。"员工的态度和行为与奖励挂钩，理解这一点并不是多么难的事。我们努力促进员工多样性，并坚信要提供开放、透明的职业发展道路。我们的员工形形色色，这是关键所在，但他们的态度是一致的，而且他们也都了解，提供令人惊艳的客户服务会得到奖励"，皮特如是说。

First Direct 的领导们：

- 非常明确目标员工体验；
- 牵挂员工的福利——他们认为自己的职责是去照顾那些照客户户的人；
- 找到有创意的方法来减少员工的顾虑，如礼宾服务；
- 确保每个人都在关心自己是否为客户竭尽全力；
- 强调"公司存在的四个核心"——First Direct 的价值观。
- 授权员工做出明智的判断，做对客户有利的事情。

我们的重点是不断开发员工的技能。个人发展是促进员工敬业度的一个主要因素，First Direct 非常希望自己的员工能够得到成长、进步。每一个直接面对客户的人都会接受核心技能的培训——管理服务事务，帮助客户适应线上业务——并在需要时通过软技能培训来提高这种技能。在意外发生时，这种做法可以让员工的处理方式更加灵活。例如，当一家大型航空公司发生故障时，会突然接到大量的电话，此时就需要快速发挥灵活性，让员工在电话中与担忧的客户交谈。

技能培训是员工体验设计的基础，这是员工发展的跳板，也是一种双赢，因为这种做法可以确保员工的工作是有乐趣的，而且也让 First Direct 在问题出现时能灵活将其处理。

First Direct 主动将领导能力与专业知识分开。First Pirect 认识到代理人能力出色并不一定意味着他的领导能力也强，因此 First Direct 提供了另外一条不需要通过等级制度向上爬的职业发展道路。

交流沟通

First Direct 的沟通严谨细致且是双向的。重点是让员工对公司有充分的理解，而不仅仅是自上而下传递信息。团队能有机会讨论公司各事项对他们意味着什么，以及他们可以如何做出回应。First Direct 鼓励反馈，并据此采取措施。

First Direct 有一个在线感谢系统，通过内部网，所有人都可以向任何人或事物发送"谢谢"。高层领导可能会在一天内给团队的不同成员发送五六次"谢谢"，只因为他们的经理或团队负责人传递了这一信息：客户提供了积极的反馈。

穆伦表示："所以，每当机会来临，我们都力图确保员工做正确的事，并对其加以表彰；我们会利用这个机会向员工表达谢意。这并不是为了促进产品的销售，虽然这件事也很重要，但让它顺其自然就可以。First Direct 的态度是让客户满意，如果客户抽时间告诉你，你让他满意了，这就是一个很重要的时刻，会影响整个公司"（Davey，2013）。

持续传递优秀——有意义的故事会告诉员工他们可以做什么来取得成就。例如，一位代理发现一个年轻客户离家出走并有自杀倾向后，另一位 First Direct 代理让两人保持电话联系，而又有一位代理通知了客户的母亲，调查了一家出租车公司和司机，最后确保客户被安全送回家。这种利他主义行为是一个广受赞誉的案例，体现出员工关怀、同情他人的种种行为。

- 故事会告诉员工在什么样的情况和时间点下可以跳出流程。
- 管理人员和团队负责人层层传递信息——因此他们必须了解信息。
- 会有来自 CEO 的短视频和每周电子邮件来概述员工未来一周的工作重点。每两周会有一个"向我提问"会议，员工可以直接向 CEO 提出问题。
- 为所有员工定制的 APP 涵盖了大多数社交特性和参与功能。
- 在制定新一年的战略时，First Direct 的所有 2500 名员工都有机会与战略领导团队一起合作，从而有了 30 次完全相同的会议，但这是以小组形式召开的，规模小到人们可以互动、提出问题并发挥自主性。

企业

First Direct 采用"精益敏捷"的方式，与其服务型领导方法相符合，并有明确的价值观，所有这些都与 First Direct 的口号"开创令人惊艳的服务"联系在一起，让银行分成了由小团队组成的大团队。员工与自己的日常团队保持协调一致，但也形成了跨职能的价值流，并在必要时参与项目工作。这是一种自由的矩阵，旨在向客户持续提供价值。在传统的瀑布式项目管理方法中，找到一个完美的解决方案需要花很长的时间，而且在此期间，事情往往也会发生变化，而多团队工作方式则致力于快速交付最小可行产品（KPMG，2019）。

价值流方法把员工从独立职能部门中解放出来，放在自我管理和客户导向多专业团队中，不仅促进了 First Direct 的盈利增长，而且有助于打造新一代专业能力强的 CEO（Rigby et al，2016）。

重点是，采用像精益敏捷这样的新技术，并不意味着引进一种根本性的新工作方式、一种新的管理理念或一套强制性指令，事实绝非如此。精益敏捷涉及对敏捷的关键要素进行解读，并将那些最适合 First Direct 的做法添加到现有的管理技术准则中，类似于持续改善和六西格玛。

First Direct 正在打造自己独特的管理理念，这种理念是从世界各地的伟大想法中提炼出来的。与传统的管理方法相比，First Direct 发现敏捷可以提供几个主要优势，所有这些优势都已经经过了公司的研究和改进，可以提高团队生产力和员工满意度，同时最大限度地减少了多余的会议、重复的计划、过多的文件、质量缺陷和低价值的产品功能中的浪费现象，最终，推动了创新和灵活性（Rigbyet al，2016）。

- 有一种持续改善的文化。
- 跨职能团队主导一切事务。

- 有一种"似乎有效"的矩阵管理方法。
- 每个人都为旅程贡献了一份自己的力量——旅程的所有权不在某个人手里，而是为团队所共有。

管理变革

与未来的客户建立联系，跟上变革的脚步，这一直是 First Direct 成功的关键。First Direct 是英国第一家全年全天无休的电话银行，是网上银行的先驱，后来也是手机银行的先驱。最近，First Direct 与萌芽（Bud）等金融科技企业开展了合作，来探索在开放银行方面有何发展前途。

克里斯·皮特补充说："要想保持领先地位，就要采用新的工作方式。客户总是希望以新的、不同的方式做事。但对大多数人来说，银行业务仍然是枯燥乏味的，他们只想快点轻松完成自己需要做的事情，并且相信自己是钱的主人。就客户服务而言，30 多年来，客户所看重的东西并没有发生太大的变化，但他们对银行的期望却发生了变化。人们现在对现状有了更多的质疑，正在采取行动，围绕社会和环境问题带来变革，而他们希望与那些亲自参与变革的品牌打交道。"

投资新工作方式

First Direct 一直在以数字化视角进行投资，最近它们又投资于新技术平台、新电话平台、网上银行、APP 新功能、社交媒体支付平台及客户共创平台（KPMG，2019）。

然而，First Direct 投资的不仅是技术，还有以闭环反馈为中心实施敏捷工作方式，以及围绕客户旅程和持续价值流去重新设计银行。正是这种类型的投资，以及数字化投资，真正帮助 First Direct 银行全面改革了其信息技术资产和工作方式。结果就是 First Direct 对不断提高的客户期望做出了更迅速的反应。

- 变革计划中有 75% 采用的是敏捷方法，在适当的情况下，计划中剩下的

25% 可以采用传统的瀑布式管理方法。
- First Direct 所处的状态是：根据业务中出现的问题来定期重新确定事项优先级，这种做法会影响固定的发布周期。First Direct 采用方案增量方法（PI）对变革进行了规划，共计 12 周的活动，包括 62 段"冲刺"。
- 变革路线图会放置在公共区域，以便让所有人都可以查看。First Direct 会在三个时间维度上对变革进行分类："冰"——指的是不可改变、立即发布的计划；"水"——更容易发生改变，目标是最近一年；"蒸汽"——不太明确，计划在下一年进行。
- First Direct 力求从整体的角度来看待客户的所有事务。

关键绩效指标

First Direct 运用广泛的数据来源来构建一个复杂的公司业绩图。但领导团队主要关注的是"真正重要的东西"：

- 员工的感觉如何。
- 客户的感觉如何。
- 从商业角度看，我们走到哪一步了——我们是否获得了商业回报？

直接模式的一大优势就是，可以运用大量数据，客户旅程中难以界定的部分也更少。在一个集中运营的远程环境中，相对于传统的分支模式，无论是通过电话还是网络等，直接模式收集数据的能力更强，随后会在客户层面协调处理这些数据（Davey，2013）。因此，不管客户是否提供了直接的反馈，First Direct 都有大量的客户接触记录和客户互动指标，而且从技术角度可以看出银行是否出色完成任务，包括员工电话服务是否达标，是否实现了网上银行、手机银行或短信回复的服务级别协议（SLA）（Davey，2013）。

克里斯·皮特指出，"我们知道优秀应该是什么样的，知道需要多么优秀，才能通过客户满意度指标来推动我们所追求的结果。我们也会把收到的所有积极的和消极的反馈意见分层处理，会把调查和行业反馈以及 Trustpilot 等点评网站上的评论添加到购买后的接触调查和接触点调查中。我们有的是一种不断移动的数据流，可以显示客户与我们互动的时间和方式，以及我们的行为如何与内部标准相违背。这是一种非常细微的状况，说明我们可以迅速得知自己有没有达到这些要求，并立即采取行动。"

办公实体环境

目的是加强文化的积极影响：

- 加深品牌理念，让企业宗旨和价值观无处不在。
- 有站立会议用的开放区域。
- 旨在实现规模化敏捷。
- 只有几间会议室。
- 办公桌不是一排一排摆放的，而是侧着放，从而创造公共区域。

结构：围绕客户来组织企业

在过去的几年里，First Direct 对企业进行了重组。过去，First Direct 都是以职能为基础，各部门分开独立运作，而现在，First Direct 已经围绕客户关键旅程进行了企业重组。客户服务不再是某个人的工作，而是在企业的每个价值流中流动。现在有专门的一些人负责每个旅程的全过程，他们可以接触到整个运营团队的人员，也可以接触到营销、商业和风险团队。每个人都会分担挑战，让客户的旅程尽可能地畅通无阻。

克里斯·皮特表示："First Direct 从横向结构变成了更像一种垂直流动结构，说明了从客户第一次加入 First Direct，到他们一路以来的体验，First Direct 比以往任何时候都更关注客户。"（KPMG，2019）

- 围绕七个价值流进行组织：客户、员工、渠道、账户、贷款、抵押贷款和增值服务。
- 有专门的跨职能团队（业务绩效、变革、商业、营销、服务补救），可以根据需要得到财务、风险、内部沟通和人力资源部门的支持。
- 围绕产品旅程来管理客户互动，例如抵押贷款（首次买房、搬家、再抵押、简化财务、存钱、查询）。
- 有越来越多的旅程围绕着新出现的生活需求展开。例如，"我想借款"涵盖了所有的信贷产品。

◁ 要点总结 ▷

1　这些龙头企业的特点是具有强烈的使命感和目的性，有数千人都致力于为客户服务。

2　他们从员工开始考虑：什么类型的员工能最好地服务我们的客户，提升我们的价值观，并帮助我们实现目标？

3　领导风格的重点是给员工授权赋能，让他们在每次接触客户时都能发挥其最大作用。

4　要理解并积极培养企业文化。领导团队要认识到企业文化是员工体验的一个重要部分，并精心打造文化，以确保企业文化依然可以适应当今的挑战。

5　决策是在对客户有深入了解的情况下才做出的，从而帮助打造明确的目标体验。公司很清楚客户在身体上、理性上和心理上寻求什么，并非常努力地提供目标体验。

6　不断强化实体环境——设置符号和标志，以确保品牌宗旨在员工的脑海中始终占据首要位置。

第一部分
不断变化的客户和员工

◁ **参考资料** ▷

1. Acosta, G. (2020) How Wegmans keeps winning. https://progressivegrocer.com/how-wegmans-keeps-winning (archived at https://perma.cc/G2XW-L4KC)

2. Australian Commission on Safety and Quality in Health Care (2018) www.safetyandquality.gov.au/sites/default/files/migrated/FINAL-REPORT-Attributes- of-person-centred-healthcare-organisations-2018.pdf (archived at https://perma. cc/ZC5V-SQ3V)

3. Boyle, M. (2005) The Wegmans way. https://money.cnn.com/magazines/fortune/ fortune_archive/2005/01/24/8234048/index.htm (archived at https://perma.cc/LXR3-KX9F)

4. Davey, N. (2013) First Direct: six experience lessons from the bank that bucks the trend. www.mycustomer.com/experience/engagement/first-direct-six-experience-lessons-from-the-bank-that-bucks-the-trend (archived at https://perma.cc/UF35-NK7E)

5. DEWA (2021) Digital DEWA. https://digital.dewa.gov.ae/ (archived at https://perma.cc/GCZ4-6DS8)

6. Electric Kiwi (2021) Hour of power. www.electrickiwi.co.nz/hour-of-power/ (archived at https://perma.cc/SJB6-YLTZ)

7. Gordon, J. (2020) Former CEO First Direct [Interview]，February.

8. Government of New South Wales (2019) Improving patient experience in NSW. www.health.nsw.gov.au/Performance/Pages/default.aspx (archived at https://perma.cc/387W-CSGW)

9. KPMG (2017) UK customer experience excellence analysis 2017. www.nunwood. com/excellence-centre/publications/uk-cee-analysis/2017-uk-cee-analysis/emirates/ (archived at https://perma.cc/9WG2-VK5G)

10. KPMG (2019) Customer first. Customer obsessed. https://assets.kpmg/

content/ dam/kpmg/xx/pdf/2019/10/global-customer-experience-excellence-report.pdf (archived at https://perma.cc/85P2-VYFJ)

11. KPMG (2020) Spotlight on: Singapore Airlines. https://home.kpmg/xx/en/home/ insights/2020/01/customer-first-insights-the-power-of-purpose-case-studies.html (archived at https://perma.cc/R759-56R3)

12. Pitt, C. (2021) CEO First Direct [Interview], March.

13. Rigby, D. K., Sutherland, J. and Takeuchi, H. (2016) Embracing agile: how to master the process that's transforming management. https://hbr.org/2016/05/embracing-agile (archived at https://perma.cc/X3PG-JV5D)

14. Ritz-Carlton (2021) Gold standards. www.ritzcarlton.com/en/about/gold-standards#:~:text=The%20Employee%20Promise-, The%20Credo, %2C%20relaxed%2C%20yet%20refined%20ambience (archived at https://perma.cc/ U4GK-VYTM)

15. Simple (2021) Under the hood of AGL's digital transformation. https://simple.io/ digital-transformation-agl/ (archived at https://perma.cc/8DWX-BZVA)

16. Water Online (2020) DEWA's innovative plans in providing reliable and sustainable water supplies to ensure the comfort of Dubai residents around the clock. www.wateronline.com/doc/dewa-s-innovative-plans-in-providing-reliable-dubai-residents-around-the-clock-0001 (archived at https://perma.cc/JNL9-SG6J)

第二部分

体验六大支柱：优化体系

PART 2

USING SCENARIOS

第6章
体验六大支柱模型简介

经过十多年的研究,我们发现:每一个良好的客户关系都有一些共有的特点,即体验的"六大支柱"。我们开发了客户体验最佳实践的六大支柱模型,以便对成功体验所需要传达的情感结果进行精确、实用的定义,而之所以有这个目的,是因为现有的客户体验阐释方法,以及净推荐值或客户满意度等相关衡量标准的定义存在问题。虽然这些概念对于描述成功体验的特征依然适用,但大多数企业发现,这些概念无法界定一个良好的成果是什么样子的。人们对客户最佳实践的理解很大程度上依赖于案例研究和趣闻轶事,而不是科学严谨的理论(Knight et al, 2015)。

为了解决这种定义上的问题,客户体验优化中心的研究表明,理想中的最佳体验由六个独立的组成部分,即"六大支柱"。这六大支柱来源于详细的客户评价,在每个市场上都得到了验证,并根据保留率和推荐率的商业结果进行了建模(KPMG, 2019)。若将这六大支柱投入应用,就会得到一种高效机制,可以帮助企业了解他们在不同渠道、不同行业和不同公司类型中提供的客户体验质量如何。

十多年来,我们一直在评估客户体验的六大支柱。从几百万条客户对数千个品牌的评价中,我们根据经验发现,六大支柱描述了客户体验优化的过程(KPMG, 2019)。龙头企业们演示了对这六大支柱的掌握和运用,他们非常明确

▶ 客户至上
基业长青的六大支柱

自己要打造什么样的体验。

这六大支柱的基础是人类心理学和动机，因此与企业对企业（B2B）和企业对消费者（B2C）相关，也与员工和客户相关。图6.1以六大支柱是良好客户体验基因的方式呈现。

诚信　解决方案　期望　时间和精力　性化　同理心

图6.1　体验六大支柱

- 诚信。诚信行事，建立信任。诚信来源于某个企业一直以来表现出的可信度。对于客户来说，他们最关心的事就是企业履行了多少承诺。信任和诚信来源于企业的使命感。当企业在道德、伦理和社会层面履行宗旨时，企业就会成长，并结出丰硕的果实。

- 解决方案。力图将不好的体验变得美好。即使是最完善的过程和程序，也会出现问题，而如何解决这些问题并回到正轨是很重要的。优秀的公司都有一套流程，能尽快让客户回到他们本应所处的位置，但这些公司的脚步没有停留于此。正如服务补救悖论告诉我们的那样，仅仅补救问题已经不够了，必须要让客户对整个补救体验感到满意。

- 期望。把握、满足、超越客户的期望。如今，客户的期望越来越受到他们所遇见的最好品牌的影响。优秀的企业明白，客户期望由品牌承诺设定，然后通过日常互动得到巩固。有的企业通过品牌沟通来传达明确的意图，有的企业则在每次互动中准确设定期望值，然后超越客户期望。让客户感到高兴。

- 时间和精力。最大限度地减少客户投入的精力，让整个流程畅通无阻。客户的时间很宝贵，而且越来越希望自己能得到即时满足。所以企业要消除不必要的障碍、缺陷和官僚主义，让客户能快速、轻松地实现自己的目标，从而提高客户忠诚度。许多公司正在探讨如何利用时间来产生竞争优势，因为节省时间也可以形成明显的成本优势。

- 个性化。关心客户及其境况，促进情感联系。大多数客户体验中，个性化是最有价值的部分。客户体验的个性化方面做得好还是不好，一个突出表现就是客户在互动后的感受：他们是否觉得自己得到了重视，能更好地掌控当下情况？

- 同理心。充分了解客户境况，建立亲密、和谐的关系。同理心是一种表明你理解别人体验的情感能力。能产生这种共鸣的行为对于构建良好客户关系而言是重中之重。这些行为包括让客户知道你了解他们的感受，为他们多付出一点。

我们观察到，所有客户体验做得好的公司看起来都很像，而所有客户体验做得差的公司其背后的原因五花八门。优秀的公司在六大支柱上都表现突出，而表现不佳的公司至少在其中一个方面存在缺陷，更多的情况下是在好几个方面都存在缺陷。

托尔斯泰的《安娜·卡列尼娜》（*Anna Karenina*）开篇写道："幸福的家庭都是相似的，不幸的家庭各有各的不幸。"托尔斯泰是想告诉我们，一个家庭要想幸福，需要具备几个因素，如果这些因素中的一个或多个存在缺陷，家庭就会不幸福（Tolstoy and Magarshack，1961）。

在科学界，"安娜·卡列尼娜原则"经常被用于显著性检验。在一些关键方面中的任何一个缺陷都可能导致一个假设不成立。因此，一个成功的假设肯定会避免所有可能存在的缺陷。而体验的六大支柱也必须全部存在，才能获得良好的客户体验。表6.1展示了全球领先企业的六大支柱特征。如果企业掌握了这六大支柱，就会获得领先市场的客户拥护、忠诚度和商业回报。

▶ **客户至上**
基业长青的六大支柱

表 6.1 全球领先企业的六大支柱特征

诚信	• 主动管理企业声誉或品牌目标以及对世界的贡献 • 企业目标驱动内部行为和市场雄心 • 客户导向的领导行为——服务型领导模式（领导为员工排忧解难） • 为客户把事做对做好的文化——授权员工去做正确的事 • 打造令人难忘的接待流程，确定关系基调，从一开始就让客户产生信心和信任
决心	• 揭露并解决客户问题的文化 • 首个客户接触点的解决方案 • 复杂问题的单点负责制 • 敏捷反应团队 • 问题识别推动敏捷团队发展 • 主动恢复客户关系
期望	• 进行准确的品牌定位 • 有明确的客户旅程，设计好可能出现的失败点和客户期望重置节点 • 有明确的战略，可以在令客户难忘的时刻超越客户期望
时间和精力	• 每个旅程和配套流程都得到简化，可以"一键完成" • 客户可以自己选择与企业的联系方式，并且能在多个联系方式中轻松切换 • 客户花费的时间能得到认可和回报 • 持续聚焦减少与客户间的摩擦 • 进入市场的时间要快
个性化	• 深入了解客户及其在整个业务中的生活问题——基于客户境况的细分模型 • 了解客户境况所产生的理性、生理和心理需求 • 明确定义、充分理解目标体验 • 从一开始就识别所有客户，在整个旅程中，把每个客户看作一个独特的个体 • 有解决具体生活问题的产品或方案
同理心	• 整个公司上下都体现出对客户的关心 • 能通过识别问题迅速同客户建立融洽的关系 • 企业情商高 • 反应客户多样性

研究表明，客户净推荐值中六大支柱的表现占 65%~70%，在客户忠诚度中六大支柱也占同样比例。企业之外的因素占剩余的 30%，如经济状况、消费者信心或行业（例如，金融服务的客户往往更不愿意推荐）。当企业提供高质量的客户体验时，价格就不再是一个因素。

第二部分
体验六大支柱：优化体系

六大支柱不但能预测客户体验成功与否，也能预测长期财务价值。这一点在我们 2016 年开展的工作中得到了体现。当时，我们进行了一项分析，将客户体验表现与前几年的收入和利润率进行了比较。我们将客户体验优化 100 强品牌的表现（即我们的"客户冠军"），与主要的富时 100 指数进行了对比。结果让我们大为震撼。在这五年期间，客户体验优化 100 强品牌的平均收入增长率是 11%，而富时 100 指数的增长率是 5.5%——差距达到两倍（KPMG，2017）。

当然，不同的企业有不同的变革动力。有了良好的客户体验就一定能得到丰厚的回报，这种想法太天真了，因为还要同时考虑经营计划、经营模式等其他因素。但是，在由六大支柱定义的客户体验优化和经济回报之间，存在着明显的关联。简而言之，如果企业能掌握六大支柱，也就能充分利用客户体验优化带来的经济效益，并能以此来创造巨大的股东价值。

◁ 六大支柱模型来源 ▷

六大支柱模型是为了解决一种定义上的问题而诞生的。而你该如何把能带来经济效益的客户体验的基本组成部分整理出来呢？

在几百万次的客户调查过程中，我们发现，在净推荐值和客户满意度调查中，客户在解释给出的不同分数时会流露不同的情绪。通过运用文本分析工具，我们发现六个情绪类别把客户表达的多种不同情绪自然分成了以下几组（见表 6.2）。

表 6.2 净推荐值分数详细分析

净推荐值得分	最常见的情绪	员工行为	支柱
10	非常开心、愉悦、高兴、兴高采烈、自豪、热诚	有爱心 主动提供指导 从不嫌麻烦——多付出一点 热情好客	同理心

143

续表

净推荐值得分	最常见的情绪	员工行为	支柱
9	非常感激、受到重视和鼓励	理解我 让我对自己所做的事情感觉良好 帮助我解决了一个重大问题 灵活性 挂念客户	个性化
8	感恩、快乐、受到鼓励、高兴	亲切友好、知识渊博、乐于助人	时间和精力
7	表示肯定、满足、信赖	有能力、有学识	
6	得到帮助、支持，有信心	专业高效	期望
5	无所谓、不热情、容忍	还凑合、呆板机械、羞怯、没有准备	决心
4	不满意、没有受到重视、不愉快、伤心	没有掌握主动权	
3	不信任、沮丧	简单重复公司方针	诚信
2	无能为力、生气、不开心	不灵活、没有用处	
1	生气、不信任、愤怒	毫无帮助、没有考虑客户	
0	勃然大怒、怒火中烧、沮丧	粗鲁无礼、轻蔑不屑	

对于那些看重净推荐值并想提高相关得分的企业来说，这种见解是可以派上用场的。许多公司都在尝试找到能帮自己提高净推荐值得分的因素，而上述表格展示了公司可以着手的领域。

在这一章中，我们将依次研究六大支柱中的每一个支柱及其背后的心理学原理，还有企业改善每个支柱所需遵循的黄金法则。

◁ 诚信 ▷

"信任，百年累之，一朝毁之。"我们所消费的事物可以体现出我们自身的特质，也可以体现我们想成为什么样的人。此外，我们所消费的品牌如今也越来越能体现出有关我们的这些信息。客户看重的不仅是品牌的产品，还有品牌销售产品背后的原因。领先品牌力图随时随地都能建立信任，他们与客户建立双向关系，鼓励客户参与进来，积极打造能提高客户生活质量的产品和体验（KPMG，2019）。

在我们所有的研究中，诚信是提高客户推荐率最重要的支柱，这一点或许并不奇怪。现在全球正处于客户信任危机当中。我们根据衡量全球信任水平的爱德曼信任度晴雨表（Edelman Trust Barometer）能明显看到，除了少数个例外，几乎所有经济大国和许多发展中国家的信任水平都在下滑（KPMG，2019）。在2020年，全球信任度下降了5个百分点（Edelman，2021）。

现在，所有的品牌都在一种更宏大的叙事中运作，而如今的客户对此是充满怀疑的、不信任的。在这种背景下，消费者对品牌的看法也正在迅速变化着。客户会根据自己的体验形成对品牌的看法。品牌是通过每一次互动、每一个接触点和每一次社交媒体发布内容而构建起来的。一个品牌是其言语、行为和经营理念的总和（KPMG，2019）。尤其是千禧一代，他们会为那些体现品牌价值观和信念、眼里不只有利润的企业所吸引。他们追求的是那些公开传达其核心理念的企业，那些围绕一个有说服力的目标建立起来的企业，以及那些把原因和做法看得与产品本身同样重要的企业（KPMG，2019）。

随着时间的推移，我们对品牌概念的理解已经经历了几个阶段：品牌一开始是一种身份特征，后来是一种差异化标志，再后来是一种品质标志，再到最近，是一种令人信服的理念。现在，一个品牌必须与涵盖价值观和理念的思想体系联系起来，并且要用良好的体验来体现这种思想。20世纪后半叶的品牌建设策略导致了许多企业徒有其表。企业注重社会责任来满足道德目标已经远远不够了（KPMG，2019）。其实，品牌必须少要一些花招，多做一些实事，因为在互联网时代中，不诚信的企业没有藏身之地。我们研究中的成功品牌已经掌握了基于信任的品牌建设策略，他们过去可以通过广告和产品质量来获取信任，现在，他们是通过一次又一次的客户互动来慢慢建立起信任。这不是一种买卖，而是一种关系，而每个成功关系的背后关键就在于信任（KPMG, 2019）。

Lush 在世界各地的客户都表示自己喜欢 Lush 的产品，喜欢 Lush 的员工，也认同感 Lush 的使命。Lush 是一个宣传品牌，会传达自己的宗旨及其对与员工、客户和环境的伦理关系的追求。无论在哪个国家，Lush 都能传达出人类的基本真理，所以世界各地的消费者会在自己国家的客户体验指标中把 Lush 排在首位。

在中国，消费者已经对虚假广告和假冒伪劣产品产生了戒心，于是电子商务平台设法让消费者的账户受到法律保护，直到消费者对商品达到满意状态，消费者的钱才会转给商家。类似的措施有助于建立消费者对平台的信心，减少消费者的顾虑，同时也促进了网络购物。

USAA 等品牌已经可以熟练运用"信号行为"的方法，不断向客户展示为什么自己可以得到信任。例如，在美国金融向上促销行为最为严重的时候，USAA 开展了一个广告活动，声称"我们实行低价销售，只卖你需要的东西"，有超过 70% 的 USAA 客户认为 USAA 是为他们服务的，而不是为企业盈亏服务（Chatterjee, 2017）。

我们的经验表明，在每一次消费者与企业的互动中，都有一种道德规范存在——种必须与消费者价值观一致的存在方式。领先品牌有一个共同的特点：他们力图随时随地都能建立信任（KPMG, 2019）。他们与客户建立双向关系，鼓励客户参与进来，积极打造能提高客户生活质量的产品和体验。没有信任，就无法形成这种客户关系。从个人、商业和情感多个角度来看，信任都是我们生活中每一次重要互动的基础。在今天的社交媒体世界中，信任和企业声誉是密不可分的。

大多数 CEO 都会关注声誉风险；对他们来说，诚信和信任就好像是一个硬币的两面，诚信是公司的行为方式，而信任是结果。当戴夫·刘易斯（Dave Lewis）在 2014 年 9 月即将成为乐购（TESCO）的 CEO 时，他面对多种信任和诚信问题，而他的观点很简单：当你要失去客户信任的时候，你必须要用自己的方式解决这个问题（Tugby，2015）。品牌就要发挥品牌的作用。

有一些建立信任的事件，企业需要对困境公开做出回应，还有一些建立信任的时刻，所有员工的个人行动汇总起来就会创造信任。信任是细化的，是由大量小的举动慢慢构成的，这是一个你无法强迫或是催促的过程。企业在内部和外部通过始终为员工和客户做正确的事情，来体现出自己值得信赖的一面，是一种自然而然的结果。

如果企业要想让客户认为自己值得信赖，可以参考以下四个关键因素，这个信任体系展示了企业需要关注的重点领域（见图6.2）。

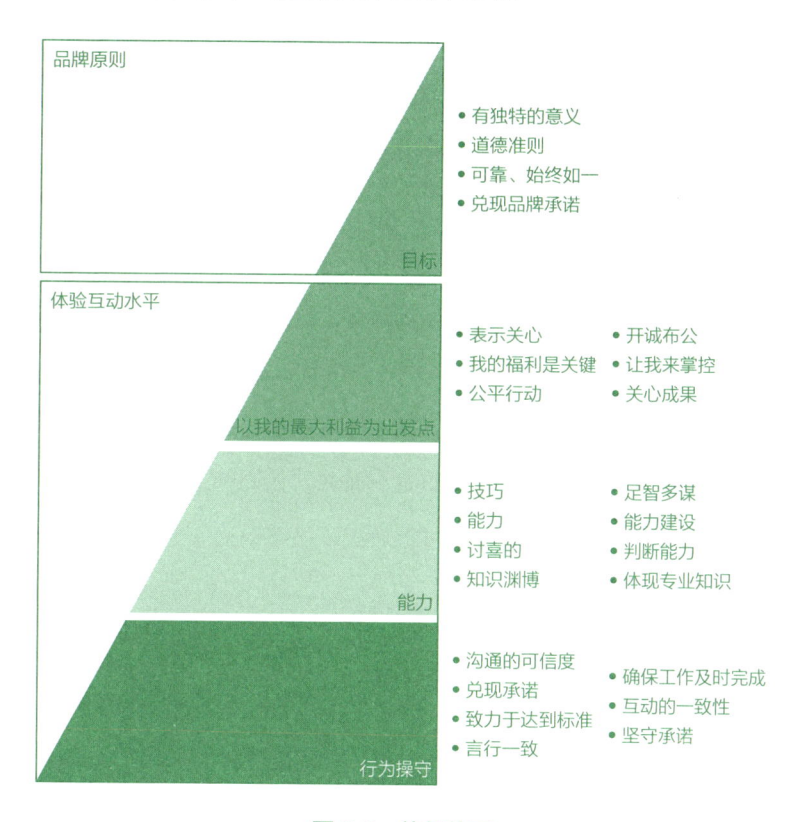

品牌原则
- 有独特的意义
- 道德准则
- 可靠、始终如一
- 兑现品牌承诺

目标

体验互动水平
- 表示关心
- 我的福利是关键
- 公平行动
- 开诚布公
- 让我来掌控
- 关心成果

以我的最大利益为出发点

- 技巧
- 能力
- 讨喜的
- 知识渊博
- 足智多谋
- 能力建设
- 判断能力
- 体现专业知识

能力

- 沟通的可信度
- 兑现承诺
- 致力于达到标准
- 言行一致
- 确保工作及时完成
- 互动的一致性
- 坚守承诺

行为操守

图 6.2 信任体系

科学原理

在刚遇见一个人的几纳秒之内，人类的大脑会对这个人做出 12 种不同的判

147

断，并迅速判断这个人是否可以信任（Lebowitz et al，2020）。这是一种人类的本能机制，可以保证我们的安全。对于早期住在洞穴里的人来说，当他们遇到挥着斧头的敌人或剑齿虎时，一瞬间的判断就意味着生与死的区别。

俄亥俄州立大学费舍尔商学院名誉教授罗伊·J. 勒维克（Roy J. Lewicki）是信任和信任管理方面的知名专家。他认为，信任是随着时间在一个又一个的互动中慢慢建立起来的："信任的建立过程是有层次、有顺序阶段的，当信任发展到一个更高的水平时，它就会变得更牢固、更有承受能力，其特征也会改变。"（Lewicki and Wiethoff，2000）他指出，在一段关系的早期阶段，信任是"计算型信任"。换句话说，一个人可以仔细计算对方在特定情况下可能出现的行为方式，并只在必要时提升自己的信任，以实现积极的结果。这是一种认知上的成本效益分析，通过提升信任的风险来进行调节。随着企业管理自己的声誉，坚持兑现承诺并以值得信赖的方式行事，计算型信任可以随时间而发展。

然而，随着双方反复进行互动，对彼此有了更深的了解，信任就会发展到一个更高水平——"认同性信任"，其中每一方都会认同对方的目标和目的。这是一种更感性的关系，一般很难被破坏。在"计算型信任"阶段，打破信任的行为可能会对双方未来的关系造成很大的影响，而在"认同性信任"阶段，对方甚至可能不会注意到这种行为，这就是通过无数次积极互动而实现的体谅。在这个阶段，信任红利是持久的忠诚。

这对公司如何"让客户跟随自己"带来了许多启示。我们可以通过一开始发生的事来判断后续发生的事。如果事情一开始进展顺利，我们会对后续的问题更加宽容。但是，如果一开始就出现不顺，我们就会放大后续问题的情绪影响（Engage Customer，2020）。

在英国银行市场上，随着七天转存业务的出现，桑坦德银行（Santander）意识到了建立信任的重要性，并为其一二三类账户新客户进行了"隆重欢迎"，在这个过程中迅速积累了客户信任（NRG，2016）。TSB银行也同样在内部定位为提供"世界上最好的接待"（Joseph，2013）。新加坡航空公司会在乘客登机时用精心挑选的新鲜花束来迎接他们，紫色象征着尊严和尊重——新加坡航空公司通过照顾新乘客或紧张的乘客来实践这一点（Drescher，2016）。第一印象很重要。

近年英国保险业的客户信任度大幅下降。在合作保险公司（Co-op）试图改善其客户体验时，其对客户旅程中破坏信任和确立信任的时刻进行了筛查，然后以建立信任为核心目的，重新设计了客户旅程（KPMG，2018）。Co-op 还注重在首个接触点解决问题，因为 Co-op 知道多次接触会削弱信任。最终的结果是，Co-op 在我们的指标中上升了 115 位，成本减少了 25%。

黄金法则

企业不只关乎获取利润，其品牌还要有独特的意义。在本书第一部分中，根据我们的研究，我们概述了企业目标的重要性。千禧一代（以及越来越多来自其他地区的消费者）正在寻找具有强烈使命感的品牌，这些品牌有独特的意义，代表着某些事物，能够改善人类的生活状况，这也能说明购买这些品牌的客户的相关情况。

安妮塔·罗迪克（Anita Roddick）是美体小铺（The Body Shop）的创始人，她曾提出过这样一个问题："如果你卖面霜这种无足轻重的东西，那你怎么才能使人类的精神变得高贵？"她的答案很简单：遵循一套原则（Burlingham，2013）。我们再继续往下看，Lush 避开了"道德"一词，而是更倾向于关注美德、可持续发展和动物福利。Lush 的观点很简单：每个企业都应该合乎道德标准（Guardian，2015）。而为什么我们要谈论伦理道德呢？约翰·史派登·路易斯（John Spedan Lewis）是约翰·路易斯公司的创始人，他似乎有先见之明，将道德称为"第三条道路"：企业不仅要对其客户、员工和股东负责，还要让世界变得更美好（Bannerman，2010）。

我们一直在持续关注马莎百货 A 计划的成果，因为它没有 B 计划（M&S，2017）。消费者不仅对玛莎百货正在做正确的事情感到放心，而且感到自己也参与了其中。

在社交媒体的世界里，品牌行为会经常受到监视，优秀的品牌会用一套价值观和原则来规范自己的市场行为，以确保所有的行为都有"品牌特色"。Lush、First Direct、约翰·路易斯、奥凯多、QVC 都是掌握了这一点的最佳实践案例。

以我的最大利益为出发点：表示对我的关心

在我们的美国指标中，嘉信理财值得关注。嘉信理财第一次引起我们的注意是因为我们发现在我们的美国指标中，有大量的调查对象认为嘉信理财总是把客户的最大利益放在首位，这说明客户对一家金融机构的信任程度非同一般。

嘉信理财的员工一直在为客户着想。员工们意识到，现在越来越多的消费者在对品牌感到不满意时会在自己的圈子里进行评论和评价，于是就采取了不寻常的措施，无论是好评还是差评，都让客户在其网站上留下评论。这个例子很好地体现了企业的透明度和信心（Schwab，2021）。信任是在日常的无数小活动中建立的。有一系列的"信号行为"，可以让客户相信员工关心自己的福利，并热衷于尽力帮助自己实现目标。认真倾听、运用诊断性的探究技术、表现出对客户的理解，所有的这些行为都向客户发出信号，表明他们是重要的，也得到了重视（Engage Customer，2020）。

能力达标，讨人喜欢

行为经济学告诉我们，我们会自然而然地去信任专家（Bergland，2015）。对与自己互动的人的能力进行评估是建立信任的关键。在许多情况下，不管是用权威技术，还是用名人代言，我们可能会相信专家的代理形式。现在，我们更多的是通过浏览网上的评论和推荐来获得信任。客户通过互联网搜索可以迅速增加自己对某一话题的知识，从而导致客户对销售人员知识水平的期望不断提高（Engage Customer，2020）。

约翰·路易斯公司在我们的英国指标中一直表现良好，这关键是其员工所展示的知识水平。约翰·路易斯的员工都是各自特定领域的专家。重要的是，员工提供自己的知识，而并不期望客户一定买东西，他们认为自己的任务是让客户掌握需要知道的一切信息，以便做出明智的决定。客户可能会去其他地方消费，但约翰·路易斯能保证自己"从不有意低价销售",那么客户何必再去别的地方消费呢?(Engage Customer,2020)然而,由于互联网上不同定价模式的供应商激增,约翰·路易斯开始重新考虑这一策略(BBC,2020)。

同样,苹果专卖店也开创了"天才吧",为客户提供技术支援建议、产品设定和维修服务,它易于访问,并且可以回答客户的问题——无论这些问题有多琐碎。

社会心理学家谈到社会关系如何增加社会资本时,是这么说的:我们更有可能去信任那些努力了解我们的人。我们从行为经济学中得知,我们会信任自己喜欢的人,我们也喜欢那些喜欢我们的人(Bergland,2015)。

当然,信任是一条"双行道"。客户信任一个企业是一回事,而一个企业信任其客户又是另一回事。当客户报告说商品未送达时,亚马逊信任自己的客户;玛莎百货信任自己的客户能够把衣服完好无损地退回。然而,许多公司并不信任他们的客户,并且设置了一些程序和障碍,实际上这样针对的并不是少数不值得信任的客户,而是会影响所有的客户(Engage Customer,2020)。

言出必行

行为上的诚信是建立信任的基础。信守承诺,按时完成任务,这样才能建立以信任为基础的关系,在生活中的任何领域都是这个道理。言行一致对于约翰·路易斯的员工来说至关重要——调查对象经常谈到约翰·路易斯的员工是怎么贯彻承诺、完全按照客户要求去做的(Engage Customer,2020)。

挪威的都市国民养老基金(KLP)公司是一家人寿和养老基金公司,其整体理念以讲道德、负责任的投资为基础(Fixsen,2017)。KLP公司认识到,当你专注于做正确的事情时,你要有能力做出艰难的选择。为了帮助员工践行品牌理念,KLP制定了一套硬性原则。KLP还公布了自己将要投资的公司名单,以及将要排除在外的公司名单(那些商业行为不符合KLP所信奉原则的公司)。比如有的时候,这就意味着离开那些在交战区运营的公司,或那些对待当地居民的做法受到质疑的公司(KPMG,2019)。

▶ 客户至上
基业长青的六大支柱

在企业内部建立信任议程

信任是所有良好人际关系的基础。信任在商业和公共生活中正在不断减少，却比以往任何时候都更加珍贵。在诚信经济中，能够得到信任的企业最有能力经受住考验。

信任以员工为出发点。如果一个企业的内部人员都不信任企业，怎么能指望客户信任企业呢？如果企业缺乏内部信任，就要重新注意提升工作场所的信任。根据2018年爱德曼信任度晴雨表显示（对来自28个国家的33000人进行的调查），每三个员工中就有一个不信任自己的企业。员工们表示，他们对同行的信任已经超过了对自家公司CEO和高管层的信任（Manning，2021）。

当员工认为大公司以企业利益为先，将股东置于客户和员工之上时，就会出现不信任。企业领导需要证明自己是值得信赖的，员工需要看到企业的榜样每天都在践行诚信。这就说明，企业领导要因为这是正确的事情所以才去做，要与企业的价值观保持一致，要奖励、认可那些以诚信行事的人，要在信任员工的同时也要求员工去信任企业。企业要先实现内部信任，才能追求外部信任，在当今世界，两者都是企业发展所必需的（KPMG，2019）。

企业中员工的信任是非常微妙的，有多种形式：

- 互相信任；
- 信任直属主管；
- 信任高层领导；
- 信任企业；
- 信任企业与外部利益相关者（媒体、监管机构、客户）的关系。

玛莎百货一直是我们指标中的领先企业之一，玛莎百货通过A计划，也就是玛莎百货致力于公开自己产品的来源和生产标准，体现了自己的道德和信用。而玛莎百货聪明的地方在于，它并没有宣称自己处于有利地位，只是每年都付出更多努力，以正确的方式做正确的事情。结果就是，玛莎百货从其客户那里获得的信任水平显著提高，而这也让员工感到相当自豪（KPMG，2019）。

特别是对千禧一代的客户和员工来说，他们的信任感与企业的宗旨密不可分。这种使命感不一定要以社会或环境为导向，它可以是一个承诺，以专门的方式满足特定客户群的需求。但重要的是，公司要明确无误地把客户和员工的需求放在自己的需求之前（KPMG，2019）。

我们的研究表明，在当今世界，信任已经成为企业顺利运营的必要条件，也是企业实现增长的重要前提：信任从内部开始，向外部辐射。

◁ 解决方案 ▷

判断一个公司成功与否，可以看公司出现问题时的处理方式。即使是最优秀的公司也知道，意外时常会发生，他们需要一个 B 计划，一个出现漏洞时能解决客户问题的应急措施。然而，最关键的不是他们把问题解决掉这件事，而是他们把问题解决后，会带给客户什么样的感受。约翰·路易斯和维特罗斯（Waitrose）等公司将其称为"涅槃"式补救，确保企业处理问题的方式会让客户对企业产生更多好感（Cooper，2013）。

这叫作"服务补救悖论"，是我们在客户研究中经常观察到的一个现象。这一现象最直观的反映就体现在净推荐值分数上。如果有问题出现，并且得到了解决，也就是说客户回到了问题出现之前的状态，净推荐值得分往往会平均下降10 分。如果问题没有得到解决，净推荐值分数会下降到负 45 分。但如果企业能出色地解决问题，那么净推荐值分数就会上升到正 10 分。

最优秀的公司并不是试图替客户解决问题，而是会与客户一起解决问题。他们了解客户想要解决的问题以及想要达到的结果。他们利用这些信息，将注意力从产品转移到客户解决方案中去。

2001 年，当安妮·马尔卡希（Anne Mulcahy）接任富士施乐 CEO 时，她面临着一个几乎无法克服的难题：她被催着宣布公司破产、公司债务不断增加、公司股价不断下跌、银行家们纷纷要求收回债款。而当安妮在2010年辞职时，富士施乐已经充满活力，实现赢利，重新焕发了生机。当安妮被问及富士施乐是怎么做到这一点时，她说："我注重公司的影响力，会与世界各地的人们一起解决问题。"比如，她愿意随时飞到任何地方去帮助公司的客户（Wijeseri, 2019）。

解决问题是一种心态。无论是解决客户的生活问题，还是解决企业痛点造成的问题，其方法都是一样的。成功的公司不会依靠客户投诉或者客户服务来解决问题，他们会不断寻找新的客户问题来解决，而这需要与客户保持亲密关系，也需要非常成熟的同理心。

问题很少单独出现——往往会有一系列的问题让客户未能如愿以偿。基于客户目标的问题绘制分析对于消除企业内部痛点和开发可盈利解决方案都很有效果。

请设想以下情况。Fitbit是一种辅助许多人健身的产品。然而，对于一个想去跑马拉松来保持身材的人来说，这只是他们需求一部分。除了Fitbit，他们还需要评估自己目前的健身水平（情况），他们需要健身房会员资格、一个地理定位设备、一个心脏监测器、一套饮食指南以及一个适合自身健身水平和卡路里消耗的结构化饮食方案（待办事项）。他们想知道自己在实现目标过程中的进展（动机），最好是把所有这些信息都汇总在一起（解决方案）。他们希望在一个学习环境中与别人分享自己的经验（联系），并与反映自身价值观和支持自己动机的公司打交道（目的）。

这就是一套体验的全部内容。这其实是一系列的障碍，而所有这些障碍都可以通过满足体验需求来消除。重点不只是提供亲切友好的服务或者成功的产品，而是你如何从客户的生活出发，提供有效的解决方案。

当企业内部失误给客户造成问题时，客户恢复是非常重要的。即使企业有最完善的流程和程序，也会出问题。而优秀的企业有一种流程，不仅能让客户尽快恢复到本应所处的位置，还能让客户对这次体验感到非常满意。

科学原理

解决问题归根结底是为了实现人类对内心宁静的渴望，即心中没有因焦虑和担忧而产生的满足感。

- 当问题发生时，客户会感到失去控制，对计划之外的后果感到恐惧，并发现自己的压力和愤怒程度增加。
- 一个避免这些负面情绪的应急计划可以缓解客户焦虑，把这个应急计划与品牌长期联系起来可以增强客户信心。人们认为，在客户的记忆中，一次非常差的体验需要五次良好的体验才能弥补（Tugend，2012）。
- 服务补救悖论描述了企业解决问题的方式对客户的影响。在本节前面的部分，我们考虑了净推荐值的量化影响，但是，如果企业做得好的话，"涅槃"式的补救会让客户有机会与朋友和同事分享自己良好的体验。捷蓝航空公司的飞行员曾为遭遇航班在停机坪长时间延误的乘客订比萨外卖，这是一个经常被传颂的故事。

对于龙头企业来说，专注于解决问题的心态不仅仅是一种对社交媒体放大效应和由此产生的声誉风险的保护性措施，这也来自一种真心的愿望，即为客户解决问题，并确保每次都能始终如一地兑现品牌承诺。

约翰·路易斯和维特罗斯将其称为"涅槃式补救"。亚马逊将这一过程称为"帮乌龟翻个身"，当乌龟四脚朝天时，如果没人帮它，它就很难翻过身来。亚马逊对其品牌下出现的任何问题都承担全部责任，这是成功解决问题方式的表现。在我们的客户体验优化研究中，调查对象提供了许多关于亚马逊如何成功解决问题的案例研究，而且其中有许多问题并不是亚马逊内部造成的。

苹果专卖店已经意识到，鼓励客户与"天才吧"互动是解决有关用户和设备问题的一个关键点。苹果公司甚至还围绕解决问题开发了自己的用语："苹果产品不会崩溃,它们只是'停止响应'。"苹果公司会建议员工们注意自己的措辞。如果一个账户或客户很让人头疼,员工会用"说明企业有改进的空间"或"说明有机会让我们了解我们做错了什么"来代替"真烦人"或"工作太多"这样的字眼。乐观是有感染力的,每一次失败都可以看作改善客户服务的机会(Richardson,2017)。

全英房屋抵押贷款协会(Nationwide Building Society)在英国客户体验优化排行榜上不断攀升,并在2014年跻身前十名。解决问题是其体验战略的重点。它鼓励客户分享各种问题,以此进行根本原因分析和规划解决方案。在第一接触点解决问题,在首次接洽时赋予客户所有权,这样的做法极大地改善了客户服务。这是一种闭环,通过客户之声系统帮助识别问题,能确保立即重新联系上遇到问题的客户。

奥凯多超市允许司机立即处理客户可能遇到的任何货物破损或换货问题,从而确保能迅速解决客户的问题,使其获得良好的客户体验。

丽思卡尔顿酒店以其无微不至的服务而闻名。和奥凯多一样,丽思卡尔顿酒店是通过员工授权来解决客户问题的。公司允许每位员工花在客户上的开销高达2000美元,且员工不需要寻求管理层的批准,就是为了帮客户解决问题。但在丽思卡尔顿,重点不仅是去解决事情,而是提供预期服务,在客户意识到自己遇到一个问题或难题之前,就向他们提供解决方案。

有一次,一家人到迈阿密的丽思卡尔顿酒店探亲,其中一个七岁的小男孩把他最喜欢的毛绒玩具长颈鹿乔西落在了酒店,之后,长颈鹿乔西的故事就出名了。尽快让男孩和长颈鹿玩具团聚,这样做是很好,但酒店员工采用了另外一种办法,他们用1小时的时间拍摄了乔西在酒店的欢乐时光,它在水疗中心做按摩,在游泳池边休息,在酒吧与其他毛绒玩具客人一起,在海滩上开着一辆越野车。(谁知道毛绒长颈鹿会开车呢?)员工确实把乔西迅速送回了男孩家里,此外还附赠了一本相册,表明乔西真的很享受它的长假。在丽思卡尔顿酒店,解决方案绝对别具一格、独出心裁。

黄金法则

假设我是无辜的——看到我的观点

试图解决客户问题已经很难了，有时还要证明问题不是出在客户身上。新一代的线上零售商，如亚马逊、电器在线①和Zappos，已经彻底重新定义了解决这个问题的出发点，他们设计了流程，假设99%的客户是无辜的。

真诚地道歉

道歉背后的心理学是一个有趣的话题。心理学家戴维·德·克里默（David De Cremer）和克里斯·雷德斯·福尔默（Chris Reinders Folmer）表示，提出投诉的人会相信道歉是有用的，但当他们真正得到道歉时，似乎并没有达到预期效果（De Cremer el at，2010）。这一般是因为，虽然道歉是出于好意，但并没有体现出对客户所处情况的同情，也没有明确表示会把事情处理好。因此，让客户感觉自己得到倾听和认可，是道歉过程中的关键一步。重要的是，要让客户感到的确有人会倾听自己的心声。

我们的一位调查对象回忆说，当时他打电话给约翰·路易斯说他买的水壶漏水了，其员工的第一反应是："哦天哪，真的不好意思，你没受伤吧？"员工最关心的是客户的身体情况。第二天早上，这位客户又收到了一个新的水壶。

克里默教授认为，他的研究结果表明，真诚地道歉是达成和解的第一步，但你也需要表明，你还会做其他的事情来弥补（De Cremer et al，2010）。要想让客户对问题的处理感到满意，需要让他们看到实际行动。

拥有决议权——紧急修复

低质、缓慢的回应会对公司的声誉造成损害。快速回应并让客户了解情况，有助于消除客户负面情绪，也能让客户对情况感到乐观。

2012年，苏格兰皇家银行和英国国民西敏寺银行的平台出现故障，其快速反应及补救措施让许多人印象深刻，而且这也的确提高了银行的净推荐值得分。

---

① 电器在线（AO World）是一家英国家电在线零售商。——译者注

让我没想到的是，你能这么好地解决我的问题

你能像丽思卡尔顿酒店那样处理长颈鹿玩偶问题吗？这个问题能不能以别出心裁的方式完美解决？在我们的调查中，电器在线排在第五位。我们的两位调查对象告诉我们，厨灶还没从制造商那里运过来的时候，电器在线送来了比萨，以保证其客户的饮食。还有一次，当一位新晋妈妈还没收到洗衣机时，公司送来了婴儿服装。

有可能的话，就多做一步

我们的一位调查对象回忆说，有一次他给阿联酋航空候机室的一位女服务员说厕所的毛巾用完了，而这位服务员的反应让他印象深刻，她跑到了服务区来解决这个问题。她的行动说明她知道，在机场里时间比什么都珍贵：对她来说，尽快解决这个问题很重要。

给我今后的选择

大多数情况下，不会只有一种解决问题的方案。企业要给客户提供多种选择，看哪种方案最适合他们，这样做是很有用的。我们的一位调查对象表示，当约翰·路易斯没法将商品送到他们手中的时候，"约翰·路易斯不仅许诺了新的到货日期，还让我选择把商品送到我附近的维特罗斯超市（只有不到两公里远）还是送到我的办公室，问我哪个更方便一点？"

服务补救悖论在特定情况下是有效的。虽然好的服务补救不一定总是可以修复对客户关系造成的损害，但优秀的企业已经了解到，如果把问题纠正过来，就可以大幅提高自己的客户满意度、客户拥护和忠诚度。

◁ 期望 ▷

第三大支柱是期望（Engage Customer，2020）。期望可以被理解为客户在体验之前对产品或服务提供方式的想法，可以作为一个评判企业表现的参考标准。了解客户的期望是提供良好体验的第一步，也可能是最关键的一步。

人们普遍认为，超越客户的期望是让客户满意、高兴、对企业忠诚的关键。最近的研究表明，客户感到满意的最低标准是达到预期。因此，对于企业来说，事先确认客户的期望是非常重要的，因为如果不能满足或超越客户期望，就会导致客户不满和流失（Engage Customer，2020）。

在一个客户期望不断变化的世界里，准确地设定和满足期望必须成为企业的一种核心能力。因此，世界顶尖企业会关注两件事：客户期望是怎么形成的，以及他们如何满足这些期望。比如，亚马逊努力确保自己在三天内交货。亚马逊设定了期望值，然后用一系列的配送方式来超越这个期望（Daily Mail，2019）。至少，亚马逊希望达到它所设定的期望值。

当 Zappos 开始做生意时，它曾面临两个选择：是投资广告，还是投资体验和推动口碑。Zappos 选择了后者，通过夜间空运产品，真正让客户感到惊喜。当时客户的期望是三天内能收到货；其实，如果客户在晚上十二点前订购产品，他们或许在第二天早上八点之前就可以收货。Zappos 并没有透露是怎么做到的，而它的客户们，由于太兴奋，把这种出色的服务告诉了自己的朋友和同事，从而推动了 Zappos 的口碑营销策略（Hsieh，2010）。

期望设立可以是明确的，也可以是模糊的。一些品牌在自己的品牌承诺中也体现了满足客户期望这一点：如汽车救援公司绿旗（Green Flag）（"我们会在一小时内找到你，否则你将得到 10 英镑的赔偿"）（Green Flag，2021）；普瑞米尔酒店（"一夜安眠，否则退款"）（Premier Inn，2021）；宜必思（Ibis）酒店保证会在 15 分钟内解决你在酒店接受服务时可能遇到的任何问题，否则你可以免费入住（Ibis，2021）。

而对于其他企业来说，期望的设定是模糊的。比如，丽思卡尔顿酒店会满足旅客的多个小期望，因为丽思卡尔顿知道，这些小的期望累积起来就是品牌承诺："让旅客真正感到关怀和舒适是我们的最高使命。"其实，在丽思卡尔顿，管理每个旅客的期望是一门学问，可以为提供高度个性化的服务奠定基础。丽思卡尔顿的每一家连锁酒店都有一个特殊的团队，叫作"宾客认知部"。这个特别的职能部门会运用数据库来记录 80 多万名旅客的信息，并为所有相关员工生成信息。该数据库存储的信息包括旅客的喜好、以前遇到的困难、家人喜好、个人兴趣、常用的信用卡、住宿频率、总住宿时间、总消费金额等。这样一来，员工就能够了解一个旅客的"特别之处"。员工会携带专门的笔记本，来记录对每个旅客的见解，然后将信息输入数据库。这可以确保丽思卡尔顿酒店能够不断地满足并经常超越客人的期望。员工将其称为"丽思卡尔顿的神秘感"（Michelli, 2013）。

不管客户期望是明确还是模糊，优秀的企业都会进行管理。他们会格外关注期望是怎么形成的，并据此制定战略。他们会问自己以下问题：

- 口碑会如何影响期望？
- 我们可以向客户做出哪些明确、公开的承诺或保证？
- 我们每天在哪些小的方面设定了期望？我们设定的期望值是否准确？
- 什么是"强化剂"（让我们的客户在期望中注入情感的事物）？
- 谁在设定我们的客户对服务的期望？我们需要做什么来回应？

不是所有的客户期望都相同。企业可以选择哪些期望是要满足的，哪些期望是要超越的，也可以选择让客户感到满意的方式。在许多情况下，客户会有一个期望满足范围。例如，有些客户打电话之后愿意等一分钟，如果电话在两分钟内被接听，客户的满意度就不会改变。这就是常说的客户容忍区，在规划回应时间和优化资源方面至关重要。

科学原理

期望与我们对世界和未来所发生事情的理解有关。据丹尼尔·卡尼曼阐释，我们的大脑有两个系统，会通过我们的期望网络来观察世界。系统一是我们的监控系统，可以让我们在大部分时间里都能自动运转。只要一切符合我们的期望，我们就可以不假思索地做事。然而，当我们的期望没有得到满足时，系统二就会被激活，它会让我们注意到期望未能得到满足的情况，激活我们的情绪，如果我们不再能准确地预测接下来会发生什么，我们就会变得害怕（Kahneman，2013）。

所以，如果事情以自己期望的方式发生，我们会感到高兴；如果我们不确定事情的走向，但事情还是以自己期望的方式发生，我们会更高兴；而如果有人超越了我们的期望时，我们就会感到特别高兴。我们的大脑在不断地预测接下来可能发生的事情。这个过程发生时我们是注意不到的，会运用试探法和捷径来节省计算精力。所以，期望是客户体验中的一个重要部分。

Kano 模型

东京理科大学名誉教授狩野纪昭（Noriaki Kano）在经管学中预测了期望值的上升，并开发了一个广受认可的客户满意度模型 Kano，该模型表明，曾经预料之外的事物可以通过熟悉过程而变成预料之内的事物。正是这种效应推动了期望值的上升和转移，我们在任何类别中的最佳体验会为我们在另一类别中的类似体验设定期望值。

黄金法则

准确设定我的期望

电器在线是一个很好的例子，它管理预期的方式非常巧妙。只要你在晚上 8 点前从公司订货，第二天公司就会在你选择的时间段内交货。这种期望管理方法是精心设计的。设定并满足客户的物流期望是第一步，然后员工与客户打交道的方式、员工的关心和友善会超越客户的期望，从而让客户感到满意。

与我商定时间

明确自己的计划和客户需要做的事情，才能实现成功的期望管理。电器在线之所以取得成功，是因为它对客户的时间安排和要求非常清楚。能设定一个方便客户的时间，是重要的第一步。

物流跟进技术的出现，改变了消费者对知情权的期望。奥凯多在这一领域设立了新的标准，它会提前给客户发短信，告知他们送货车辆的信息，包括车辆的颜色和司机的名字及联系方式，客户因此不用再担心上门的人是不是来自奥凯多。预计到货时间和换货信息也会传达给客户，所有这些措施都与客户建立了信任。

反应比我预想的要快

企业对客户所提出的疑问、问题或投诉能做出快速反应，这是客户所期望的：公司应该从客户的角度来看待遇到的情况，并采取相应的行动。快速反应属于一种保健因素[①]，而不属于愉悦因素，会提供一种慰藉，让客户认为公司会认真对待这一情况。

使用简明英语——没有专业术语

企业使用的术语也非常重要。表述模糊的承诺会让人感到失望。而像约翰·路易斯合伙企业（"从不有意低价销售"）和普瑞米尔酒店（"一夜安眠，否则退款"）所做出的这样明确的承诺，从一开始就确立了基本规则。现在的客户很擅长辨别含糊其词和找借口的企业。

履行或超越你的承诺

公开承诺但没能履行，还不如一开始就不做出承诺。我们之前看到，当电器在线无法实现自己的承诺时，有一套处理流程，比如厨灶无法送达时，电器在线就会给客户叫外卖比萨，从而在未能满足客户预期的情况下，仍然超越预期。

指引我完成这个过程

通过在整个过程中仔细指导客户，企业可以准确地设定期望值，然后按照期望值交付成果。客户一般都不知道要花多长时间才能达到自己的目标。一个设定好期望值的流程可以确保企业不会出现大的问题。

---

① 保健因素是指那些与人们的不满情绪有关的因素，包括公司政策、管理措施、监督、人际关系、物质工作条件、工资、福利等。当这些因素恶化到人们认为可以接受的水平以下时，人们就会对工作产生不满。但是，当人们认为这些因素很好时，它们只是会消除不满，并不会导致积极的态度，这就形成了某种既不是满意，又不是不满的中性状态。——译者注

◁ 时间和精力 ▷

下一个支柱是重视时间和精力（Engage Customer，2020）。当我们要求客户与我们一起投入时间来实现一个目标时，我们应当对这种投入表示认可，同时对此表示感谢。这也是为了让事情尽可能简化，从而最小化客户的时间投入。从本质上讲，这涉及客户对自己所投入时间的感受。

时间贫穷是现代人的一个特点。客户会更青睐那些让自己的生活变得舒适的公司，并且会选择花时间（和金钱）来回报这些公司。通过理解、分析这些"客户精力组成部分"，我们或许能从不同的角度来剖析客户旅程。这样我们可以看到，为了客户的利益，我们可以在流程中的哪些方面减少客户投入的精力。

我们可以从两个方面来指导客户体验设计：

1. 去除"非增值时间"等待期，这个时间段无法通过教育、信息或娱乐转化为客户增值服务。比如，德国零售商利德尔（Lidl）重新规划了其结账流程，以前顾客的商品在收银台扫描完后要重新打包装起来，会耽误下一个客户结账的时间，而现在客户无须再从收银台打包了，从而减小了超市收银耽搁时间的影响。

2. 注重最小可行方案，这是一个从六西格玛原则中借用过来的概念（Wendell，2021）。最小可行方案寻求用创造性的思维来设计体验，确保客户能以尽可能少的步骤实现他们的目标。

亚马逊已经把这两个方面牢记于心。实际上，亚马逊的理念是"最好的服务就是不用服务，措施方案自己就会发挥作用"（Priceand Jaffe，2008）。通过系统消除妨碍客户实现其目标的障碍，亚马逊已经提高了客户满意度和收益。"一键下单"就是一个很好的例子，这个功能可以确保顾客的购物过程畅通无阻。

美国运输安全管理局正根据乘客所需的帮助修改机场的排队系统，排队并不是看乘客先来后到的顺序，而是看乘客有没有带小孩，是不是没怎么坐飞机，需要帮助，还是经常坐飞机，对流程已有所了解。这样可以根据每个群体的认知水平或小孩数量，确保他们以最少的步骤通过安检。

英国电信（BT）的"客户投入精力"研究表明，客户所投入的精力确实是衡量客户忠诚度的一个关键因素，而且确实对客户是否认为钱花得值有影响（曾有过不好体验的客户中只有5%的人说觉得自己钱花得很划算）。与认为英国电信不好的客户相比，那些觉得和英国电信谈业务很轻松的客户去找竞争对手公司的可能性要低40%（Steers，2012）。

有关研究结果表明，在任何体验中，客户对自己所投入的精力的感受占他们对体验总体评价的65%（Dixon et al，2010）。我们知道，在一次体验中，一开始发生的事情（首因效应）为体验的剩余部分定下了基调。有一个好的开始，客户就会对以后的偏差更加宽容。而最后发生的事情是客户所记住的（近因效应）。这两者的结合叫作系列位置效应。如果一次体验的第一印象是漫长的、无意义的等待，随后而来的是耗费很多精力的互动，那么无论这个体验的结局如何，都不会给客户留下美好的回忆。因此，企业要学会管理客户等待的时间和精力，才能让客户对体验形成积极的印象。

计算机科学研究人员唐·诺曼（Don Norman）在他的论文《排队的心理学》（*The psychology of waiting lines*）中提出了八条有关我们该如何处理等待时间的原则（Norman，2018）：

- 情绪占主导地位。
- 步骤明确（提供一种清晰明确的排队系统运行模式）。
- 等待时间必须适当。
- 设定期望，然后满足或超越期望。
- 让人们保持注意力（充实的时间比无聊的时间过得更快）。
- 要公平。
- 开始和结束都要用心。
- 对体验的记忆比实际体验更重要。

在我们的研究项目中，顶尖企业都遵守这八项原则，但在评估这些原则的落实过程中，他们会注意以下三个重要事项：

（1）我们实际为客户做了什么。

（2）客户的感觉如何。

（3）客户的期望是什么。

案例分析

扎兰多

扎兰多创立于 2008 年，目前市值为 118.5 亿美元，拥有 15000 名员工，正在建立一个"时尚操作系统"，为其业务范围内的品牌合作伙伴提供物流、技术和营销方案。扎兰多是一个主打时尚的"消费者平台"。扎兰多从荷兰开始起步，随后在两年内扩展到 15 个欧洲国家市场。

扎兰多脱颖而出的秘诀是它非常方便。从一开始，扎兰多的创始人就认为，他们应该专注于在交货、退货和客服方面提供良好的体验，所以公司必须配备自己的物流、客服界面和线上体验。为确保企业达到互联互通、上下一致，扎兰多在前台和后台技术方面进行了大量的投资。扎兰多预见了一种有各类平台的世界，这个世界里有交通出行 APP（优步）、主要的娱乐 APP（奈飞）和音乐 APP（声田）。而扎兰多则想成为潮流 APP。

扎兰多的联合创始人戴维·施耐德（David Schneider）将公司宗旨描述为：为消费者打造一个购物胜地，为品牌打造一个平台，一种专注潮流时尚的综合市场，为潮流打造一个 APP。创始人参考了 Zappos、阿里巴巴和腾讯的最佳做法，这些公司通过将其资产平台化来开发生态系统。他们认识到，网络零售特别是时尚领域的库存非常明显。如果你操作有误，库存可能就会堆满整个仓库。因此，为时尚界建立一种操作系统有助于降低企业的风险，让那些主打潮流时尚的企业可以在一个有利的市场环境中推销自己的产品。而这就需要让所有的事项均可访

> 问，还要方便、个性化。这样的平台可以促进企业数字化，将其产品推向市场，并接触到新的客户（KPMG，2019）。

科学原理

我们的大脑大约会消耗身体20%的能量。心理学家早已通过"最省力法则"认识到这一点。我们的大脑是"认知吝啬者"，会做容易的事情，而不是做需要思考、耗费能量的复杂事情。虽然我们有错综复杂的思维，但如果没有必要的话，我们也不愿去想得太多或太辛苦。如果做一件事有好几种方法，我们会选择对认知要求最低的行动方案，而这一过程我们也往往不会意识到（Lanoue，2015）。

认知效率原则说的是，如果没有必要，人们不太可能花费多余的精力去实现目标。因此，人们会采纳最简单的程序或判断标准。而知识可获取性原则说的是，人们通常只调动自己所获取的相关知识的一小部分来作为理解信息的基础——且通常是调动最先、最容易想到的知识（Boyd，2013）。根据"流畅性理论"，如果一件事简单得出人意料，我们会对这次活动以及提供该活动的公司表示肯定。

黄金法则

客户体验中的关键部分（通常是因为这部分内容最先发生）包括客户的等待时间和实现目标所需投入的精力。我们的研究表明，在这两个方面，真正重要的并不是实际的体验，而是客户对体验的感受。其实，我们会看到更深一层——真正重要的，是客户对这次体验的记忆。如果企业能运用以下黄金法则，就会让客户留下好的回忆。

让我在投入的时间里感到愉快

迪士尼主题乐园在处理游客排队产生的烦躁感这方面得心应手。如果问人们，他们最不喜欢的事有什么，不少人会立马给出答案：排队和等待。人们都不喜欢排队。但是如果问他们是否会再去排一次，他们也会连连点头。所以游客的回忆才是最重要的。游客在迪士尼乐园的许多游乐设施排队时，会有工作人员对其进行设施简介或适应练习，迪士尼巧妙地把排队过程纳入了体验，让游客感到合理、公平和安心。现在，迪士尼有了魔法腕带和快速通行证，游客无须再进行长时间的等候了（Walt Disney World，2021）。

给我简单、明了的指示

爱因斯坦说过，"事情应该力求简单，但不能过于简单。"（Sessions，1950）信息不能太多，也不能太少，在两者之间取得平衡，才刚好合适。苹果公司因其在简洁性上的设计而闻名；新 iPhone 或 iPad 的"新用户"指南可以确保用户快速上手新设备。

实现我的目标的最少可行步骤——最多不超过三步

客户为实现目标，不可或缺的步骤有哪些？利德尔有一个著名的广告，用略微夸张的手法体现了顾客在利德尔购物比在莫里森超市购物要轻松得多。在这个广告里，如果你想获取更低的价格，要是用竞争对手莫里森超市的会员卡，你需要经历 44 个步骤；或者，按照广告说的，"你可以直接去利德尔"（Ehrenberg，2014）。我们的研究表明，任何超过三个步骤的流程都会让客户感到不耐烦或是困惑。而客户净推荐值的分数在第四步往后就会下降。

等待时间不要超过两分钟

心理学研究表明，当我们被迫进行等待时，我们会去思考那些困扰我们、占据我们思绪的事情。而最终的结果就是，我们的情绪状态会恶化（Tartakovsky，2016）。通常情况下，当人们被迫等待超过两分钟时，我们就会看到净推荐值得分开始降低。澳大利亚的银行已经开始采用一种双重客服中心模式，客服会立即接听客户的来电（就像一个电话总机），然后转到相关的专业领域。银行的客户满意度因此得到显著提高。虽然解决问题所需的时间是相同的，但如果在第一时间与人对话，就会消除许多负面的等待效应。

当我与你联系时，请提供我需要的答案

在一个信息无处不在的世界里，我们会希望自己所接触的第一个人就能掌握所有的相关信息，并在相关问题上有比我们自己强的能力。2014年，英国保诚集团（Prudential）在培训员工、客户关系管理系统（CRM）部署和帮助第一时间解决问题的知识体系方面进行了大量投资，在2014年，其排名上升了100多位，进入我们的英国指数100强行列（Knight et al，2015）。

提前告知我可能会出现的问题

企业要保持比客户领先一步，在问题出现之前就认识到潜在的负面情况。我们的一位调查对象讲述了他让银行客服中心工作人员激活他在巴黎的借记卡的故事。工作人员完成了这项任务，然后给了他一个电话号码，客户可以用手机在巴黎的收款机上联系这个号码，如果出现任何问题，该号码会立刻授权交易。

现在，速度和便利正日益成为企业的竞争优势来源：我们渴望即时满足，并且往往愿意放弃将来会更丰厚的回报，以换取当下即刻的回报。比如，Kindle已经彻底改变了图书的阅读方式：选书、买书、读书，足不出户，在几秒内就可以完成交易。在我们最近的体验优化调查中，电器在线因其可快速购买家电的服务而受到称赞：在晚上7点半之前下单，第二天家电就会免费送到家门口。不费吹灰之力的快速体验，正在成为让企业脱颖而出的关键因素。

◁ 个性化 ▷

第五大支柱是个性化，即采用针对性的方法来促进同客户的情感联系。对于许多公司来说，他们要做的是在正确的时间向正确的客户提供正确的信息，这非常重要。但是，要想真正实现个性化，关键在于对客户境况的深入了解、据此定制的相关体验以及客户在互动后对自己的感觉。客户会不会因为自己知道得更多，觉得自己更能掌握自己的生活、更有能力去面对这个世界，从而觉得自己很重要、很有价值且自我价值感得到了提高？

在后疫情时代的新世界里，只是知道、认识一个客户现在已经不够了：客户现在还希望公司能了解自己。

要想实现个性化，你就要证明自己了解客户的具体需求和境况，并相应地对体验做出调整。称呼的使用、对客户的关注、对客户喜好和过去经历的了解，这些都会让客户感觉体验是量身定制、独一无二的，会让客户感到自己是重要的、受到了重视，于是开始形成一种情感联系。好的个性化体验能让客户产生自信心，让客户有一种更高的自我价值感。在六大支柱中，个性化对客户净推荐值和忠诚度有着最显著的影响。

由于技术的进步，企业许多客户个性化工作都是以"由内向外"的视角开展，比如，根据客户明确的喜好、隐性行为或以前的经历来安排网页内容，并能在适当的时间和适当的地点为客户提供适当的服务。

如果我们站在客户的立场上，用"由外向内"的视角看，那么个性化更多的是关于企业如何回应客户一系列的情感需求：客户希望感到自己是独一无二的，是一个有个性的人——能得到尊重和重视。

科学原理

作为消费者，我们会倾向于个性化的体验，因为这种体验会让我们感到自己能被认出来：在如今的市场上，客户可能会觉得自己和其他消费者没什么两样，所以让客户感到自己独一无二是很重要的。我们希望能作为一个独特的人，有自己独特的愿望、需求和欲望，能被人欣赏。

研究人员佩勒姆（Pelham）、迈因贝格（Mirenberg）和琼斯（Jones）在他们2002年发表的论文中表示，人们有一种让自己感觉良好的基本愿望，并会根据这个愿望来做出行为。这种自发的积极联想会影响人们对几乎所有与自我有关的事物的感觉（Pelham et al，2002）。"内隐自我中心主义"指的就是那些让我们没能意识到自己自尊心的心理现象，而人类会无意识地偏好那些与自己相关的事物。

个性化的体验会给人这样的印象：我们对于为服务我们的公司来说很重要。

所以，对于那些寻求提高客户净推荐值和忠诚度的企业来说，理解个性化变得越来越重要了。

黄金法则

迎接我的到来

如何迎接客户会为后续的事情定下基调。客服中心早已认识到了第一印象的作用，鼓励员工在说话时面带微笑。有些企业甚至在员工办公桌上放上了镜子，这样员工就可以看到自己的笑容了！

丽思卡尔顿的口号是"打开雷达——竖起天线"，确保员工全神贯注，跟每一位旅客打招呼，并发现旅客没有表达出来的需求，从而对旅客的住宿体验产生积极影响（Robertson，2021）。英国的普瑞米尔酒店从这种方法中学到了很多。所有的员工都面带微笑，与旅客有眼神交流，并对每个旅客进行问候。更重要的是，员工们乐意参与其中，并尽可能地提供帮助。

让我知道你了解我

我们都喜欢别人能认出自己，例如餐厅老板记得我们的名字，也记得我们最喜欢那张靠窗的桌子，虽然这是电影中常见的桥段，但现实中也非常有用。放在公司也是如此——我们喜欢自己对供应商来说很重要的感觉，起码他们应该认识我们。

英国航空公司著名的"了解我"计划直接解决了这个问题（Business Traveller，2021）。英国航空公司利用数字技术，在飞机起飞前往机上平板电脑里上传了每个乘客的信息，这样机组人员就可以称呼乘客的名字来欢迎他们。比如，如果一个白银会员乘客第一次坐商务舱，利用这样的技术，机组人员就能够欢迎这位乘客，并解释商务舱好在哪里。再比如，如果一个乘客在以前的飞行中遇到过问题，乘务员就会意识到这个问题，并以此为契机，在以后的飞行中为这位乘客提供额外的帮助。

共同认可我们的曾经

当我们遇到与自己有关系的人时，我们知道，我们曾共度一段时间，有过一系列奠定互动基调的交流，让我们能从上次结束的地方继续推进，这是任何一种关系的本质。现在，技术似乎可以大规模地复刻这一特质。我们的研究表明，亚马逊在这方面做得比大多数企业都好，亚马逊的推荐引擎可以找到你的独特之处，所以亚马逊会用你的名字、显示你们共同度过的时光、对你的喜好做出回应、提供些许快乐。

Specsavers 是欧洲最大的眼镜商之一，其员工的专业性和反应能力让 Specsavers 在竞争对手中脱颖而出。我们的调查对象谈到，当他们与 Specsavers 的员工交流时，会觉得自己很重要。许多调查对象都提到，Specsavers 的员工很有耐心，因为他们会挑很多的镜框来试。他们还提到，Specsavers 的员工让他们有一种合作的感觉，即员工与他们一起工作，以确保他们的需求得到满足。

让我有决定权

增加客户的知识可以提高他们的自我价值感，让他们能掌控局面。

为确保给客户提供正确的产品，Lush 一直把员工培训看作客户体验战略中的重要一环。Lush 的员工会经过专门培训，能够提出客户的皮肤问题出在哪里，并提供演示、样品和测试。在深入了解客户的需求之前，员工不会试着推荐产品。客户的皮肤状态有问题吗？她们的美妆适合什么样的产品？这些都是关键问题。通过培养员工对客户的这种深入了解，Lush 让客户感到了满意——而且能让员工卖出更多的产品。

感到自己掌控局面的需求，是一种强大的驱动因素。电器在线巧妙地以许多不同形式让客户手握选择权。客户可以选择送货时间，阅读商品详情和产品的网站评论。选择权是让客户感到自己掌控局面的一个关键因素，而太多的选择会让客户陷入迷茫，太少的选择又会让客户感到受到约束。从客户的评价来看，电器在线这一点做得恰到好处，让客户能从一个不大不小的范围内进行选择（Engage Customer，2020）。

用有意义的事物给我惊喜

黑番茄（Black Tomato）是英国发展最迅猛的网上旅游公司之一，但尚未跻身客户体验优化100强。不过，Black Tomato的方法引人瞩目。旅客在选择旅游目的地时，并不是根据具体地点来选，而是根据他们想在假期中获得的感受来选。Black Tomato的旅客在出发时会收到一份不大但却独一无二的礼物，一种"旅行的艺术"材料，其中包括本次旅行相关的文学作品，或者与目的地相关的音乐，从而让旅客感到兴奋快乐，提前进入旅游状态；旅客返程时，还会有"回到现实"材料，其中包括一瓶酒和外卖券。Black Tomato知道假期的情感高潮和低谷期，并据此设计旅客的体验（Scheffler，2016）。

了解我的需求和境况

在第2章中我们发现，"了解我"和"认识我"一样重要。这是实现同理心的重要基础，也是定制体验的第一步。

在美国，排名第一的客户体验公司USAA会仔细研究其客户的生活，定期将客户带到公司办公室进行"接触会议"，在此期间，工作人员可以亲耳听到客户看重的是什么，以及客户生活的近况。通过对客户生活事件的关注，USAA能了解客户在经历生活事件时可能出现的感受，以及成功处理这一生活事件需要做的事。这是一种实现大规模个性化的方法，因为每个经历生活事件的客户都会有这种感受：USAA提供的帮助、支持和指导对他们来说是独一无二的（Solomon，2018）。

将你的工作个性化

有人说，优秀的电台广播员说话时就像只对一个听众说话一样。每个听众都觉得广播员只在跟自己讲话。而优秀的客户体验也是如此。Stitch Fix就是一个实现大规模客户体验个性化的例子。每个客户可以选择精心定制的服装。Stitch Fix运用数据科学、算法和人工智能来为合适的人搭配合适的衣服。Stitch Fix的CEO兼创始人卡特里娜·雷克（Katrina Lake）将互动过程描述为一种持续的对话，一种让公司和客户更加了解彼此的机制。客户的反应可以体现他们的需求和偏好，这些衣服是否适合他们的体型、生活方式或整体品味。这些都是有用的信息，可以据此来推荐适合客户的衣服。

一开始，客户会完成包含80个问题的调查问卷，然后85%的美国客户会向Stitch Fix反馈他们是喜欢还是不喜欢公司所发送的商品，并对商品的尺寸提出建议。超过75%的人玩过Stitch Fix的"大变风格"（*Style Shuffle*）游戏，这个游戏鼓励顾客选择自己喜欢的某种特定的风格和衣服，然后生成商品评价，推动算法，从而将客户与完美适合他们及其品味的商品配对（Pithers，2019）。

◁ 同理心 ▷

最后一个支柱就是同理心，即力图了解客户的情绪状态，并建立亲密、和谐的关系。同理心是人际关系的核心所在。我们天生就是群居动物，与人建立联系的愿望也是人类的一大基本生活动力。要想实现理想的聚集和关联，就要能准确地解读他人的意图。大自然让我们可以通过同理心和设身处地为他人着想的能力来做到这一点，从客户的角度看世界，并以此来推测他们的动机。这也让我们能与他们联系起来，体会他们的情绪，并以此来调节我们自己的情绪反应（Net MBA，2002）。可惜，大型企业似乎让我们丧失了这种能力。

在当今世界，同理心应该成为企业的一种核心能力：能够在接触点和公司层面上感知客户的心理和生理需求，这样可以推动创新。同理心是一种让客户知道你能真正理解他们感受的技巧。建立同理心的行为是形成稳固客户关系的关键。这种行为包括讲述自己的故事，向客户反映你在类似情况下的感受。然后在理解客户感受的基础上，再为他们多付出一点。

在公司层面上，同理心是为了回答这样的问题："我们是否站在了客户的立场上？我们是否真正理解成为我们公司的客户是什么样的感受？"在日常层面上，同理心是一种公司与客户沟通的情商，从而体现公司对客户的关心。同理心不仅是站在客户的角度看世界，它也是一种从多种潜在情绪中选择正确反应的情商，以便为客户带来帮助。

各企业可能更倾向于把同理心视作一种软技能，认为只有直接接触客户的员工才用得到同理心。然而，作为一种企业的核心能力，同理心对于市场营销、人力资源和领导层人员来说也很重要。能够站在客户的立场上，从他们的不同角度看世界，这对企业的业务发展、创新和有效战略制定来说至关重要。事实上，同理心是客户优势的一大来源，而不太成功的企业往往没能利用这一点（Engage Customer，2020）。

科学原理

某些神经科学家假设：镜像神经元会让我们在头脑中复制我们看到的别人的行为及其可能感受到的情绪（Thomas，2012）。虽然有人怀疑这种假设，但镜像神经元的确有察觉他人隐性信息的能力，比如察觉他们当下的感受甚至想法。镜像神经元让我们能够联系在一起，为我们提供了一种了解他人经历的可能性。

戴夫·帕特奈克（Dev Patnaik）在他的《谁说商业直觉是天生的》（Patnaik，2009）一书中指出，人类在群体或组织中似乎就会失去这种共情能力。他表示，像 USAA 这样具备同理心的企业可以创造一种环境，在这个环境中，员工的镜像神经元得到激活，这样员工就能对任何特定的客户处境做出适当的情绪反应。

黄金法则

我们的研究表明，通过利用同理心而发展壮大的企业都会遵循以下的黄金法则。

花时间去倾听

心理学家们历来都知道，如果一个人觉得自己得到了他人的理解，会带来怎样的影响。美国心理学家卡尔·罗杰斯（Carl Rogers）是"来访者中心疗法"的奠基人之一，他是这样说的："（我知道）如果有人倾听我的想法，我就能以一种新的方式重新看待我的世界，并继续前行。当有人倾听自己的时候，那些似乎无法克服的问题就得到了解决，这一点令人惊讶。我真诚地感谢他人对我关怀备至、感同身受。"（Rogers，1959）

Lush 在对待客户时就运用了同理心。Lush 鼓励员工自己也用公司销售的产品，甚至参与产品的制作过程，以便他们了解产品的成分。通过询问客户一系列有关皮肤的诊断问题，Lush 员工能逐渐找到完美适合每个客户的产品。而这样做带来的经营成果是惊人的：其客户净推荐值得分很高，交叉销售能力也很强。正是因为 Lush 的员工时时刻刻都准备好去倾听客户，才有了这些出色的成绩（Lush，2021）。

给予恰当的情绪反应

情商是一种你选择在特定情况下给出的情绪反应的能力。如果一个银行客户把借记卡弄丢了，他想要的并不是同情，而是希望能得到保证：客户想听到的，是这张卡会被停用，并且银行会尽快给自己发放新的卡；他们并不想显得自己很粗心。

现在，像谷歌这样的领先企业在选择新员工时，更看重候选人的情商而不是他们的成绩或经验。谷歌正在寻找"Googliness"，一种可以称为具备同理心的处世之道。虽然没有具体的测试，但招聘人员会接受培训，去寻找候选人在招聘过程中行为举止里的相关特征（Moran，2020）。

分享你类似的经历——建立情感联系

网上鞋类零售商 Zappos 有着与客户建立个人情感联系（personal emotional connection，PEC）并让客户念念不忘的能力，这也是 Zappos 脱颖而出的关键因素之一，可以推动其完全依赖正面口碑的营销策略。Zappos 会招聘那些具有同理心的人，然后培训他们如何与客户建立联系。

Zappos 的客户体验质量评估基于以下问题：

- 员工是否试着与客户建立个人联系？
- 如果顾客做出了回应，员工是否继续保持了联系？
- 员工是否发现了客户买鞋的真正动机（如参加婚礼、聚会、特殊活动）？员工是否确保客户的这种需求在理性上和心理上得到了满足？
- 这次体验有没有让客户眼前一亮？

Zappos采用了多种不同的方式与客户进行接触。员工会谈论天气、体育，或者从客户那里获得话题。最近，Zappos的员工会把电话转给另一个与客户在同一个州生活或工作过的员工，这样，他们就有了一些共同点。Zappos还了解到，如果员工能分享他们自身的经历，就能让互动变成一种双方地位平等的讨论（Zappos，2021）。

把我当作你的首要任务

当员工表现出对客户的个人兴趣时，就会在体验中充分发挥同理心。员工需要有一系列的行为，向客户表达出：我对你这个人感兴趣；我想对你热情友好；你对我和我的企业来说很重要，你是被重视的。

把我的问题包在你身上

当客户向企业反映问题时，他们希望确切地知道企业中有人负责自己的问题，并会承担个人责任，顺利将问题成功解决。First Direct经常在我们的体验优化调查中独占鳌头，许多调查对象都反馈说First Direct的员工在包揽客户问题方面做得有多好：他们会认真倾听，耐着性子询问，然后主动担起责任来解决问题。

表达你的关心

我们研究中的调查对象谈到，员工在表达自己的关心时有三种不同方式：

- 对我有特别的关注；
- 不嫌麻烦；
- 额外给我一些我没预料到但很感激的东西（如一杯咖啡）。

员工的肢体语言、语音语调和热心都发挥着作用，都能体现出员工关心如何为客户带来好的结果。

同理心是一种处理他人感受的方式，帮助他们对自己感觉良好——也对你感觉良好。应对客户的情绪状况需要有敏锐的察觉能力和高情商。如果客户希望得到保证，就把问题从他们的手中包揽到自己身上；如果有特殊情况发生，就紧急应对；如果客户需要同情和理解，就提供同情和理解。这些都是 First Direct 员工经常得到赞赏的素质（Engage Customer，2020）。

◁ 要点总结 ▷

1 这六大支柱是良好体验的典型特征。

2 你不能挑三拣四，所有这六大支柱都是实现体验优化的要求。

3 六大支柱源于人类心理学，因此在任何线上线下人际互动中都会发挥作用。

4 这六大支柱是相互依存、密不可分的，把六大支柱联结起来，才能带来整体的客户体验。

◁ 参考资料 ▷

1. Bannerman, L. (2010) Socialism meets middle England: inside the John Lewis miracle. www.thetimes.co.uk/article/socialism-meets-middle-england-inside-the- john-lewis-miracle-h7j5grwv26m (archived at https://perma.cc/3CDP-PCLK)

2. BBC (2020) John Lewis to pull 'never knowingly undersold' pledge. www.bbc.co. uk/news/business-53881214 (archived at https://perma.cc/RBM2-G6N3)

3. Bergland, C. (2015) The neuroscience of trust. www.psychologytoday.com/us/blog/ the-athletes-way/201508/the-neuroscience-trust (archived at https://perma.cc/F8PC-ULX8)

4. Boyd, D. (2013) The path of most resistance. www.psychologytoday.com/us/blog/ inside-the-box/201305/the-path-most-resistance (archived at https://perma.cc/42MP-K4ZQ)

5. Burlingham, B. (2013) This woman changed business forever (1990 profile).

www.inc.com/magazine/19900601/5201.html (archived at https://perma. cc/9PEH-G49N)

6. Business Traveller (2012) BA to roll out 'Know Me' initiative. www.businesstraveller.com/news/2012/07/02/ba-to-roll-out-know-me-initiative/ (archived at https://perma.cc/8E8E-56M5)

7. Chatterjee, D. (2017) Three emotional territories that winning brands get right. https://go.forrester.com/blogs/3emotions/ (archived at https://perma.cc/D8V9- K5W2)

8. Cooper, L. (2013) Customer experience rankings: power to the people. www.marketingweek.com/customer-experience-rankings-power-to-the-people/ (archived at https://perma.cc/YF8F-RZ2Y)

9. *Daily Mail* (2019) Amazon will give one day delivery to Prime members around the globe. www.dailymail.co.uk/news/article-6961703/Amazon-aims-bring-one-day-delivery-Prime-members-globe.html (archived at https://perma.cc/ESS2-358F)

10. De Cremer, D., Pillutla, M. M. and Reinders Folmer, C. (2010) How important is an apology to you?: forecasting errors in evaluating the value of apologies. https://journals.sagepub.com/doi/abs/10.1177/0956797610391101?journalCod e=pssa& (archived at https://perma.cc/ZW5W-LDPE)

11. Dixon, M., Freeman, K. and Toman, N. (2010) Stop trying to delight your customers. https://hbr.org/2010/07/stop-trying-to-delight-your-customers (archived at https://perma.cc/9PS7-MU46)

12. Drescher, C. (2016) Rose, orchid, plumeria: the significance of signature flowers. https://runwaygirlnetwork.com/2016/11/17/rose-orchid-plumeria-the-significance-of-signature-flowers/ (archived at https://perma.cc/ABJ3-B2CD)

13. Edelman (2021) Edelman Trust Barometer 2021. www.edelman.com/sites/g/files/ aatuss191/files/2021-01/2021-edelman-trust-barometer.pdf (archived at https://perma.cc/75QE-4SZL)

14. Ehrenberg, B. (2014) Store wars: Lidl attacks Morrisons with combative ad campaign. www.cityam.com/supermarket-price-war-lidl-attacks-morrisons- combative-ad-campaign-in-store-wars/ (archived at https://perma.cc/5BGB-GA2R)

15. Engage Customer (2020) The golden rules to the Six Pillars: integrity. https://engagecustomer.com/the-golden-rules-to-the-six-pillars-integrity/ (archived at https://perma.cc/XR9A-8HUC)

16. Fixsen, R. (2017) Norway: ahead of its time. www.ipe.com/norway-ahead-of-its- time/10019227.article (archived at https://perma.cc/6JC7-MYG6)

17. Green Flag (2021) UK breakdown and recovery. https://mayday.greenflag.com/pdfs/ PolicyTAndC_26.pdf (archived at https://perma.cc/T3R3-N2VU)

18. Hsieh, T. (2010) How I did it: Zappos's CEO on going to extremes for customers. https://hbr.org/2010/07/how-i-did-it-zapposs-ceo-on-going-to-extremes-for-customers#:~:text=In%20search%20of%20high%2Dcaliber, to%20Las%20 Vegas%20 in%202004 (archived at https://perma.cc/65YP-C2JC)

19. Ibis (2021) Your 15 minute guarantee. https://ibis.accor.com/promotions-offers/ special-offers/owm005720-001-15-minute-guarantee.en.shtml (archived at https://perma.cc/C6NZ-WWC6)

20. Joseph, S. (2013) TSB launches by 'welcoming customers back to local banking'. www.marketingweek.com/tsb-launches-by-welcoming-customers-back-to-local- banking/ (archived at https://perma.cc/N4AG-S3EB)

21. Kahneman, D. (2013) *Thinking, Fast and Slow*. 18th ed. New York: Harvard.

22. Knight, T., Conway, D. and Jenkins, T. (2015) A new era of experience branding. https://assets.kpmg/content/dam/kpmg/pdf/2016/04/a-new-era-of-experience-branding.pdf (archived at https://perma.cc/2PJ7-7YFP)

23. KPMG (2017) The connected experience imperative. www.nunwood.com/excellence-centre/publications/uk-cee-analysis/2017-uk-cee-analysis/ (archived at

https://perma.cc/ZKX4-68AF)

24. KPMG (2018) Ignite growth: connecting insight to action. https://colleaguestories. coop.co.uk/2018/11/28/co-op-insurance-moves-up-119-places-in-the-uk-kpmg-nunwood-customer-experience-excellence-rankings/ (archived at https://perma. cc/R8ZV-U4XM)

25. KPMG (2019) Customer first. Customer obsessed. https://assets.kpmg/content/dam/kpmg/it/pdf/2020/01/Global-customer-experience-excellence-2019.pdf (archived at https://perma.cc/VQE8-RMYU)

26. KPMG (2020) Customer experience in the new reality. https://home.kpmg/xx/en/ home/insights/2020/07/customer-experience-in-the-new-reality.html (archived at https://perma.cc/C5VK-XLH5)

27. Lanoue, S. (2015) Cognitive psychology for UX: the principle of least effort www.usertesting.com/blog/principle-of-least-effort (archived at https://perma.cc/PUC6-RTZA)

28. Lebowitz, S., Akhtar, A. and Hroncich, C. (2020) 12 things people decide within seconds of meeting you. www.businessinsider.com/things-people-decide-about-you-in-seconds-2016-11?r=US&IR=T (archived at https://perma.cc/KK5N-VVHR)

29. Lewicki, R. J. and Wiethoff, C. (2000) Trust, trust development, and trust repair. https://ombudsfac.unm.edu/Article_Summaries/Trust_Trust_Development_and_Trust_Repair.pdf (archived at https://perma.cc/Y8NP-LFYK) Lush (2021) Lush people. Lush 的员工 https://uk.lush.com/article/lush-people (archived at https://perma.cc/CDH9-42UD)

30. M&S (2017) Plan A report. https://corporate.marksandspencer.com/documents/plan-a/m-and-s_planareport_2017_fullreport.pdf (archived at https://perma. cc/8UR9-KM99)

31. Manning, B. A. (2021) 5 steps for building trust in the workplace. www.td.org/

insights/5-steps-for-building-trust-in-the-workplace (archived at https://perma. cc/ T2Z3-YVQ6)

32. Michelli, J. (2013) Customer service is not enough. www.businessknowhow. com/ marketing/crmaction.htm (archived at https://perma.cc/3HBH-3NT9)

33. Moran, G. (2020) 4 ways Google looks for emotional intelligence in job candidates. www.fastcompany.com/90471177/4-ways-google-looks-for- emotional-intelligence-in-job-candidates (archived at https://perma. cc/753U-NQZU)

34. Net MBA (2002) McClelland's theory of needs. www.netmba.com/mgmt/ob/ motivation/mcclelland/ (archived at https://perma.cc/5UN8-JPZY)

35. Norman, D. (2018) The psychology of waiting lines. https://jnd.org/the_psychology_of_waiting_lines/ (archived at https://perma.cc/L5Z4-PHTX)

36. NRG (2016) Meet the stars – Santander's operational division. www.nrgplc. com/ news-insights/insights/meet-stars-santanders-operations-division-previously-geoban-uk/ (archived at https://perma.cc/TP6Z-P2JM)

37. Patnaik, D. (2009) *Wired to Care: How Companies Prosper When They Create Widespread Empathy*. 1st ed. Upper Saddle River, NJ: FT Press.

38. Pelham, B. W., Mirenberg, M. C. and Jones, J. T. (2002) Why Susie sells seashells on the seashore: implicit egotism and major life decisions. *Journal of Personality and Social Psychology*, 82(4), 469–87.

39. Pithers, E. (2019) Could Stitch Fix solve your wardrobe crisis? www.vogue. co.uk/ article/katrina-lake-stitch-fix-interview (archived at https://perma.cc/Q7TN-K3QY)

40. Premier Inn (2021) A good night's sleep guaranteed. www.premierinn.com/gb/ en/ why/sleep/good-night-guarantee.html (archived at https://perma.cc/E76Q-9EPC)

41. Price, B. and Jaffe, D. (2008) *The Best Service Is No Service: How to Liberate Your Customers from Customer Service, Keep Them Happy and Control Costs*. 1st ed.

San Francisco: Wiley & Sons.

42. Richardson, D. (2017) What we can learn about customer service from Apple's training manual. https://riseperformancegroup.com/what-we-can-learn-about- customer-service-from-apples-training-manual/ (archived at https://perma. cc/6BJ2-NDBX)

43. Robertson, G. (2012) Ritz-Carlton case study: meet the 'unexpressed' needs of guests. https://beloved-brands.com/2012/10/25/ritz-carlton-2/ (archived at https://perma.cc/9MZC-KCND)

44. Rogers, C. R. (1959) *A Theory of Therapy, Personality, and Interpersonal Relationships as Developed in the Client-Centered Framework*. 1st ed. New York: McGraw-Hill.

45. Scheffler, D. (2016) Why millennial luxury travellers are harder to please – and how the industry is rising to the challenge. www.scmp.com/magazines/style/article/1939112/customised-travel-experiences-incorporate-tech-elements-and- local (archived at https://perma.cc/3EGY-LA27)

46. Schwab (2021) Customer ratings and reviews – publishing guidelines. www.schwab.com/reviews/publishing-guidelines (archived at https://perma.cc/ ZJ3C-JJC9)

47. Sessions, R. (1950) Albert Einstein. http://en.wikiquote.org/wiki/Albert_Einstein (archived at https://perma.cc/R5SX-BFWW)

48. Solomon, M. (2018) How USAA bakes customer experience innovation into its company culture. www.forbes.com/sites/micahsolomon/2018/09/30/how-to- build-a-culture-of-customer-experience-innovation-the-usaa- way/?sh=42d6167a2378 (archived at https://perma.cc/Z4WS-2A7U)

49. Steers, N. (2012) Warren Buckley, BT: how measuring customer effort saved our service operations. www.mycustomer.com/service/channels/warren-buckley-bt-how-measuring-customer-effort-saved-our-service-operations (archived at https://perma.cc/KW39-8DCX)

50. Tartakovsky, M. (2016) What to do when you have to wait – and can't stop worrying. https://psychcentral.com/blog/what-to-do-when-you-have-to-wait- and-cant-stop-worrying#1 (archived at https://perma.cc/422H-6KA4)

51. *The Guardian* (2015) Don't brand your business with the label 'ethical'. www.theguardian.com/media-network/2015/mar/26/brand-business-ethical-lush#:~:text=Handmade%20cosmetics%20retailer%20Lush，fact%20it%20does%20zero%20advertising.&text=Lush%20shuns%20the%20word%20%E2%80%9Cethical, about%20laying%20its%20products%20bar (archived at https://perma.cc/VXZ2-UB2L)

52. Thomas, B. (2012) What's so special about mirror neurons? https://blogs.scientificamerican.com/guest-blog/whats-so-special-about-mirror-neurons/ (archived at https://perma.cc/2ZTX-HL5F)

53. Tolstoy, L. and Magarshack, D. (1961) Anna Karenina. New York: New American Library.

54. Tugby, L. (2015) Tesco boss Dave Lewis: we'll behave our way out of trouble www.retail-week.com/grocery/tesco-boss-dave-lewis-well-behave-our-way-out- of-trouble-/5074261.article?authent=1 (archived at https://perma.cc/42FJ-LSZZ)

55. Tugend, A. (2012) Why people remember negative events more than positive ones. www.nytimes.com/2012/03/24/your-money/why-people-remember-negative-events-more-than-positive-ones.html (archived at https://perma.cc/94Y3-C5SG)

56. Walt Disney World (2021) Unlock the magic with your MagicBand or card. www.disneyworld.co.uk/plan/my-disney-experience/bands-cards/ (archived at https://perma.cc/879U-AUB9)

57. Wendell, S. (2021) Designing for behavior change. www.oreilly.com/library/view/ designing-for-behavior/9781449367947/ch04.html#:~:text=The%20Minimum%20Viable%20Action%20is, assumed%20impact%20on%20 behavior)%20

works (archived at https://perma.cc/MS4S-Q9PM)

58. Wijesiri, L. (2019) Anne Mulcahy – Xerox CEO knew what it takes to win against all odds. www.dailymirror.lk/business-news/Anne-Mulcahy-Xerox-CEO-knew-what-it-takes-to-win-against-all-odds/273-177225 (archived at https://perma.cc/CAF2-RG84)

59. Zappos (2021) Zappos customer service forms. www.zapposinsights.com/clt-forms (archived at https://perma.cc/VZA2-HSF2)

第7章

六大支柱模型在企业中的应用

本章我们将探讨"体验的六大支柱",即成功客户体验的关键特征。现在,六大支柱模型已经在俄罗斯和巴西等全球多个国家得到应用,这种方式不仅把最佳实践运用到了变革管理中,也灌输到了企业生活的方方面面。六大支柱模型提供了一种解答企业问题的机制,让企业前后上下互联互通,确保企业所做的工作都围绕着同一套用语和方法进行。

企业要想取得成功,就需要把这六大支柱视为一个整体。如果任何一个支柱缺失,其他几个支柱也就没那么有意义了。企业可以依次或同时推进这六大支柱,一旦企业处理好这六大支柱之间的关系,就会获得有竞争力的价值。如果企业只专注于其中的一个或两个支柱,可能会得到短期利益,但从长远来看,这样做并不能确保企业获得成功。我们将看到,这六大支柱有种自然的层次,可以帮助企业找到重点,确定优先级。

◁ 目标、品牌和六大支柱 ▷

要想把品牌转化为一种体验而不是一系列的沟通,并不总是那么容易的。对于许多企业来说,他们试图在每一次与客户的互动中体现品牌价值,结果也只是草草了事。本章将展现把品牌理念融入体验当中的过程，并说明六大支柱是如何帮助企业确保完整性和一致性的。企业可以精心设计客户和员工体验的每一个方面，使之与品牌保持一致，不会有任何别扭或不协调的感觉。

在一种由目标驱动的商业世界里，与精心呈现产品相比，将体验品牌化必须要更加深入：其目标是那些拥有相同价值观的人，他们会在品牌中看到自己真实的或理想中的品格。这些体验特征需要渗透每一种产品、每一次沟通、每一次体验和每一个接触点中。

企业如果有一套明确的品牌价值和详细的品牌宣言，且品牌宣言明确表述了一套指导和塑造品牌行为的理念，其品牌个性自然也就诞生了。这些价值观和信念会引发囊括所有六大支柱的措施和活动。

确定品牌体验

在上一章中，我们确定了黄金法则，即推动每个支柱成功的因素。黄金法则把品牌宣言与六大支柱结合起来，从而展现如何把品牌宣言转化为日常的体验。举例见表7.1。

表7.1　六大支柱黄金法则与品牌

支柱	品牌宣言	体验黄金法则
个性化	商品或服务可以为我量身定做 广告与我相关，如汉堡王"我选我味" （The Drum, 2019）	能认出我 让我知道你了解我，认可我们的曾经 让我有决定权，能掌控局面 用有意义的事物给我惊喜 了解我的需求和境况 将你的工作个性化 让我感到自己很重要、得到了重视

第二部分
体验六大支柱：优化体系

续表

支柱	品牌宣言	体验黄金法则
解决方案	公开承诺成为杰出的企业，如果没有，也要把事情做对，如 Green Flag（Green Flag, 2021）和普瑞米尔酒店（Premier Inn, 2021）	包揽问题 第一时间解决问题 假设我是无辜的——看到我的观点 真诚地道歉 拥有决议权——紧急修复 让我没想到的是，你能这么好地解决我的问题 有可能的话，就多走一步 给我值得信赖的选择
诚信	我们的声誉：作为一个企业，我们在为利益相关者赚钱之余，还代表着什么？如："我们信奉最高标准的诚实、道德行为和模范的道德品质"（Eli Lilly, 2021）；"反对在化妆品行业进行动物试验"（Lush, 2021）	胜任你的工作 遵守承诺 明确以我的最大利益为出发点行事 对我这个人表示关心 言出必行 让我了解事情的进展 讨人喜欢
时间和精力	公开承诺不会让客户花太多时间和精力，如美国政府雇员保险公司："不到15分钟就能给你省去至少 15%的车险费"（Forbes, 2018）	让我在投入的时间里感到愉快 给我简单、明了的指示 三步内实现我的目标 等待时间不要超过两分钟 当我与你联系时，请提供我需要的答案 提前告知我可能会出现的问题
期望	品牌承诺，如：First Direct "出乎客户意料的银行"（Vizard, 2014）；维珍航空"拥抱、放飞人格魅力"（Virgin Atlantic, 2021）	准确设定我的期望 与我商定时间 反应比我预想得要快 使用简明英语——没有专业术语 履行或超越你的承诺 指引我完成这个过程 开诚布公提供信息
同理心	公开承诺会乐于助人、热情友好或善解人意，如，"低价机票"（Jet2, 2021）；国民西敏寺银行"乐于助人"和"你即你所为"（RBS, 2021）	花时间倾听我 给予恰当的情绪反应 分享你类似的经历 把我当作你的首要任务 把我的问题包在你身上 表达你的关心

187

▶ **客户至上**
基业长青的六大支柱

案例分析

Lush

Lush 是一个很好的例子，因为 Lush 公司的品牌基本原则可以映射到六大支柱。

诚信：Lush 是一个有独特意义的企业，它相信行动是重要的。Lush 真正在乎的是去成为一个优秀的、道德导向的企业，正如其品牌所言，让"客户妈妈们感到骄傲"。正是 Lush 充满斗志的特点激发了其员工的热情。Lush 避免使用"合乎道德"一词，但的确把自己称为是可持续发展的、负责任的和优秀的企业。Lush 避免了产品的动物试验、过度包装和超额高管薪酬，把钱用在了协调企业的工作上，并向其供应商支付公允的价格。

解决方案：Lush 有一个无条件秒退货政策。Lush 的口号是"客户永远是对的"。Lush 希望客户对其购买的产品彻底满意，无论出于什么原因，客户都可以进行换货或退货。客户还经常收到一系列的免费样品，作为对他们的补偿。

期望：Lush 的品牌承诺很明确——刚做好的手工制作化妆品。Lush 体验的每个方面都是为了实现这一明确承诺。其实，客户的期望是由 Lush 员工的行为和个性来实现的——员工可是 Lush 所销售的产品的狂热粉丝。

时间和精力：在大多数企业中，它们关注的重点是员工如何去节省客户的时间，如何便于客户接近企业、参与企业的活动。在 Lush 也是如此。但是，Lush 特别关注的是：客户如何度过时间，如何在家里打造 Lush 的体验，如何去给自己放松、减压。这种时间的回报非常有价值，能让客户恢复活力，因为这是"真正做自己的时间"，一段用来享受、深思的时间。Lush 通过一套介绍清晰的产品来创造客户所需要的"享受自我时间"体验，让客户可以更轻松地找回真正的自己。

个性化：这要从 Lush 员工的互动方式说起。他们不是企图推销产品，而只

> 是通过一系列的询问来了解客户的具体需求，然后再为客户推荐正确的产品类型。Lush 实现了个性化的最终目标：客户能感到他们的自我价值因 Lush 及其员工而得到了提升。
>
> **同理心**：Lush 在对待客户的方式上做到了感同身受。通过询问客户一系列有关皮肤的诊断问题，Lush 员工能逐渐找到完美适合每个客户的产品。而这样做带来的经营成果是惊人的：净推荐值得分很高，交叉销售能力也很强。正是因为 Lush 的员工时时刻刻都准备好去倾听客户，才有了这些出色的成绩。(KPMG，2016)

◁ 展望数字化未来 ▷

我们正在进入这样的一个世界：我们会在技术平台上管理我们的生活，而这些平台是我们解决无数生活问题、采购、管理和安排我们日常生活的途径。有了我们在这些平台提供的信息，公司就可以预测我们的需求，并提前帮我们满足这种需求。自动化服务员和机器人将为我们提供一个语言门户，让我们进入先进的消费技术世界：人工智能和基于机器学习的功能会越来越了解我们，以便预测我们后续的需求，并确保能及时满足这种需求。

毫无疑问，科技是把双刃剑。成功的公司会正确运用科技，它们先从客户问题开始，然后运用技术、创新和智慧来解决问题。

运用"六大支柱"进行趋势分析，可以发现未来改善客户体验的机会。找到最前沿的那些企业，可以让公司调整措施，确保所有技术都是为改善体验服务的。如图 7.1 所示，对新技术的有关分析表明，最明显的影响（阴影区域）可能会出现在个性化以及时间和精力方面。

▶ **客户至上**
　基业长青的六大支柱

	个性化	诚信	同理心	时间和精力	期望	解决方案
区块链		■				■
接口	■			■	■	■
移动技术	■			■	■	■
物联网	■			■	■	■
三维立体打印/先进制造	■					■
云技术				■		
无人机				■	■	
数据和分析技术	■		■	■	■	■
人工智能/认知自动化	■		■	■	■	■
机器人流程自动化				■		
虚拟现实	■		■			
网络技术	■	■		■		■
自然语言处理	■			■		■

图 7.1 六大支柱与技术

190

个性化

个性化体验的核心是客户的境况,即把产品或服务与客户的生活联系起来,并在客户准备做出决定时出现在他们身边的能力。所以企业要做的不能只是宣传公司的故事,也不能只在有销售机会时才出现。

个性化可以发挥客户的自我价值感。在某种层面上,自我价值感是指一个人感到自己很重要,得到了重视。在另一种层面上,自我价值感有关企业和客户共有的价值观和品牌个性。我们要了解企业如何在客户的个人品牌体验中发挥作用,拉夫·劳伦(Ralph Lauren)和卡尔文·克莱恩(Calvin Klein)等零售商指出,让人们能够在公司的品牌中看到自己的个性或自己渴望的特点,这一点非常重要(KPMG,2017)。

因此,品牌体验,不管是线上还是线下,都必须反映和强化客户的自我感知。这就导致了"超个性化",如 Zappos 和奈飞等公司,他们会努力为客户找到合适的产品,为其打造独特的产品和服务。更特别的是,在 2015 年的迪拜未来政府服务展会上,有一家名为"Pharma Café"的临时咖啡店。在咖啡店就餐时,游客先在入口处进行手部扫描,然后就可以得到根据自己的基因定制的饮料(Ross,2015)。健康产业把个性化概念提升到了一个新的水平:利用基因检测为每个人量身定制一系列的补品、运动和健康活动。

解决方案

解决方案是修复企业和客户的基本问题。但是,由于社交媒体的放大效应,企业对有群体影响的问题变得更加谨慎了,其客户体验也变得越来越注重社交影响。现有和潜在客户如果看到差评,就会有"它可能发生在我身上"的反应,这样可能会对企业造成严重的负面影响。所以我们要有能力将差评转化为好评,并在此过程中重建社交资本。

预测可能出现的客户问题是一门新的学问,包括了解客户在其特定境况中可能面临的阻碍和问题，并在问题出现之前将其解决。

USAA 的客户在发生事故时可以使用他们的汽车保险 APP。如果你遇到了事故，你只需要在手机上口述发生了什么，并拍摄现场照片就可以了。客户可以通过一块增强现实屏幕来确定事故的关键要素。这个 APP 添加了事故的全球定位系统坐标和当时的天气状况。只要点一下，就可以开始索赔过程，不用填表格，也不用整理各种材料。一小时内一辆备用车就可以抵达现场（USAA，2021）。

在瑞典，瑞典铁路公司会使用预测分析法，在公共交通发生延误之前进行识别，并向乘客提供备选路线。该模型叫作"通勤预测"，运用一种预测模型，将铁路系统在未来两小时内的情况可视化。利用这些结果，斯德哥尔摩市可以预测其服务何时会出现中断，更重要的是，其交通控制中心可以防止出现连锁反应，导致大范围延误（Spring Wise，2015）。

诚信

有 90% 的重要购买决策都会受到社交的影响。谷歌的研究表明，消费者在做决定之前，平均会咨询 11 个信息源。最开始客户可能会在浏览器进行搜索，后来越来越多的客户开始参考自己的社交网络来获得看法，寻找方向。如果企业要与客户建立情感联系，就必须能够获得他们社交圈的信任（Google，2011）。

各企业逐渐开始明白，他们的目标受众同时也有自己的受众，而且这两个群体都需要对公司的诚信感到满意。企业会以不同的方式对待这个问题，但现在，成为一个良好的企业公民是企业与客户沟通的核心。

在美国，银行业出现了一些违规销售问题，对各银行造成了影响，而艾利银行（Ally）非常巧妙地处理了这个问题。艾利银行发起了一个广告宣传活动，呼吁在银行业建立新的行为标准，为客户做正确的事（Ally，2011）。

对可口可乐来说，诚信则是致力于可持续发展的前提。可口可乐已经做出了最大程度的努力，如尽量减少塑料垃圾，并展示公司在这些目标方面的进展（Coca-Cola Company，2019）。

时间和精力

时间和精力要求企业能够对现在事项的紧迫性做出反应。一天 8 小时的社交媒体运营团队已经无法顺应时代了，现在，沟通活动全天 24 小时都在运作。这就表示，在必要的时候，我们必须在场，能为客户提供帮助。比如，荷兰皇家航空公司是第一家将所有航班文件进行数字化集中管理的航空公司，荷兰皇家航空公司还会用机器人在航班延误时告知乘客航班动向（KLM，2017）。

各公司正意识到，通过设计接触点，现在已经不需要人际互动了。比如，星巴克通过手机 APP 管理着客户忠诚度积分和预购。现在，星巴克每 6 个月就有近 2800 万顾客会通过这个 APP 至少消费一次——有 25% 的客户现在不用排队了（Campbell，2020）。

Nimbl 是一个在纽约运营的手机自动取款机（ATM）。客户只需使用 APP 指定需要的现金数额，Nimbl 就会把钱送到他们的办公室或家里（Zaleski，2014）。时装零售品牌诺德斯特龙（Nordstrom）旗下的衣箱俱乐部（Trunk Club）会通过客户填写的调查问卷来了解适合客户的衣服，每月为客户寄送男装（Nordstrom，2020）。亚马逊在市中心会提供一小时送达的快递服务，你不需要排队付款——系统会根据你从商城挑选的东西自动算出正确的费用（Forest，2021）。

期望

企业的灵活性正在成为应对客户期望越来越高的关键：以独立职能部门为基础的业务模式已不再适用于企业去实现目标。企业正在运用大数据来超越客户期望。

有一些 APP 可以察觉到你无聊的时候，并向你推送个性化的内容。西班牙电信公司（Telefonica）对用户的无聊时刻以及如何检测无聊时刻进行了研究。通过监测用户手机的使用情况和访问 4000 多万个数据点，西班牙电信设计了 Borapp。这些数据让 Borapp 能以 82% 的准确率预测用户无聊时刻，并向用户推送定制的内容（Gershgorn，2015）。

智能家居和物联网正在以这种方式运用技术：把给冰箱补货等日常琐事推向一个新的自动化水平。家庭中的设备会与手机送货服务相关联，在这个过程中去了解客户的喜好，从而准确订购客户在今后可能想要的东西（Samsung，2021）。

同理心

在一个社交世界里，如果一个人表明自己知道、了解你的兴趣、问题和选择，那么你的注意力就会为他所吸引。归属感来源于被理解的感觉。同理心是可以察觉到的，它对心理上的满足很重要，但你如何通过技术来展现同理心呢？

在某种层面上，陪伴型机器人在客户服务领域的应用逐渐成熟。在日本，随着人口的迅速老龄化，越来越多的机器人开始代替护理人员工作。人工智能的进步促进了客户服务的发展，如果我们能向可以识别和回应人类基本情感、体谅他人感受的机器人学习，我们就能迈入客户服务的大门（Softbank，2021）。亚马逊正在设计其界面，使其可以巧妙地模仿人类的行为，以便更能吸引客户，为客户带来心理满足感，与客户形成联系（The Manifest，2019）。

◁ 优先级划分 ▷

大多数企业都高估了他们实施方案的能力。所有企业无论规模大小，在任何时候都有几百个"正在运行"的方案。其中许多方案是由部门发起的，这些方案是为了在一个可能已经不适合客户导向的商业模式中提高部门的运作能力。而所有的这些方案很少能为客户带来良好的整套体验。

在众多的案例研究中，我们发现，只有极少数的方案可以真正帮助到客户。一家大型银行实行了 433 项方案，但实际上只有 11 项方案能为客户生活带来明显的改变。有 100 多个方案完全可以被叫停，因为这些方案只是为了实现独立职能部门的目标，而以客户为中心完全不需要这些目标，这样腾出来的资源可以确保这 11 个"标志性"项目的成功。

第二部分
体验六大支柱：优化体系

问题在于，如果企业无法协调各种方案，就会浪费时间、资源和精力，导致企业对那些能带来积极影响的方案的支持力度不够。因此，确定方案的优先次序和实施顺序是非常重要的。但是，判断究竟什么对企业来说是真正重要的，及其是否能得到充分支持，这才是一项关键的领导任务。

在企业确定首先要关注哪一方面时，许多公司会用一种叫作重要性—绩效分析的统计方法。这种方法用来衡量人们对自己所得到的服务质量的满意程度，以及这次服务某些特征的相对重要性（见图7.2）。这种方法可以与"六大支柱"很好地结合起来，能够让人们能清楚地看到，诚信、时间和精力这两个支柱对改善服务的影响最大。不过，企业在构建驱动因素分析时要小心谨慎，因为每一种驱动因素都可能导致不同的结果。

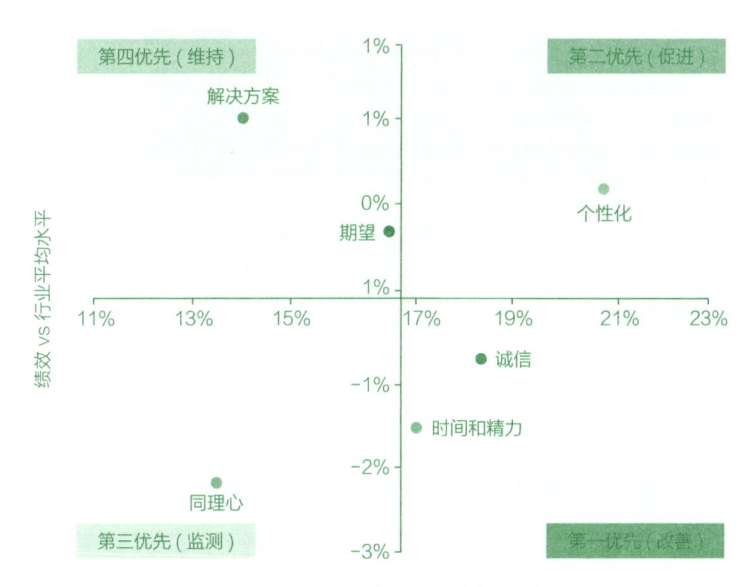

图 7.2　六大支柱优先级

伦敦经济学院的研究表明，公司通过消除贬损者所获得的商业利益，是创造推荐者的四倍（Marsden et al, 2005）。客户给企业差评和好评的原因不同，这是因为他们有不同的需求，因此，企业在研究六大支柱时，需要参与马斯洛需求结构（见图 7.3）。如果企业在此结构中的低层次表现不佳，导致客户给出差评，那么企业专注发展个性化或同理心就没有什么价值了。

这种结构给出了企业努力的最佳方向。消除造成不信任、问题未得到解决、期望设定有误的原因可以解决基本问题。如果客户发现与企业打交道很轻松，适合他们的个人境况，并且感觉到企业对他们的关心时，就会更拥护企业。

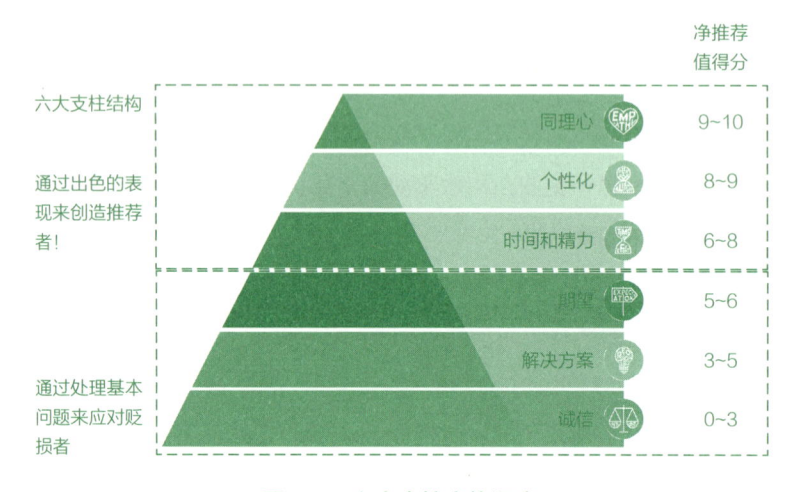

	六大支柱结构	净推荐值得分
六大支柱结构	同理心	9~10
通过出色的表现来创造推荐者！	个性化	8~9
	时间和精力	6~8
	期望	5~6
通过处理基本问题来应对贬损者	解决方案	3~5
	诚信	0~3

图 7.3　六大支柱实施顺序

评估方案的有效性

表 7.2 给出了一种基于评分系统的方法，来验证个别方案可能达成的效果。如果方案没有效果，那该方案就是多余的，理应叫停。

表 7.2　六大支柱与方案优先顺序

根据影响在 1~5 分给每项方案打分
诚信　解决方案　期望　时间和精力　个性化　同理心
不采取措施的后果
财务投资回报率
方案实施便利性
风险合规
给客户带来的好处
对战略的重要性

协调员工体验和客户体验

六大支柱在员工领域同样重要,可以自然地把员工体验和客户体验衔接起来。在第 3 章中,我们研究了新型员工及其与客户体验的联系。

改造客户体验需要企业对员工体验采取同样条理清晰的方法。那些追求改变世界的企业认识到,他们必须先改变自己。为实现这一目标,这些企业正在以看待客户的视角来看待自己的员工,并运用相同的接触战略来提高员工的吸引力、工作热情和保留率。这种做法囊括了员工的提议、体验、旅程和个人成长,并表现为一种客户至上的文化(KPMG,2019)。

我们的研究表明,客户关系和员工关系都适用这六大支柱。通过这种独特视角来看待所有的客户和员工(及其各自的数字化形式),企业可以走出脱节的困境,并让自己的同事围绕同一种思维方式展开工作。通过同一种准则来看待员工和客户的体验,我们可以实现多种优势(见表 7.3):有一套条理清楚的内部措辞来讨论客户和员工体验优化;有一种定义如何为客户带来成果的模型,这种模型可以展现创造正确的员工行为所需的确切员工体验;有界定客户导向型能力和招聘准则的基础;有一种对客户和员工洞察进行协调分析的方法,可以把客户之声和员工反馈联系起来(KPMG,2019)。

表 7.3 协调员工体验和客户体验

		员工体验	客户体验
竞争优势	充分了解客户境况,建立亲密、和谐的关系	同理心 我能与同事建立联系,组成团队 处理问题时要敏感、有情商 面临压力时,领导能积极回应,且做法符合我们的价值观	同理心 投入宝贵时光来真正了解我们 表明你关心我们的业务和我们个人 不要让我们感到委屈
	关心客户及其境况,促进情感联系	个性化 帮助我的个人发展——成为最好的自己 一个能让我发挥自己独特才能的职位 一种促进持续学习和进步的环境	个性化 让我们感到作为客户的我们对你来说很重要 让我们感到作为个体的独一无二,对成功更有信心

续表

		员工体验	客户体验
基本问题	最大限度减少客户投入的精力，让整个流程畅通无阻	时间和精力 我的时间和额外努力会得到认可和适当奖励 有明确、直接的员工旅程帮助实现个人目标 领导和经理会对我投入的时间表示尊重	时间和精力 把我们投入的时间的价值最大化 展现重新利用现有资产的意愿 通过巧妙地思考，找到为我们节省成本的方法
	把握、满足、超越客户的期望	期望 企业有延伸目标 领导很明确自己的期望 领导会给出有帮助的建设性反馈	期望 随着项目展开，准确设定和调整我们的期望 不要夸下海口却无法兑现承诺 与我们沟通时要表达清晰、开诚布公
	力图将不好的体验变得美好	解决方案 个人牵挂的问题能得到紧急处理 我能够参与对自己和团队有影响的决策 我会得到领导的支持，从错误中学习进步，不会受到指责	解决方案 出现问题时将其迅速解决 问题出现时，企业高管人员应公开露面并引导企业解决问题，而不是躲起来 向我们提供解决问题的时间规划、最新进展和计划
	诚信行事，建立信任	诚信 企业除了赢利外有更崇高的目标 人际关系建立在信任的基础上 沟通一致、开放、易懂	诚信 履行你的承诺 说明你是如何增加价值的 要透明、公开

在第3章，我们介绍了"客户与员工平等统一体"的概念，即员工、客户和商业成效之间的联系。员工体验的六大支柱是一种实用的方法，它提供了一种整合体系，确保员工体验的设计方式能够带来出色的体验，我们可以将两种模型结合起来，确定最佳实践应该是什么样子的（见图7.4）。

对于协调了客户和员工体验的企业来说，品牌价值和内部价值其实是统一的。文化就是品牌，品牌就是文化，两者是同义词。客户体验来源于企业文化塑造的员工行为。下面我们会说明两个美国顶尖企业是如何实现客户和员工体验相统一的（KPMG，2017）。

图 7.4　六大支柱与客户与员工平等统一体

案例分析

USAA

企业文化：

- 围绕同理心建立——成为最了解自己客户的企业。
- 关心客户，关心彼此。
- 把客户放在第一位，并提供出色的服务。
- 严格的员工招聘和入职培训。
- 用以客户为导向的衡量标准来推动重点工作，例如，为客户的生活带来积极影响。
- 服务型领导模式——服务优先。

员工体验：

- 包容性强、多样化、有许多的发展机会。
- 通过"以客户的身份生活"来做到与客户共情。
- 定期举行客户见面会："客户环绕声"。
- 不断进行客户服务培训。
- 92% 的员工认为 USAA 是一个很好的工作场所。

员工行为：

- 为客户提供"美妙绝伦"的服务。

- 心甘情愿去多付出一点。

- 展现他们对客户的深切关怀。

客户体验：

- 有强烈的信任感。

- 在 USAA 实验室与客户共同开发解决生活问题的创新产品。

- 有归属感，但是也保留了自己的个性。

- USAA 履行义务，爱护自己的国家。

客户行为：

- 非同一般的忠诚（97.8% 的客户保留率）。

- 会购买多种产品。

- 给出的评价很高。

商业成效：

- 愿意为了客户的利益而牺牲短期利润，例如，为某些服役的军人退还保险费。

- 净值每年增长 4%。

- 资产每年增长 7%。

将 18 亿美元作为红利返还给会员。（KPMG，2017）

案例分析

新西兰航空

2005 年，新西兰航空公布了新西兰企业历史上最严重的亏损，公司的前景似乎一片黑暗。但就在那时，新西兰航空上演了彻底的客户导向转型。新西兰航空找到了一种"重要的新西兰人特征"——对所有新西兰相关事物的自豪感。从那时起，新西兰航空的员工、沟通和几乎所有接触点的每一个方面，都流露出一种对新西兰的自豪感。如今，新西兰航空已是世界上盈利时间最长、服务最为全面的航空公司之一。

让新西兰航空翻身的功臣就是拉尔夫·诺里斯（Ralph Norris）先生，一位备受尊敬的新西兰银行业 CEO，应要求对新西兰航空进行改革。拉尔夫的理念从"我们驾驶的是飞机"转变到了"我们驾驶的是人心"，体现了他的客户导向型领导力和战略。拉尔夫做的第一件事，是根据乘客反馈和评价得出的见解，让新西兰航空的 800 名高层领导来参与思考、讨论，并采取行动。拉尔夫希望他们能找出乘客看重和讨厌飞行体验中的哪些地方。他们了解到，乘客们喜欢新西兰人的友好、外向和略带调侃的幽默品格，这一发现为企业变革提供了平台。他们鼓励并授权员工展现自己的新西兰人个性，以热情、友好的方式与乘客打交道。所有这些客户知识都体现在他们"重要的新西兰人特征"当中。

当你乘坐新西兰航空公司的航班时，你就可以注意到这一点——即使是安全公告也很吸引人，其中你会看到一些新西兰橄榄球明星运动员、新西兰的壮观景色，以及在新西兰拍摄的一些知名电影内容。

在新西兰航空，我们有一种非常明确的使命感，那就是努力为新西兰的成功贡献一份力量。我们的目标不只是把人们从一个地方带到另一个地方，我们还要把新西兰与世界联系起来。

——安妮塔·霍桑（Anita Hawthorne），
新西兰航空公司客户体验总经理（KPMG，2019）

◁ 从领导力开始 ▷

如果客户体验优化的根源在于企业文化和员工体验，那么现在企业最需要的就是领导力。

▸ 客户至上
基业长青的六大支柱

有多种领导模式可供企业选择，但如果目的是打造良好的客户和员工体验，那么有一种领导模式是最合适的：服务型领导模式。罗伯特·K.格林利夫（Robert K. Greenleaf）是这一管理理念的创始人，他指出，服务型领导应该专注于帮助员工个人的成长，让他们成为更全面、更完善、更有能力进行自我管理的人，"服务型领导会分享权力，把员工的需求放在首位，帮助员工尽可能地发展、表现自己。"（Greenleaf，2007）服务型领导颠覆了常规，负责客户服务的员工成为工作重点。与其说员工的工作是为了服务领导，不如说领导的存在是为了服务员工。

从根本上来看，领导的职责不再是去指挥和控制，而是为员工赋能。如果我们发现一个企业的信任度和员工敬业度很高、离职率很低，那这往往归功于服务型领导风格，在这种领导风格下，上层对待员工时会让他们感受到尊重和尊严，同时又会鼓励他们拿出自己最好的表现。

美国百货公司诺德斯特龙在我们的美国指标中表现良好。诺德斯特龙通过其倒金字塔方式构建了服务型领导制度，作为其主要的领导风格。在这种领导模式中，企业领导层位于金字塔的底部，而员工则位于顶部。这不仅是一种可以让员工感觉良好的明智之举，也是一种真正发挥领导职责的做法。甚至连公司的联合总裁诺德斯特龙三兄弟也是这样的。诺德斯特龙在很大程度上依靠服务型领导，以打造客户导向型团队，激励每个员工创造出色的客户服务。

特鲁伊特·凯西（Truett Cathy）是美国快餐集团福来鸡的创始人，福来鸡也在我们的美国指标中遥遥领先，早在服务型领导的概念出现之前，特鲁伊特·凯西就是最初的服务型企业领导之一。他通过自己谦逊的态度、对员工和客户的关心以及让世界变得更美好的承诺，把福来鸡发展到了市值达100亿美元。他为企业定下了基调：让员工的生活更轻松、更美好，从而为客户提供良好的体验。他认为，员工每周都应该有一天可以不用工作的日子。为此，福来鸡在周日不营业。

特鲁伊特谦逊的态度塑造了一种独特的企业文化。员工们认为福来鸡的企业文化建立在人际关系和尊重他人的基础上。尽管福来鸡在参与政治和社会事业方面存在争议，但大部分人都认为其企业文化能充分发挥员工才能、激活领导潜力、产生良好的经营绩效。

迪安·特纳在她的《我的荣幸：人才和文化的影响》（Turner，2015）一书中指出，福来鸡的企业文化是通过三大核心方法来维持的（Kruse，2015）。

1. **寻找合适的人选**。福来鸡的员工选拔过程主要会关注三个要素：候选人的性格、能力和感觉。公司要找的人必须具备这样的品格：无论他的处境和地位如何，他都会尊重和善待遇到的每一个人。

2. **通过说真话来培养人才**。福来鸡认为，提供建设性的反馈意见就是企业能为员工所做的最好的事，这样可以创造一种重视个人和人际关系的信任文化。

3. **福来鸡的客户也体验到其特别的企业文化**。客户可以体会到福来鸡员工对待他们时表现出的尊重。在福来鸡的员工的努力下，企业以其"走好第二步"和给客户"很高兴为您服务"的标志性回复而闻名。

服务型的企业领导不仅密切关注员工和员工所面临的挑战，他们也会密切关注客户，并鼓励其他领导也这样做。华特·迪士尼以体验游客的生活而闻名：他经常乔装打扮，在迪士尼公园里闲逛，倾听游客的心声，观察游客喜欢什么和不喜欢什么。如果他发现领导团队离开公园去吃午饭，就会责备他们，因为华特认为他们错过了看到和感受客户体验的机会。

贾斯汀·金是英国连锁超市森宝利（Sainsbury's）的前CEO，每周会去三四次森宝利超市探访，他并不会提前打招呼，只是在超市里的过道上闲逛，观察超市运营状况中的优势和问题。对他来说，这不是大张旗鼓地探访，而是去看到客户眼中的森宝利。他的观点是：要想了解董事会制定的战略如何传达给客户，唯一的方法就是在现实生活中看到战略的实施情况（Thompson，2011）。

星巴克也以服务型领导著称。星巴克董事长兼CEO霍华德·舒尔茨（Howard Schultz）认为，建立一个成功的公司并使其长期存活的唯一途径，是将股东价值与员工价值联系起来。在他执掌公司期间，星巴克从 11 家门店发展到 78 个国家的 28000 家门店，但对霍华德来说，最重要的是他打造的公司类型：星巴克是一个照顾员工的公司，会让员工获得学费、免费教育和医疗服务。霍华德认为星巴克可以促进人的仁慈与博爱。对他来说，谦逊和服务型领导这两大关键要素是成功领导力的本质（Dahlstrom and Warnick，2018）。

服务型领导行为

那么，通过研究世界上最优秀品牌的领导人，我们能得出什么样的结论呢？如果服务型领导确实能塑造企业成长所需的企业文化，那么如今的高管们必须体现出怎样的领导特质呢？

- **倾听**：高层领导人更多的是去倾听，而不是去指挥。他们会听取所有员工、客户和利益相关者的意见。他们最关注的问题就是理解这些群体。
- **治愈**：能够以他人尊重、欣赏的方式来解决冲突。要能缓解人紧张、激动的情绪，并鼓励他人合作，重视彼此。
- **意识**：不断审视重要的趋势和新思维，并能将其中的相关部分融入企业的知识体系中，让企业更好地运营。
- **劝说**：不是去操控他人，而是要能鼓励他人看到一种更好的办事方法。要让员工团结、专注，而不是让他们意见不合、忙得不可开交。
- **构想**：有能力承载、传达一种更远大的蓝图，一种由目标和使命推动，并通过愿景传达的蓝图。
- **远见**：在问题发生之前就能预测到，从过去的错误中吸取教训，并帮助同事确保这些错误不会再次发生。
- **看管**：认识到员工已在某个岗位上工作了一段时间，并确保员工在离开岗位时要比刚入职时更优秀。
- **情商**：能从不同的角度看世界，设身处地为他人着想，但最重要的，是他们要表现出自己会与他人在情感上产生共鸣。

根据我们与许多全球指标中领先的优秀企业领导人交谈的经验来看，在这些领导特质中，最后一项是最重要的。我们不是第一次强调情商了，然而，情商的确是实现其他目标的催化剂。因为当我们审视推动价值的方法（即从企业文化到体验的统一体）时——我们本质上是在研究一连串复杂的人际互动。而在这种互动中都是感性在起主导作用：毕竟，我们是任性善变、听从本能的情感动物。如果企业领导能够揣摩、预测并对这些情况做出反应，才最有可能创造出每个企业发展壮大所需的人际互动。

除了具备情商，各企业也要确保自己并不只是一种唯利是图、不近人情的组织。企业不是赚钱的机器，而是生产体验和人类情感的工厂。传统的企业管理方式会压榨情感，催生冷冰冰的理性主义，这种现象在许多西方国家市场尤为明显。在许多失败的企业中，少数贴近人类情感的部门，无论是品牌、学习还是设计部门，都受到了嘲弄。与财务、系统或运营等"硬"职能相比，企业都认为这些部门无足轻重，是"边角料"，没什么价值。

然而，正是这些最接近人性的领域，往往能培养出未来企业所需要的领导者。而正是那些注重人类情感本性的领导者，最有可能打造一种内部服务文化。这样，他们就能迈上实现优化的旅程。

案例分析

电子行业中的服务型领导

几年前，我们曾与一家专门为企业提供电子元件的公司合作。在评估这家公司的文化属性时，我们认识了一个真正以客户为中心的企业领导，当时我们是在装货码头遇见他的，而一般的企业领导不太可能出现在这种地方。他负责管理几个包装团队，团队中员工的职责只是从仓库的货架上挑选货物，并仔细地进行包

> 客户至上
> 基业长青的六大支柱

> 装，以防脆弱的部件在运输中受损。
>
> 他在接手这个团队时，由于工作枯燥无味，员工流失率较高。他决定通过向团队抛出疑问来克服这个问题，他让团队员工更深入地思考：他们在做什么工作，以及他们如何才能增加更多的价值？这些部件是用来干什么的？为什么有些部件是要加急送达的？他们会把这些部件交到哪些客户手里？这些客户的体验是什么样的？当团队成员们试图了解这些部件的作用，及其如何将其组装在更大的设备中之后，墙上很快就贴满了图表。他们互相比赛，确定各个部件及其作用，后来他们发现，这些部件用于救生设备，供应急服务机构使用，以保持雷达装置运转，国防部队也会用到这些部件来保卫国家。
>
> 于是，他们开始联系客户，找出客户在元件运送方面遇到的问题。他们发现，如果包装尺寸不对，客户就需要多次订购，或者如果某个元件的故障率说明第一次换货可能也不行，客户因此需要紧急订购第二个。这样一来，员工流失的问题没有了，人们热衷于加入这个团队，因为这是一个有趣、鼓舞人心的地方，员工感到得到了授权和支持，自己的工作有着更大的意义。所有这些取得的成就都是因为经理在装卸团队和客户之间建立了联系。

表 7.4 展现了六大支柱、员工体验和能确保六大支柱自然体现在员工行为中所需的领导行为之间的联系。

表 7.4　六大支柱与企业行为

支柱	员工行为	客户导向型领导行为
个性化	•帮助我的个人发展——成为最好的自己 •能让我提升自我价值感——让我感到我的贡献得到了重视，我的工作有意义 •一个能让我发挥自己独特才能的职位 •一种促进持续学习和进步的环境	•注重把客户作为独立个体来看待 •目标是让客户感到自己很特别、很重要 •明确并理解目标客户体验 •增加客户自主权，鼓励客户发挥创造力

第二部分
体验六大支柱：优化体系

续表

支柱	员工行为	客户导向型领导行为
时间和精力	• 我的时间和额外努力会得到认可和适当奖励 • 领导和经理会对我投入的时间表示尊重 • 有明确、直接的员工旅程帮助我实现个人目标	• 尽量减少客户为与我们接触而必须付出的精力 • 向客户表明我们重视他们的时间
期望	• 领导很明确自己的期望 • 领导会给出有帮助的建设性反馈 • 企业有延伸目标	• 确保准确设定客户期望 • 目标可以得到明确传达 • 当我们没有履行承诺时，要主动承认
诚信	• 企业除了赢利有更崇高的目标 • 关键是公平 • 人际关系建立在信任的基础上 • 在企业的环境里，我可以尽情做自己 • 言行一致 • 沟通开放、易懂 • 运用规则时始终如一 • 团队内部和团队之间存在信任	• 向客户传达我们的理念 • 领导要激发信任感 • 领导要为企业的价值观树立榜样 • 团队要能看到他们是如何影响客户的 • 在这里，为客户做正确的事情是首要任务
解决方案	• 在我需要时能得到支持和帮助 • 个人牵挂的问题能得到紧急处理 • 我能够参与对自己和团队有影响的决策 • 领导会关注我的利益 • 我会得到领导的支持，从错误中学习进步，不会受到指责 • 我能得到授权，做出明智的决定	• 倡导解决问题的思维方式 • 处理客户问题时反应要迅速 • 确保问题得到解决后，我们能让客户对企业有更好的印象
同理心	• 企业及其领导会关心我 • 我能与同事建立联系，组成团队 • 处理问题时要敏感、有情商 • 面临压力时，领导能积极回应，且做法符合我们的价值观 • 领导能感知、关注员工的需求和情绪	• 体现企业对客户和员工的关怀 • 领导在决策时首先要考虑客户 • 培养对客户的热情

出处：KPMG, 2019

> 客户至上
> 基业长青的六大支柱

◁ **要点总结** ▷

1 六大支柱是一种实用机制,企业可以通过运用黄金法则来引导品牌行为和客户行为。

2 企业还可以用六大支柱对经营环境进行审视,特别是技术审查,也能借此对政治、环保、社会、法律和经济方面进行反思。

3 六大支柱形成了一种马斯洛需求层次结构,有助于企业对六大支柱进行排序,确定优先次序。

4 六大支柱让员工体验与客户体验相互对应起来,渗透到员工体验的方方面面。

5 六大支柱会对领导行为产生影响,从而促使六大支柱行为自然而然地出现。

◁ **参考资料** ▷

1. Ally (2011) Ally Bank launches new 'people sense' ad campaign. https://media.ally.com/press-releases?item=122832 (archived at https://perma.cc/2GQ8-WRJX)

2. Campbell, C. I. (2020) Starbucks says nearly a quarter of all US retail orders are placed from a phone. www.theverge.com/2020/10/30/21540908/starbucks-app- q4-earnings-mobile-payments (archived at https://perma.cc/5URE-RUTC)

3. Coca-Cola Company (2019) Sustainable business. www.coca-colacompany.com/ sustainable-business (archived at https://perma.cc/R6JQ-HLCP)

4. Dahlstrom, L. and Warnick, J. (2018) Schultz to employees: 'This has been the dream of a lifetime'. https://stories.starbucks.com/stories/2018/schultz-to- employees-this-has-been-the-dream-of-a-lifetime/ (archived at https://perma.cc/ PL7Y-B8SV)

5. Eli Lilly (2021) Tireless discovery and a force in the community https://careers.lilly. com/why-lilly (archived at https://perma.cc/S8KD-7NBY)

6. Forbes (2018) Is the claim Geico saves you 15% actually true? www.forbes.com/ sites/priceonomics/2018/09/21/is-the-claim-that-you-save-15-with-geico-actually-true/?sh=513aaa1a4e93 (archived at https://perma.cc/Q5VP-XTTP)

7. Forest, A. (2021) 'It's scary': shoppers give verdict on Amazon's futuristic till-free supermarket. www.independent.co.uk/news/uk/home-news/amazon-fresh-supermarket-ealing-london-b1812423.html (archived at https://perma.cc/ R3KZ-54Q7)

8. Gershgorn, D. (2015) Smartphone app can detect when you're bored. www.popsci.com/smartphone-app-can-now-tell-when-youre-bored-and-suggests-buzzfeed-as- cure/ (archived at https://perma.cc/UL6Y-4E6L)

9. Google (2011) The zero moment of truth macro study. www.thinkwithgoogle.com/ consumer-insights/consumer-journey/the-zero-moment-of-truth-macro-study/ (archived at https://perma.cc/524Y-RKQ8)

10. Green Flag (2021) UK breakdown and recovery. https://mayday.greenflag.com/pdfs/ PolicyTAndC_26.pdf (archived at https://perma.cc/EX2H-3Y8S)

11. Greenleaf, R. (2007) Start here: what is servant leadership? what-is-servant-leadership/ (archived at https://perma.cc/WWH8-TQKC)

12. Jet2 (2021) Jet2. www.jet2.com/ (archived at https://perma.cc/XJ6G-42VG)

13. KLM (2017) KLM welcomes BlueBot (BB) to its service family. https://news.klm.com/klm-welcomes-bluebot-bb-to-its-service-family/#:~:text=KLM's%20new%20service%20bot%20is, intervention%20of%20a%20KLM%20agent.&text=KLM%20is%20well%20known%20for%20its%20personal%20 approach (archived at https://perma.cc/Q26J-NCVT)

14. KPMG (2016) Lush. https://nunwood.com/excellence-centre/publications/uk-cee- analysis/2016-uk-cee-analysis/lush/ (archived at https://perma.cc/4GJ4-8FU5)

15. KPMG (2017) Engineering a human touch into a digital future.https://assets.kpmg/ content/dam/kpmg/uk/pdf/2017/05/US-customer-experience-excellence-

analysis- report.pdf (archived at https://perma.cc/6VDU-9DKM)

16. KPMG (2019) Customer first. Customer obsessed. https://assets.kpmg/content/dam/kpmg/it/pdf/2020/01/Global-customer-experience-excellence-2019.pdf (archived at https://perma.cc/CB2V-XARH)

17. Kruse, K. (2015) How Chick-fil-A created a culture that lasts. www.forbes.com/ sites/kevinkruse/2015/12/08/how-chick-fil-a-created-a-culture-that-lasts/?sh=724f7e633602 (archived at https://perma.cc/78DG-4W49)

18. Lush (2021) Lush people. https://uk.lush.com/article/lush-people (archived at https://perma.cc/AYF8-XESY)

19. Marsden, P., Samson, A. and Upton, N. (2005) Advocacy drives growth. https:// digitalwellbeing.org/wp-content/uploads/2015/05/Marsden-2005-06-Advocacy-Drives-Growth-Brand-Strategy.pdf (archived at https://perma.cc/79PC-R7QJ)

20. Nordstrom (2020) Your personal styling team, upgraded. www.trunkclub.com/blog/personal-clothing-stylist (archived at https://perma.cc/46CM-2CQZ)

21. Premier Inn (2021) A good night's sleep guaranteed. www.premierinn.com/gb/en/ why/sleep/good-night-guarantee.html

22. RBS (2021) What does 'we are what we do' mean? www.rbs.com/rbs/news/2016/09/natwest-_-what-does-we-are-what-we-do-mean-.html (archived at https://perma.cc/KEP5-3HVJ)

23. Ross, C. (2015) DNA dining. www.lsnglobal.com/news/article/17251/dna-dining (archived at https://perma.cc/U2LJ-WW43)

24. Samsung (2021) Smart fridge freezers. www.samsung.com/uk/refrigerators/family-hub-fridge-freezers/ (archived at https://perma.cc/W5WC-Z7UY)

25. Softbank (2021) Pepper. www.softbankrobotics.com/emea/en/pepper (archived at https://perma.cc/JG9R-NB8S)

26. Spring Wise (2015) Algorithm predicts and prevents train delays two hours in

advance. www.springwise.com/algorithm-predicts-prevents-train-delays-two- hours-advance/ (archived at https://perma.cc/S596-T8WA)

27. The Drum (2019) https://hookagency.com/medical-pharma-digital-marketing/have-it-your-way/#:~:text=Burger%20King%20came%20 out%20with, pop%20 culture%20and%20on%20individuality (archived at https://perma.cc/LK9Z-3NZA).

28. The Manifest (2019) Amazon's user experience: a case study. https://medium.com/@the_manifest/amazons-user-experience-a-case-study-fb567f79b51f (archived at https://perma.cc/D6LY-ZJSU)

29. Thompson, J. (2011) Justin King: Sainsbury's growth king in no hurry to check-out. www.independent.co.uk/news/people/profiles/justin-king-sainsbury-s- growth-king-no-hurry-check-out-2264258.html (archived at https://perma. cc/9JZ8-HZDY)

30. Turner, D. A. (2015) It's My Pleasure: *The Impact of Extraordinary Talent and a Compelling Culture*. 1st ed. New York: Elevate

31. USAA (2021) File an auto claim. www.usaa.com/inet/wc/auto-insurance-claims?akredirect=true (archived at https://perma.cc/Y7HC-PM5J)

32. Virgin Atlantic, 2021. Virgin Atlantic. www.virgin.com/virgin-companies/virgin- atlantic (archived at https://perma.cc/ZFB6-2CED)

33. Vizard, S. (2014) First Direct takes brand to high street for the first time. www. marketingweek.com/first-direct-takes-brand-to-the-high-street-for-the-first-time/ (archived at https://perma.cc/A6YG-HBB6)

34. Zaleski, A. (2014) A start-up that wants to make ATMs obsolete. www.cnbc.com/2014/11/07/a-start-up-that-wants-to-make-atms-obsolete.html (archived at https://perma.cc/R77M-2PTK)

第 8 章
六大支柱与难忘的客户体验

世界各地的公司都在努力打造"令客户难忘的体验",但很少有公司了解该如何打造这种能给客户留下记忆点的体验。六大支柱模型提供了一种机制,通过把神经科学和心理学的最新见解融入体验设计,来确保客户会对体验有深刻的记忆。

在生活中,我们做决定时参考的是对体验的记忆,而不是实际的体验。人的记忆是可塑的,容易受别人影响,因此,把实际体验和对体验的记忆区分开来是非常重要的,体验设计师要考虑什么才能存留在客户的脑海里,以及这些记忆如何促进盈利。

有了新的体验,我们就不会维持、保存我们过去的记忆,而是会更新自己的记忆,有时会彻底改变对某个事物的印象。大脑中新存储的信息经过改动,形成了对某个事件的新印象。所以,各公司必须在营销方面下功夫来加深客户对品牌的记忆,并强化这种记忆在人脑中的存储和检索方式。所以我们可以看到,越来越多的企业在推销客户体验,而不是产品本身(KPMG,Nunwood,2016)。

神经科学家丹尼尔·卡尼曼用了"两个自我"的概念来阐释记忆的过程:"体验自我"和"记忆自我"。"体验自我"指的是人活在当下,处理来自实体和社会环境的信息。然而,一旦处理完毕,大部分信息也就永远消失了,不会留在脑海中。卡尼曼估计,平均一次体验大约会在大脑中保存三秒

（Kahneman，2011）。

而"记忆自我"会让人回想起那些经过改变的体验，特别是那些新颖的或者能带来个人满足感的体验，情绪会在一系列体验中达到高峰。在情感层面，重要的记忆会产生神经化学物质，以帮助检索大脑信息，影响我们未来的行为。作为人类，这会对我们的行为产生深刻影响。在潜意识里，我们会去"接近"那些有可能再现脑海中能带来积极情绪的记忆的情况，并"避免"那些可能勾起消极情绪记忆的情况（KPMG，Nunwood，2016）。

我们对负面情绪的记忆要比正面情绪更为深刻。事实上，我们首先回想起来的是自己当时的情绪，然后才是事件本身。所以有些人推测，可能需要五次好的记忆才能覆盖一次印象深刻的消极记忆（Thompson，2007）。

关于情绪如何影响记忆这个问题，不同年代出生的人也有不同的体现，而体验设计师应该考虑到这一点。老年人倾向于保留积极情绪记忆而不是消极情绪记忆，而年轻人则相反，年轻人似乎更容易受到负面信息吸引，对负面情绪的记忆也更深刻（Gutchess et al，2019）。因此，对执着于客户忠诚度的CEO来说，他们所面临的挑战是确保自己的业务能满足"体验自我"的需求，从而吸引消费者，同时也要在体验中想办法让"记忆自我"创造能让全年龄段消费者都成为回头客的记忆（KPMG，Nunwood，2016）。

大多数公司都在通过实行大规模转型项目来对客户体验进行整体改进。但是，卡尼曼的"两个自我"理论说明，企业应该专注了解自己在哪些方面做得足够好（满足"体验自我"的需求），在哪些方面需要做得更好（激发"记忆自我"）。对许多企业来说，他们需要设计一种有关优先级和工作重点的方案，而不一定是全盘的改变。

如果将看似不起眼但令人难忘的体验多次重复，也可以巩固、加深其在客户心里的印象。比如福来鸡员工的"很高兴为您服务"、苹果专卖店的"天才吧"（Genius Bar）、霍利斯特（Hollister）的巨大屏幕和星巴克在杯子上写下的客户姓名等，这些标志性举动都通过让客户记住这次体验并期待下一次体验来强化品牌优势。此外，电器在线和雷克兰等公司表明，令人难忘的体验不一定非要多么有档次，只要在某个价格点上满足客户对某个部分的需求，就足够了。某些情况下，只是需要员工有意愿和自主权来打造令人难忘的活动。

◁ 难忘的客户体验的层次：系列位置效应 ▷

在英国，阿联酋航空、Lush、苹果、吉夫加夫（Giffgaff）[①]、电器在线等公司都会有意识或凭直觉关注客户对体验的记忆是如何形成的。他们关注的问题是：体验中具体哪些部分特别令人难忘？为什么？这些公司很清楚自己在体验中哪些方面必须做到极致，哪些方面做到"还不错"就够了（KPMG，Nunwood，2016）。

令人难忘的体验的关键所在，就体现在心理学术语"序列位置效应"当中（图8.1）。这一原理突出了企业应该在体验中的什么部分和什么时间点给客户留下深刻印象。

1. 第一印象；
2. 情绪高峰；
3. 最后的印象。

图 8.1　系列位置效应

[①] 英国的一家虚拟移动网络运营商。——译者注

如果一次体验有好的开始，而且是新颖的或者能带来个人满足感的体验，在一系列体验中就会让人到达情绪高峰。而我们的"记忆自我"也看重结尾，即体验是如何收尾的，是否能做到完美收官。

序列位置效应背后的道理非常深刻：如果你把握好体验的这三个部分，那么除了这些关键点之外发生的事情，只要不是特别差劲，客户是不会记住的。这样可以防止企业在体验中的非必要部分进行过度设计、浪费投资（KPMG，Nunwood，2016）。

第一印象

第一印象与心理学中的"首因效应"有关。最先发生的事情会影响我们对后续发生事情的看法：这是一种筑基的过程。一开始的体验很好，就像是在情感账户中存了一大笔钱。如果接下来发生的事情是好的，其实是证实偏差[①]在起作用：我们会寻找理由来验证我们所做的决定（KPMG，Nunwood，2016）。如果后续发生的事情不那么妙，客户也更有可能原谅出现的问题。但如果一开始的体验很差，就会出现相反的结果，而且我们更倾向于放大负面的事情。

第一印象本身并不一定令人难忘。那些给客户留下好的第一印象的品牌，是通过满足甚至超过客户预期来做到这一点的，这样他们就开始了建立信任的过程，逐渐让客户受到品牌吸引。因此，企业把精力放在"迎接客户"上并不是偶然的。

那么有哪些企业在这一方面做得很好呢？

- 桑坦德银行：提供"隆重欢迎"。
- 英国航空公司：非常明确问候的重要性，机长会亲自出来迎接乘客登机。

[①] 证实偏差是指人在确立了某一个信念或观念时，在收集信息和分析信息的过程中，产生的一种寻找支持这个信念的证据的倾向。——译者注

- TSB 银行：你一进入 TSB 分行，就有工作人员微笑着向你走来，并愿意提供帮助。
- First Direct 银行：总会有一种热情、友好的声音来迎接你，而不是一台电脑。
- 捷豹：设计师会关注当你进入汽车时的第一感觉。
- 阿斯顿·马丁：在向车主展示新车时，会精心策划一种令车主情绪高涨的体验。

一个好的第一印象可以创造一种环境，让客户未来的愉快记忆得以储存。

情绪高峰

在设计情绪高峰时，我们可以从三个方面来看待情绪在体验中的作用。

- 在体验中，如果客户产生了某种情绪，那我们根据情商做出的反应就会让人记忆深刻，如紧急处理客户问题，给予客户同情、理解或保证等。
- 有些体验环节会让客户产生情感。例如，得到第一辆汽车、第一个联合账户，或者是能带来个人满足感的体验。
- 交易必须尽可能快速、便捷地进行，没有任何情感内容。让客户达到情绪高峰可以借助一些有形的东西，如礼物或额外奖品，也可以借助无形的东西，如工作人员与你打交道的方式，以及他们所流露的对你的关注和热情。

情绪高峰通常是客户预料不到的场景（KPMG，Nunwood，2016）。

通过挖掘客户的"第一次"，企业可以有很好的机会来为客户提供一次"情绪高峰"，如客户买的第一套房、孩子第一次坐飞机出国等。这是一次感化客户的机会，可以体现出企业的关心和关注，成为一个值得客户信赖的朋友

（KPMG，Nunwood，2016）。

那么有哪些企业在这一方面做得很好呢？

- 阿联酋航空：为机上的家庭拍照，然后放在纪念品文件夹里送给他们（KPMG，2016）。
- 丽思卡尔顿酒店：员工似乎自己会关心旅客，并能提前预测到其需求（Robertson，2021）。
- 美国全国保险公司：为按揭客户在他们的新家准备礼篮（Sammi，2017）。
- 希尔顿逸林酒店：在入住时为旅客提供热乎乎的曲奇饼干（Hilton，2021）。

那这些做法会对客户产生怎样的影响？如果客户经历一次情绪高峰，就会有一次好的记忆。如上所述，人脑会产生再现这种记忆的欲望，这样就会增加客户对品牌的忠诚度。

最后的印象

最后的印象就是要让客户感觉良好，并最终给他们留下一个好的印象。这里适用的是心理学上的"近因效应"。我们会通过体验中最后发生的事情来回想起我们的记忆（峰终定律[①]）。

那么有哪些企业在这一方面做得很好呢？

- 苹果专卖店：从四季酒店学到了创造最后印象的作用，于是鼓励团队成员确保在客户离开时要对他们热情、友好，并欢迎他们再次光临（Gallo，

[①] 峰终定律是指如果在一段体验的高峰处结尾，体验是愉悦的，那么对整个体验的感受就是愉悦的。——译者注

2021）。

- 英国维珍航空和美国航空等航空公司：机长会离开驾驶舱，向客户道别并感谢客户的光临，同时在主要机场开设新的休息室，以延续乘客对航空公司无微不至的难忘印象。

品牌需要认识到，正是这种小小的感动能够在最后给客户留下很好的印象。类似做法还包括以下几点。

- 用客户的名字来称呼他们。
- 总结已经取得的成果，如"这些就是我们为史密斯先生所做的事情"。
- 让客户了解任何可能出现的问题，以及如果出现问题该如何处理，比如，"我们已经激活了您的借记卡，您可以在国外使用。假如因任何事情出现了问题，请拨打这个号码，他们会立即为您解决问题。"
- 参考以前所有在私下会用的表达，如"新婚快乐！"
- 送走客户时，要热情地告别，并邀请他们再来："记得回来告诉我们进展如何。"
- 如果客户说了"谢谢"，那么在酒店行业的最佳做法就是用"很高兴为您服务"来回复，而不是说"不客气"。
- 去问客户"今天我有满足您的所有需求吗？"（而不是问"您今天还有什么需要吗？"），因为这样给了客户一个机会说"是的"，因此员工可以确保自己得到了积极的反馈。

这种小小的感动会体现企业的同理心，让客户对品牌产生一种温暖的感觉。最后给客户的感觉不一定非要多么壮观，在情绪积极的时候收尾即可，只要记忆的总体感觉是好的，就会让客户想再回来（KPMG, Nunwood, 2016）。

◁ 将六大支柱应用到设计令人难忘的体验中 ▷

六大支柱可以帮助企业设计体验，以确保客户在回忆时对企业有好的印象（表 8.1）。

表 8.1 六大支柱与记忆

支柱	对回忆的影响
个性化	我们会保留能带来个人满足感的记忆，这些记忆会反映我们所关心的事情。我们也会关注影响我们自我价值和自尊的事情。我们更有可能保留让我们自我感觉更好的记忆
解决方案	如果体验中出现了失误和问题，客户会将其当作负面记忆保留下来，这会对他们以后的回避行为产生很大影响。然而，我们的研究表明，当企业巧妙挽回一种不妙的局面后，客户就会记在心里，因为这符合情感故事的标准——服务补救悖论
诚信	行为经济学告诉我们，我们会喜欢和自己相似的人，信任自己喜欢的人。好感度是获得信任的一个关键要素。我们更有可能记住自己喜欢的人
时间和精力	认知耗费的精力越多，大脑就越有可能保存记忆（加工深度理论）。但这一过程必须恰当，否则就会变成消极记忆
期望	我们的大脑会产生期望。丹尼尔·卡尼曼将两个"自我"定义为两种大脑系统：系统一和系统二。系统一是大脑的快速处理部分，能自发运作。然而，系统一的前提是期望能得到满足。当期望没有被满足时，我们就会调用系统二，系统二的速度较慢，更倾向于反思，会让我们考虑期望没有实现带来的影响
同理心	当我们产生情绪时，我们会被怎样对待，这个问题无论是好是坏都会留在我们的记忆中。所以正确把握和处理客户情绪非常重要。在客户体验方面取得重大进展的企业，往往只是通过找回体验中的人性而成功的

资料来源：KPMG，Nunwood，2016

令人难忘的体验实例

丽思卡尔顿有 40000 名"创忆师"，每一位员工都负责为旅客打造难忘的体验。丽思卡尔顿开创了打造回忆的艺术，可以为旅客提供各种各样的机会。

- 让我们带您体验当一天自己的船长的感觉吧。

- 让我们带您看看110层楼的风景。
- 让我们为您设计一款饮料吧。

这些都是比较"有代表性"的回忆，而员工们的职责是在每一个接触点都为旅客创造美好的记忆。在丽思卡尔顿，由40000位"创忆师"组成的队伍每天都在努力创造那些特别的感动瞬间，不仅让旅客记在心里，而且让他们想再回来享受一次。

丽思卡尔顿会邀请旅客在社交媒体上分享这些回忆。其实，每一天，"创忆师"们都会分享新想法和见解，想办法让旅客在丽思卡尔顿的体验变得难忘（KPMG，Nunwood，2016）。

一系列视频都展示了丽思卡尔顿"创忆师"团队的责任是创造令人一生难忘的记忆，在为敏锐的旅客们创造记忆的过程中，团队投入了大量的关怀和匠心精神（Hospitality.net，2012）。

还有一些其他在这方面做得好的企业案例。

- 在英国，玛莎百货CEO史蒂夫·罗（Steve Rowe）在公司内部将员工重新定义为"创造时刻的人"，员工负责为客户创造调动情感的难忘时刻（M&S，2019）。
- 纵观美国的企业，如迪士尼乐园（Walt Disney Parks，2020）和丽思卡尔顿等都会提供专业的摄影师服务，来捕捉有意义的瞬间（Ritz-Carlton，2021）。
- 电器在线让客户在其网站上进行评论，因为电器在线认识到，别人的回忆可以促使自己做出行动（AO，2021）。
- Lush会用其网站"Lush Kitchen"来巩固客户脑海中对特定产品的体验记忆（Lush，2021）。
- 欧洲之星①用的广告词是"美好待您探索"，它会邀请潜在乘客通过乘坐欧

---

① 欧洲之星（Eurostar）是一条连接英国伦敦圣潘可拉斯车站（2007年11月14日后改为此站）与法国巴黎北站、里尔及比利时布鲁塞尔（南站）的高速铁路。——译者注

洲之星来创造自己的美好故事和记忆。欧洲之星认为自己的职责是在人们和目的地之间建立起联系，确保乘客在以后有一段好的回忆（Eleftheriou-Smith，2013）。

- 近来最令人难忘的金融服务广告之一，是国民西敏寺银行的紧急兑现广告。为什么？因为这个广告直接调动了我们都能感受到的负面情绪，但最后呈现了一个积极的结果。广告讲述了一个有着美好结局的情感故事（Clive and Jerry TV，2012）。

- 新加坡航空公司用一种专门研制的香水，叫作"斯蒂芬佛罗里达之水"（Stefan Floridian Waters）。机组人员会把它作为香水使用，并喷洒到热毛巾里。有趣的是香水研制背后的神经科学，这种香味是专门为刺激大脑的快乐中心、挖掘积极记忆而研制的。嗅觉是唤起记忆最强大的感官。只要你走上飞机，就会回想起有关服务的美好记忆，在心底留下更深刻的印记（Chang，2018）。

- 维珍集团在世界各地的航空品牌早就知道创造富有情感的记忆的作用了。我们的一位调查对象说，她向机舱服务员提到自己和伴侣刚刚结婚，正在旅行度蜜月。15 分钟后，机舱服务员就拿着一瓶带有所有机组人员签名的香槟酒来到他们身边，并邀请全机的人鼓掌庆祝。这是一次 155 人见证的情感丰富、令人难忘的体验。

- 霍利斯特提供了一种独特的多感官体验，展现了氛围感的作用。通过把味道（嗅觉）、响亮的音乐（听觉）、灯光的颜色和亨廷顿海滩的视频（视觉）结合起来，来打造一种非常难忘的体验（*European Journal of Marketing*，2017）。这些都围绕着霍利斯特的品牌故事展开。品牌故事讲述了霍利斯特是由约翰·霍利斯特（John Hollister）于 1922 年在亨廷顿海滩创立的，一开始约翰卖的是他在旅行中收集到的工艺品。当把工艺品卖完后，他开始卖冲浪服。霍利斯特专卖店的体验会反映这个故事的每个方面（KPMG，Nunwood，2016）。

◁ 客户旅程设计 ▷

六大支柱在客户旅程的体验和交互设计中发挥了相当大的作用。旅程图现在是企业生活的一个常规特征。但是，确定客户真正看重什么，以及什么时候展现给客户，这个问题往往还没有得到答案。

体验设计中经常用到用户画像，这是从真实用户身上提炼出来的虚拟代表。在用户体验设计中，你可以运用用户画像来与目标用户形成共鸣，关注他们的世界。你要始终根据对真实用户的观察来创建用户画像，而不是根据你的假设或自以为对用户的了解。在体验设计过程中，用户画像是一种重要的工具，是体验设计的目标，需要以事实为基础。企业可以通过运用六大支柱模型来促进用户画像的使用，确保用户画像全面、深刻。

下面说明了航空公司设计体验时可能考虑的不同类型乘客。

- CEO和高管们会把在飞机上别人无法联络自己的时间当作"享受自我的时间"。因此，他们希望机组人员认出自己是常客，并给予妥善安排，之后就可以让自己看电影或阅读，没什么大事就不要来打扰自己。
- 坐飞机出差，想准备会议内容的顾问、信息技术专家、主管们。他们想坐在远离小孩的地方，可以尽量长时间地使用自己的电子设备，且不会受到太多干扰。
- 年龄较大的空巢老人们，他们要去其他城市旅游，享受短暂的假期，他们希望能与机组人员交流、互动，获得有关目的地的知识并分享自己的经历。
- 在节假日旅游的家庭。他们希望有人能帮着自己照顾小孩，让小孩在飞机上乖乖的。他们希望自己的孩子能感到受到了宠爱。

企业可以运用六大支柱模型来设计未来的旅程，确保把世界一流体验的关键要素都包含在内，这适用于每一种用户画像。在表8.2中，我们在上述航空

第二部分
体验六大支柱：优化体系

表8.2 按六大支柱和细分市场来划分的客户体验需求

客户	诚信	解决方案	期望	时间和精力	个性化	同理心
高管	尊重我作为高管的身份	预测、预防问题，给我提供解决方案，而不是带来问题	"享受自我的时间"，利用这段无人打扰的时间做点平时没空做的事情	想吃东西的时候立刻就可以吃到	根据我的日程安排定制体验 认出我是一名常客	关注我的需求，展现你的关心 让我觉得我对你很重要
顾问 信息 技术 专家	遵守你的承诺——我要确定自己的日程安排准确无误	提前预测并解决问题	准确设定、调整我的预期	尽可能地让我在飞机上多使用一会笔记本电脑 让我能为会议做好准备	认出我是一名常客，让我感到自己得到了重视	确保我的座位附近没有小孩
空巢 老人	尽量减少干扰——我只在目的地待短短几天	请提前告知我可能出现的问题和避免的方法	设定我对目的地的期望，告诉我一些可能不知道的、超出我期望的事情	给我节省时间的快捷方式	与我分享你对目的地的了解 让我和你聊天	倾听我，特别关注我
家庭	遵守你的承诺，比如让我把婴儿车带到飞机上	任何问题都能迅速解决，让我感到安心	告诉我有关目的地适合家庭旅行的小贴士和推荐	让我能方便地带着孩子快速旅行	帮我照顾小孩	表明你希望我和我的家人可以有一段美好的时光

223

> 客户至上
> 基业长青的六大支柱

公司的用户画像中运用了这种体系。

图 8.2 的背景故事是这样的：某客户买车后，制造商为了检修把汽车召回，这对该客户造成了不便。而六大支柱模型在每个接触点上都发挥了重要作用，恰当处理了这件事。在这个案例中我们可以看到，在旅程的每个阶段，都有不同组合形式的六大支柱。起初，重点是建立信心和信任，将客户的体验个性化。在旅程中，时间和精力成为重点。最后，六大支柱再一次稳定了客户情绪，回到了企业的掌控中。

设计一套符合六大支柱的客户旅程

回忆会对客户心理产生很大影响。客户对自己看重的点非常敏锐，重要的是要去仔细设计客户旅程，以确保它能实现品牌原则，并通过能把六大支柱作用最大化的企业组织方式来实现全球最佳实践。

世界一流的客户旅程在每个接触点都体现了六大支柱。

图 8.2 六大支柱与客户旅程

互动设计

无论是在线上线下，我们都可以将每一次互动分解为各个要素，并利用六大支柱，以最佳实践进行优化。六大支柱和黄金法则为我们提供了一种检测表，以确保互动尽可能与客户在情感上可以形成共鸣。图 8.3 展示了这种互动过程。

事先准备	迎接	参与	解答	结束
·关键情绪 ·预先提示 ·客户境况 ·阻碍	·面带微笑（说话时） ·四秒法则 ·声音表现（语调，语速，抑扬顿挫，用词） ·个性化的问候 ·建立信任 ·使用名字称呼	·微妙的察觉 ·有目地闲聊 ·主动倾听 ·提问技巧/阶梯式提问 ·关键需求识别 ·表达自己与客户感同身受 ·讲自己的故事	·积极向上的用语 ·互惠 ·额外的东西 ·确定问题 ·产品和工艺知识	·做令人印象深刻的总结 ·下一步的承诺/宣传 ·避免出现下一个问题 ·时间估计 ·用名字表示感谢 ·欢迎下次再来

图 8.3 情感互动设计

准备工作

互动过程的第一阶段是客户与企业接触的入口，这会影响客户在与工作人员交谈之前的心态。客户是否需要等待？会不会觉得与企业联络很困难？这家公司的声誉如何？网上对他们有什么评价？这些问题为客户设定了期望，而企业要满足或调整这种期望。

迎接

迎接客户是关键。酒店行业已经意识到，如何跟旅客打招呼会对他们的住宿体验产生很大影响。丽思卡尔顿非常注重这一点，当丽思卡尔顿的专车在机场接你时，司机会把你的姓名发给门卫，这样门卫就可以用姓名问候你了。

第一印象很重要，各企业也越来越重视第一印象。有些企业采用的是"隆重欢迎"，有些企业则努力做到用"世界最棒的迎接方式"。通常来说，零售、餐饮和酒店行业最擅长欢迎客户。

在网上，亚马逊欢迎客户的做法就很符合心理学：亚马逊会使用你的名字，共同回忆你在亚马逊购物的日子，目的是能提出只有真正了解你的人才会提出的建议。而 Zappos 会采用电话号码识别，将客户转接给与客户住在同一个城市的员工，这样他们就能建立起亲密的关系。

一些客服中心已经教给员工直接或从过去的互动中识别客户的性格类型。然后，员工可以相应地调整自己的行为：如果客户更想让员工主导本次对话，那么员工就要主动引导对话，而如果客户性格更适合主导对话，那么员工就要让客户来说（KPMG，Nunwood，2016）。

参与

很少有公司像 USAA 这样，投入这么多资源去教授员工倾听和建立亲密关系的技巧。USAA 的员工会接受几个月的培训，去了解成为 USAA 的客户是什么样子。善于倾听是一回事，但能设身处地为客户着想，从而通过倾听达到了解客户，又是另外一回事。

USAA 在各个方面都很注重同理心：了解客户及其境况和需求决定了体验的方方面面。客服中心以客户生活事件为工作重点，这样，员工就会对客户正在经历的事情形成深刻的理解：员工得以了解客户的生活事件，并提供实用的生活建议（Solomon，2018）。客户也会感觉自己很重要，得到了重视（KPMG，Nunwood，2016）。

解答

员工如何回应客户的询问，对客户有着直接的影响，所以，合理的用语和高情商很重要。如果客户需要问题很快就能得到解决，那么员工应该尽力满足客户的需求；如果客户需要的是保证，那么就员工就要体现一种"我们可以一起把事情做好"的态度。客户需要感觉自己得到了倾听和理解。捷蓝航空、迪士尼和美国西南航空都因其积极主动、亲近客户的行为而闻名。

据了解，一位乘客在捷蓝航空被收取了额外费用，随后发推特抱怨，捷蓝航空工作人员看到后，查看了这位乘客的个人主页，这样员工就能认出这位乘客，在机场找到他，然后面对面地解决他的问题。这种情况在捷蓝航空并不罕见。在另外一个案例中，一位捷蓝航空的乘客在推特上开玩笑说，当自己到达波士顿时，希望在登机口可以看到"欢迎仪式"。负责查看推特的人通知了捷蓝航空在波士顿的工作人员，于是工作人员主动用军乐队的音乐和手工制作的牌子迎接了这位女士（Cox，2014；KPMG，2018）。

这些做法的关键是为员工授权和赋能，给予员工自由，让他们做出明智的判断、做出正确的事情，让他们有办法解决客户的问题。

结束

最后一个阶段是我们在未来检索记忆的着手点。苹果专卖店早就认识到了这一点，其对员工如何跟客户道别有非常明确的规定。当你和苹果"天才吧"员工聊完之后，他们会和你一起走到门口，根据之前和你的对话来说一些让你感到亲切的话，向你热情告别，并邀请你下次光临（KPMG，2018）。

各公司现在开始关注如何避免出现下一个问题，提前考虑客户后续会碰到的情况和他们可能遇到的问题，并积极主动采取措施，帮助他们在问题发生之前就避免问题出现。比如，在 2012 年，英国航空公司推行了"驾驶舱之外"计划，让机组人员变得更加平易近人。其中一个关键环节就是让机长在乘客离开飞机时向他们道别，因为乘客会觉得机长亲自跟自己说再见是很有意义的（Eden，2015），同时，也确保乘客在离开飞机时，任何的转机延误或其他问题都能得到迅速处理，这样机组人员就可以处理乘客旅行后续可能出现的问题。

后续工作

各企业都有后续沟通方案，来确定在客服中心互动之后该如何通过电子邮件、信件或电话来促进与客户的关系。一家金融机构有一种叫作"二二四六"的方法。在客户购买新产品后，两天后会给客户打一个电话，来确保一切顺利；两周后询问客户是否对产品使用有任何疑问，在第四周（月末）再次询问客户产品的使用情况，然后在六个月后看客户是否有任何进一步的需求。

无论互动多么好，客户最终也会置之脑后。而定期与客户联络可以保持客户对企业的良好印象,并让客户对品牌产生好感。

> **案例分析**
>
> **苹果专卖店**
>
> 苹果专卖店会告知(和培训)员工不要去推销,而是要帮助客户解决问题。员工的工作是理解客户可能难以表达的需求(通常是客户没有说出口的需求)。苹果公司的服务标准明确规定了员工应该如何对待客户:这种标准的英文版采用了 Apple 的首字母缩写,从而让员工很容易就记住该如何处理客户问题。
>
> - Approach customers with a personalized warm welcome.(要热情欢迎客户,让客户感到亲近,从而接近客户。)
> - Probe politely to understand all the customer's needs.(礼貌地询问,以了解客户的所有需求。)
> - Present a solution for the customer to take home today.(提出一个解决方案,让客户今天就可以回去尝试。)
> - Listen for and resolve any issues or concerns.(倾听并解决任何的问题或疑虑。)
> - End with a fond farewell and an invitation to return(深情告别并邀请客户下次再来,作为结束。)
>
> (Gallo, 2021)

数字化设计

随着公司进一步采纳数字化,让客户能够定制自己的整套体验已成为主流。然而,这种转变导致了购物体验的分散。现在,公司希望拥有一个特定的采购领域,并让自己的客户能在同一个情景中选择供应商,于是平台应运而生。扎兰多和亚马逊就是购物体验得到重新配置的例子,目的是让客户的生活更轻松便利,并让他们能够进行恰当的产品组合。

因此，随着越来越多客户的购物体验没有了束缚、得到了重构，他们开始通过"混合与搭配"来满足个人需求。那些对网络消费者做出回应，并让客户能以独特、个性化的方式重新组合产品的公司开始取得市场优势。

有了互联网，客户已经能打造属于自己的体验了。特别是在旅游行业，旅客一直都可以自由组合自己的航班、酒店、租车和出行方式等。最近，客户自由配置方式也冲击了零售行业。客户可以走进一家实体店了解产品信息，然后在网上购买，如有必要，还可以选定时间让商家寄送、安装产品。

此过程可能涉及多个不同实体，但对客户来说，整个过程是很流畅的。实际上，这种由客户自由组合的网络购物流程，正在颠覆过去那种稳定的、可预测的购物流程。在我们的研究中，领先公司可以用独特、巧妙的方式连接客户，通过开发一种合作伙伴生态系统网络，让客户能以最适合自己的方式组合服务和产品。这些公司意识到，他们不可能自己包揽所有的事情，但他们可以打造一种综合环境，让客户可以利用数字技术的力量来构建流畅的客户旅程。

举个例子，新加坡航空在我们的澳大利亚考察指标中名列前茅，因为新加坡航空的乘客认为新加坡航空能够亲近自己，了解自己在旅行周期每个阶段的需求和要求。要做到这一点，就不能只考虑新加坡航空管理或控制的接触点，要进而去了解：如何确保无论实际体验的提供者是谁，公司都能为整套体验增值。公司如果对客户体验管理系统进行投资，就能在这种拆分、重新组合的过程中倾听客户的声音，并采取相应措施。新加坡航空因此又发现了在多个接触点上改善乘客体验的机会。新加坡航空发现的其中一个问题，就是需要去适应数字化的体验。新加坡航空开发了一个 APP，重新连接、组合了乘客登机前和在机上旅行体验的不同构成要素，从而让其乘客受益（Singapore Airlines，2021）。

新西兰的新世界（New World）是一家食品零售商，旨在整合网上和实体店购物，包括提供健康的晚餐组合，在店内进行展示，以比赛的方式来鼓励客户参与品牌活动。新西兰的客户注意到，新世界通过自己对公平贸易和环保的重视，展示了品牌的诚信。

重新构建与整合客户旅程是一种聚合的过程，可以让企业选择合适的合作伙伴，协调安排他们，然后以新的方式向客户呈现各种选择，让他们眼前一亮。在我们的研究中，许多领先公司正在采用这种重新组合的过程，来创造一个有凝聚力的整体，实现品牌承诺。

中国的支付宝是一个移动和在线支付平台。支付宝的用户可以把账户中的钱放到货币基金里，并获取利息。支付宝还可以绑定超过65家金融机构（包括维萨和万事达）的银行卡，为中国超460000家线上和实体企业提供支付服务（Fernandez，2017）。支付宝二维码也可用于实体店支付。用户可以用支付宝来还信用卡、管理银行账户、转账、提前给手机充值、购买公交车票和火车票、叫外卖、叫出租车、选择保险和存储电子身份证件。支付宝还可以让用户在大多数中国网站上进行线上付款，如淘宝和天猫（Ant Group，2019；KPMG，2019）。

◁ 评估体系 ▷

在设计好整套体验之后，企业需要评估自己在各个接触点的表现，这时，六大支柱是特别实用的，因为六大支柱可以与其他关键绩效指标（KPI）整合成一个评估体系。

评估体系这种机制可以整合、调整多种不同的数据源和评估方法，以了解客户的声音。体系发展最为成熟时，会将企业在每个接触点提供的日常体验与其对整个客户关系的影响联系起来，来预测由此带来的财务成效。

龙头企业正在迅速适应这种新的洞察方式。他们将初步研究与社会、业务和财务数据相结合，以协助多个利益相关者做出以数据为导向的决策。这些做法都是为了改善客户体验、创造价值和提高运营效率（KPMG，Nunwood，2018）。图8.4展示了旅程关键绩效指标、产品关键绩效指标、营销和品牌关键绩效指标、六大支柱以及净推荐值或客户满意度等进阶指标之间的关系。

图 8.4 评估体系

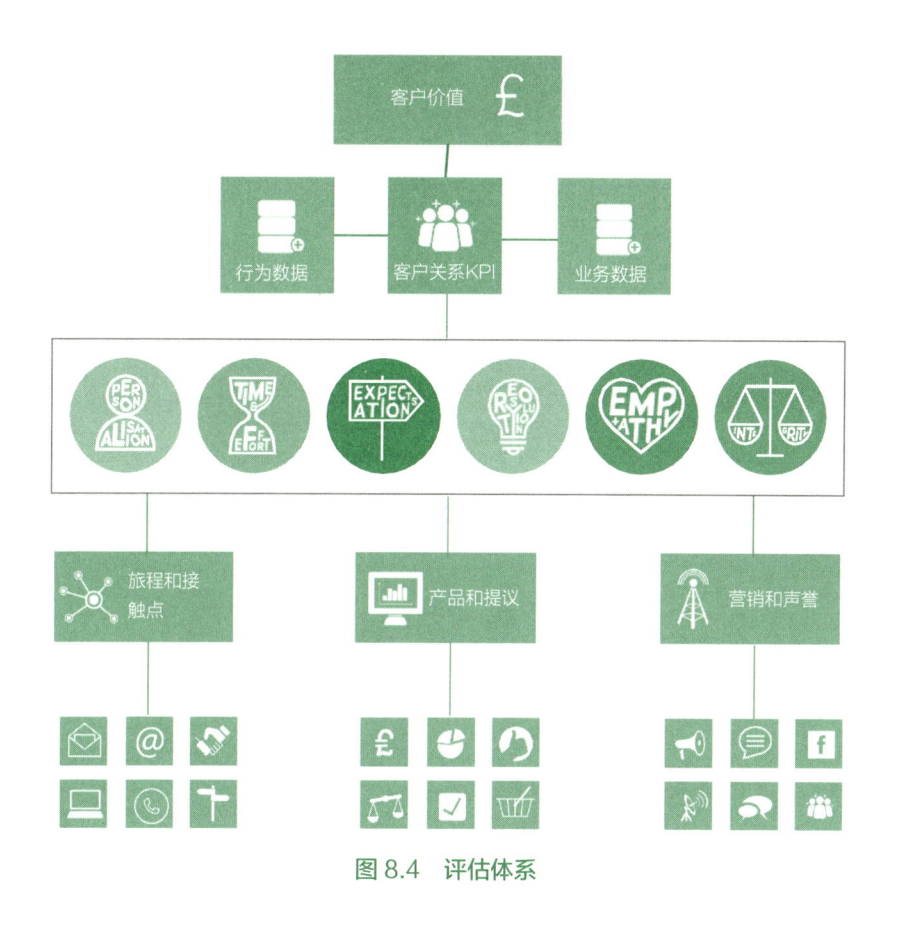

◁ **客户旅程分析** ▷

越来越多的公司开始关注客户旅程分析。客户旅程分析是一种新的分析形式，结合了定量和定性数据，来了解客户在不同时间接触点的行为和动机。客户旅程分析让分析人员能够深入了解客户在不同旅程阶段的活动，并提供大量客户洞察，从而了解如何改进旅程，以便为客户提供更好的体验，并通过减少不必要成本和寻找机会增加收入来提高企业的盈利（KPMG，Nunwood，2018）。

亚马逊非常重视客户旅程分析，不断寻求创新，为客户扫清障碍，并通过让每个旅程更容易取得理想效果来提高体验的质量。客户旅程分析也可以让企业能在必要时进行客户拦截①的事物，例如，避免下一个问题出现，或者采取下一个最佳措施。技术能让企业了解客户的境况，促进互动的个性化和相关性（KPMG，Nunwood，2018）。

传统的关键绩效指标都集中在企业的内部机制上（流程准备时间，跳过门径管理等②），但真正以客户为导向的企业会将自己的KPI指标与客户成果挂钩。这就形成了一种"客户至上"的文化，因为员工考核是以客户利益，而不是企业利益为中心。客户旅程分析还会催生一种把客户放在首位的决策过程，进而又推动了其他效益，如客户忠诚度、客户获得等。

◁ 要点总结 ▷

1 在本章中，我们研究了如何将六大支柱模型转化为一种管理系统，一种将客户体验方案的多个方面结合起来的机制。

2 从分析整个客户生命周期，到设计单个客户旅程和其中的互动，再到评估和改进，这六大支柱就像一条金丝线穿插其中，是一套确保企业一致性、凝聚力和整体性的设计标准。

3 一致性是公司在设计客户体验时面临的关键问题之一。运用六大支柱作为指导，可以为公司提供跨越多个接触点的视角，并确保公司尽可能采用最佳做法，也确保公司会关注那些会对客户产生最积极影响的领域。

---

① 客户拦截（customer intercept）是一种客户之声市场研究方法，帮助企业了解客户的痛点和优先事项等。——编者注

② 由罗勃特·G. 库珀（Robert G. Cooper）于20世纪80年代创立的一种新品开发流程管理技术。——译者注

参考资料

1. Ant Group (2019) How Alipay changed the way China invests. https://medium.com/alipay-and-the-world/how-alipay-changed-the-way-china-invests-and- helped-a-fund-grow-400-times-over-9c13f77af4b6 (archived at https://perma. cc/77WM-8YC2)

2. AO (2021) Read what our customers are saying. https://ao.com/customer-reviews (archived at https://perma.cc/VG9D-9354)

3. Chang, I. (2018) Scentsational brands: three companies using scent branding and ambient scen. https://reedpacificmedia.com/scentsational-brands-3-companies-using-scent-branding-and-ambient-scent/ (archived at https://perma.cc/D3Z5-F2QC)

4. CliveandJerryTV (2012) NatWest emergency cash. www.youtube.com/watch?v=QgqFB2U-cBE (archived at https://perma.cc/FT4R-42R6)

5. Cox, L. K. (2014) Delighting people in 140 characters: an inside look at JetBlue's customer service success. https://blog.hubspot.com/marketing/jetblue-customer- service-twitter (archived at https://perma.cc/5DSB-2BLH)

6. Eden, P. E. (2015) BA first officer Kate Laidler talks success of Beyond the Flight Deck. https://runwaygirlnetwork.com/2015/07/11/ba-first-officer-kate-laidler-talks-success-of-beyond-the-flight (archived at https://perma.cc/WS85-C6ZK)

7. Eleftheriou-Smith, L.-M. (2013) Eurostar encourages people to share Parisian experiences. www.campaignlive.co.uk/article/eurostar-encourages-people-share-parisian-experiences-major-brand-push/1216877 (archived at https://perma.cc/ DU2R-78KZ)

8. *European Journal of Marketing* (2017) An embodied approach to consumer experience: the Hollister brandscape. *European Journal of Marketing*, 58(9), 1–51.

9. Fernandez, A. (2017) What can PayPal learn from Alipay's business model? www. kapronasia.com/asia-payments-research-category/what-can-paypal-learn-from-

alipay-s-business-model.html (archived at https://perma.cc/WU3L-82V3)

10. Gallo, C. (2021) The Apple Store's secret sauce. www.inc.com/carmine-gallo/5-steps-apple-retail-employees-use-to-sell-iphones-create-loyal-customers.html (archived at https://perma.cc/F885-FSW7)

11. Gutchess, A. *et al* (2019) Age differences in the relationship between cortisol and emotional memory. www.ncbi.nlm.nih.gov/pmc/articles/PMC6682424/ (archived at https://perma.cc/C9J9-ZT5C)

12. Hilton (2021) The cookie is only the beginning. https://doubletree3.hilton.com/en/about/cookie.html (archived at https://perma.cc/C48K-CW89)

13 Hospitality.net (2012) Ritz-Carlton reveals 'the art of the craft'. www.hospitalitynet.org/news/4057594.html (archived at https://perma.cc/ U2D7-6TP6)

14. Kahneman, D. (2011) *Thinking, Fast and Slow*. New York: Farrar, Straus and Giroux.

15. KPMG (2018) Know me: the key to an individualized, personal customer experience. https://assets.kpmg/content/dam/kpmg/campaigns/global-cee-project/pdf/CEE-Know-me-US-2018.pdf (archived at https://perma.cc/H8TG-5NC2)

16. KPMG (2019) Tomorrow's experience, today: harnessing a customer first approach in a changing world. https://assets.kpmg/content/dam/kpmg/ie/pdf/2019/03/ie-tomorrows-experience-today-harnessing-a-customer-first-approach.pdf (archived at https://perma.cc/KUZ8-P64G)

17. KPMG, Nunwood (2016) Making memories. https://assets.kpmg/content/dam/kpmg/uk/pdf/2016/09/making-memories.pdf (archived at https://perma.cc/ XEV3-JMJL)

18. KPMG, Nunwood (2018) Ignite growth: connecting insight to action. https://nunwood.com/media/2336/2018-uk-customer-experience-excellence-analysis. pdf (archived at https://perma.cc/S28S-BA4R)

19. Lush (2021) Lush encyclopedia blog. https://lushalot.com/category/lushkitchen/ (archived at https://perma.cc/2UNZ-TPZ5)

20. M&S (2019) Sourcing Christmas moment makers. https://jobs.marksandspencer.com/sourcing-christmas-moment-makers (archived at https://perma.cc/G9QJ-PUQU)

21. Ritz-Carlton (2021) Photography concierge. www.ritzcarlton.com/en/hotels/naples/naples-beach/area-activities/photography-concierge (archived at https://perma.cc/L95W-AF3N)

22. Robertson, G. (2021) Ritz-Carlton case study: meet the 'unexpressed' needs of guests.

23. Sammi (2017) Unboxing my Nationwide mortgage hamper. www.youtube.com/watch?v=22Zs6oDEW0U (archived at https://perma.cc/CPF9-PQ9U)

24. Singapore Airlines (2021) A seamless and safe journey with SingaporeAir mobile app. www.singaporeair.com/en_UK/us/mobile-app/ (archived at https://perma.cc/E2VG-VPJ6)

25. Solomon, M. (2018) How USAA bakes customer experience innovation into its company culture. www.forbes.com/sites/micahsolomon/2018/09/30/how-to-build-a-culture-of-customer-experience-innovation-the-usaa-way/?sh=42d6167a2378 (archived at https://perma.cc/SA8A-VLFK)

26. Thompson, A. (2007) Bad memories stick longer than good ones. www.livescience.com/1827-bad-memories-stick-good.html (archived at https://perma.cc/5FBZ-9JZG)

27. Walt Disney Parks (2020) Disney stories. https://disneyparks.disney.go.com/blog/2020/02/introducing-capture-your-moment-a-new-disney-parks-photo-experience-at-magic-kingdom-park/ (archived at https://perma.cc/KM89-FTPV)

第三部分

90 天计划：
实现质的飞跃

PART 3

USING
SCENARIOS

第三部分
90天计划：实现质的飞跃

第9章
准备工作

迈克尔·沃特金斯（Michael D. Watkins）在他的《创始人：新管理者如何度过第一个90天》一书中指出，"对企业进行调整就像是准备一次漫长的航行"：你要明确你的目的地，即企业的使命和目标，确定并计划好路线（战略），然后才能确定航行所需的组织结构、流程和技能。他还建议，旅行者要"注意海图上没有标出来的暗礁"（Watkins，2003）。

这是一个很好的建议，我们把目标比作引导你的北极星。企业在考虑可能出现的"暗礁"时，评估一下过去失败的原因是很有用的，企业中普遍存在的缺点会耽误甚至限制航行。在本书的第三部分，我们为企业在提供客户体验方面实现彻底转变制定了"导航"过程。

如果以下问题你给出的答案是否定的，那么这部分内容就是为你量身打造的。

- 我们的企业组织结构能否经受住冲击？
- 我们是否灵活、敏捷，能有效参与新形式的竞争？
- 我们是否能迅速、成功地进入市场？
- 我们的企业文化和内部环境是否可以帮助我们长期实现战略？

丘吉尔曾经说过，"永远不要浪费一场危机。"（Gruère，2019）如果你面临重重困难，如果你有充足的理由需要做出改变，并且有实证让大家看到，过去的方式已不再奏效，那么，实现蜕变就没那么难了。

在我们现在所处的时代，企业有独一无二的机会来重新安排业务，以迎接未来的挑战。面对技术变革、经济冲击、新冠疫情带来的变化、新的工作方式、全球的竞争对手，企业高管完全有必要真正从头开始思考业务。高管从来没有真正地花大量时间思考这些深层问题，但是，如果现在不这样做，也许在不远的将来，这些管理人员就要失业了。

我想到了一则有关青蛙的寓言：如果把青蛙放进冷水锅，然后慢慢加热，青蛙会一动不动，直到死亡；但是，如果把青蛙扔进沸水锅里，青蛙就会立马跳出来逃走。

对于许多企业来说，变革是一种缓慢的、渐进的过程。对其他企业来说（也许是那些即将面临危机，无路可退的企业），变革可以采用一种从头到尾的转型方式。而如果企业的业务表现还算可以，且业务在一如既往地运行，整个行业也没有出现要发生变化的预警，这时，企业要想实现大范围变革是最为困难的。对于许多处于这种稳定状态的企业来说，变革都是零打碎敲，且往往极为缓慢。如果有部门出于好心，确立起部门自己的变革计划，就会有一系列的方案产生。但是，这一系列方案却很少能在客户体验方面带来巨大的改善。

如果变革断断续续，企业内部就会出现一种无形的阻力。要想克服这一点，需要企业有可持续发展的、经过深思熟虑的、严格的执行方式。新冠疫情带来的影响、颠覆性技术的出现和快速变化的消费者行为模式，这些已不再是预警信号，而是现在人们有目共睹的、真正的、现实的威胁。现在我们就身处一场危机当中。不要浪费这次危机。

多年以来，我们见证了一个为期 90 天的高级领导层战略计划在重新构想和改造业务方面的作用和随之产生的效果。这 90 天不是传统的长期规划会议（这

第三部分
90天计划：实现质的飞跃

种会议通常围绕着职能部门计划的财务成果召开，大部分的讨论都和预算有关）。我们要探讨的90天，并不是传统的高管一年内进行的业务外战略创意探索，而是一种行之有效的方法，可以重新确定业务的基础，真正解决那些企业有意或无意回避的棘手问题。这是一种正视问题，让企业接受全面检查的过程。

实现这90天的目标需要用一种新的方式来调动管理人员的思维能力。这90天不是一次用于交换意见、时间更长的会议，而是一个以事件为基础的过程，在这个过程中，领导层要做出战略决策，带来实质性的变化。这也是一次深刻的体验，在这种体验中，高管们的思维模式会发生深刻变化，来重新审视企业。

我们需要把企业看成一种系统——不过，是一种什么样的系统呢？我们必须要区分繁杂系统（complicated system）和复杂系统（complex system）。繁杂系统会有一个固定的输出（如汽车的发动机），每个部分都很明确，可以得到处理：每个问题都有一个解决方案。而复杂系统（如一个企业）可能会产生意想不到的后果，需要用准则、检测表和行为标准以正确的方式来影响最终的成果。

我们在以下章节中所概述的过程旨在帮助企业创建一个平台，通过这个平台，来确保关于复杂系统的一系列问题可以朝着正确的方向发展，最终让企业更具凝聚力和一致性。我们的目标是解决大多数企业在对待客户方面存在的基本漏洞。

这个90天的过程共有五个组成部分：投入准备阶段，三个30天的冲刺阶段和最后的巩固阶段。这是一个有明确的投入和产出的过程，会把关键的时间段划分为一系列的"考量"活动。使用"考量"这个词是有原因的：这些并不是议程项目。考量，是一种开放的问题，需要企业仔细的思考、有条理的投入、对选择和替代方案的研究，并且会随着新信息的出现而不断变化，得到反复优化、检验，直到揭示出一个实用的真理。我们发现，90天的时间足以让考量活动真正变得深刻，并带来高质量的产出。

我们与世界上一些大型公司合作的经验是：这个90天计划可以促进一种战略上的质变。如果企业高管们拿出时间以有条理、深思熟虑的方式来深入思考手头的问题，而不是不断地进行仓促的决策，企业就会一点一点出现关键性的转变。

◁ 游戏规则 ▷

要想实现成功，我们需要把企业视为一个复杂系统，用一种整体的眼光来考虑业务及其运作方式。在这 90 天通向成功的计划里，管理者需要认真仔细地进行操作。下面有关实行 90 天计划的指导原则来自我们在此过程中总结的经验。我们建议你在制订自己的 90 天计划时也参考这些原则。

具体如何分配时间由公司自行决定。理想的情况是，每个 30 天里每周至少拿出来两天，或者是集中一整个星期都用来实行计划。参与计划的人数也取决于公司自身。我们在有些企业已经看到，这些计划的参与者少则 12 人，多则 60 人。

该计划必须得到领导团队的支持，并由 CEO 领导，如果把这一计划交给转型总监或分配给变革团队，计划百分之百会失败。企业往往真正重视的只有 CEO 所关心的事情，这一点我们应该都心知肚明。

企业引入外部发言人，获取思想领袖的想法。这个做法不一定要有实际经验，也不一定要以初步研究为基础，可以是来自任何方面的见解。在我们举办的一次高管简报会中，有一位专家专门研究行业 CEO 的年龄和职业抱负。他没有预测任何战略逻辑，而是预测了这些 CEO 做出什么样的收购和兼并可以实现自己的意愿。而事实证明，他是对的：事情的发展与他的预测完全一致。

如果企业只是单纯地提交董事会文件，这个计划是不会起作用的。这次计划必须是一种体验：有恰当的引导；真正与客户交谈；真正与员工交谈（或至少是通过视频交流）。管理者必须精心准备环境，确保促进员工考量的一切必要因素都在交谈场所里，将其巧妙地展现。

这个过程包括诱发、质疑和引导，鼓励人们用非线性思维思考，减少走过去老路的倾向。进行失败检查是确保团队不会重蹈覆辙的一个重要手段。

企业要利用外部标杆和案例研究来帮助理解最佳实践，并摆脱"无法克服"

的挑战。例如，我们曾帮助一家连锁餐厅实行其 90 天计划，这家餐厅关注的是实现员工对客户行为的一致性，我们用了福来鸡的案例来说明：即使员工离职率很高，企业也完全有可能大规模实现良好的客户行为。你只需要找到方法。

不要说"我们以前试过这样，但没有成功啊"。为什么会失败？要怎么做才能成功？

不要被全面引进最新的管理潮流这种做法所迷惑。First Direct 会审视每一种新思维，并挑选出真正相关的、对公司有用的见解。First Direct 会剥离这种新思潮狂热的外壳，找到其核心的独特真理，与之产生共鸣，将其纳入自己管理业务的知识体系中（Gordon，2020）。我们时常觉得，儿歌《怎么吃虫子》(How to Eat a Worm)里恰好提到了从盛行的管理潮流中取得最佳效果的正确方法："咬掉头，吸出汁，扔掉皮。"

最后，小心"快速见效"陷阱。高管们有这样一种倾向（可以理解），就是在做能确保成功的那件大事之前，他们会先做九件简单但成功率低的事。快速见效会让人产生一种冲劲上的错觉，但实际上这样做只是把工作堆积起来而已。看看那些失败了的企业的过去，有很多公司都采取了速战速决的方式，却没有处理好促进企业生存的实质性问题。

◁ 90 天计划开始前：准备工作 ▷

吉姆·柯林斯（Jim Collins）在他的重要著作《从优秀到卓越》中指出，"无论你当下现实中最残酷的事实是什么，你都要学会去面对它们。"（Collins，2001）在实行 90 天计划之前的这段时间里，企业应该做好充分准备，包括即将面对的"残酷的事实"。在实行这个计划的过程中所做出的考量的质量，会受到准备工作质量的影响。企业要指导参与人员，不管有多难，都不要去粉饰真相。这个过程需要诚实的行为。

按照我们的经验来看，准备工作需要六周的时间，且最好交给专门的跨职能团队来进行整理和可视化工作。这些都是为考量和审议而设计的资源投入。准备工作并不是去写要求做出决定的最终报告，重要的是，事实不能被轻描淡写或者只给听众进行"解读"。事实上，准备工作的方式越简单越好。花哨的演示材料会限制思维，而我们的目的是扩展人们的思维。

◁ 要点总结 ▷

1　每个行业都在面临剧变。企业需要现在就做好准备，以确保自己能应对未来的变化。

2　高管人员要从日常工作中抽出身来，明确自己所处的行业未来可能会发生什么，并真正思考自己的企业需要做些什么，才能在一种大为不同的背景下取得成功。

3　企业要变得格外诚实，要直面所有过去和现有的问题，不可有所隐瞒，欺骗自己。

4　尽可能地多听取建议，为与高管团队进行的沉浸式会议做准备，用吸引人的、有创意的方式让报告变得生动直观。

◁ 参考资料 ▷

1. Collins, J. (2001) Good to Great. 1st ed. Chicago, IL: Random House Gordon, J. (2020) Former CEO First Direct [Interview], February.

2. Gruère, G. (2019) Never let a good water crisis go to waste. www.oecd.org/agriculture/never-waste-a-good-water-crisis/ (archived at https://perma.cc/8J4E- 9JKC)

3. Watkins, D. M. (2003) *The First 90 Days: Critical Success Strategies for New Leaders*. Boston, MA: Harvard Business School Free Press.

第 10 章

第一个 30 天

在本章中，我们概述了启动 90 天计划进程所需的任务、与数据的接触和必要的考量，以便在对客户和企业内部变革能力有更深入了解的基础上来推动企业的发展。计划的前 30 天里，企业应该完全专注于对外事项，尤其是所有有关客户的事项。

在计划中，我们建议企业规划两个冲刺阶段，首先是针对外部，其次是针对内部。这样企业就可以在对客户及环境变化的影响有了新的认识的基础上，进行一段时间的反思。高管们可以利用这两个阶段之间的时间来思考这个计划对自己和自己负责的领域有何意义。

◁ 1~15 天：打开面向世界的窗口 ▷

这个过程的重点是企业对客户、市场和竞争对手的理解。并不是说草草准备一份对年度计划过程的 SWOT 分析就可以了，而是要真正深入了解那些能够促进或是阻碍企业进步的因素。企业需要"沉浸"在数据中，用一种沉浸式的方法，让高管们真正地学会通过一种不一样的、更为客观的视角来看待市场。

表 10.1 列出了企业需要考虑的关键的客户、市场和竞争者因素。

表 10.1　第一个 15 天的考量

投入	考量	产出
行业结构变化的驱动因素 企业对外发言人	三年后，我们的行业会处在什么样的境地？	明确行业的前景 明确环境变化的结构性推动因素
六大支柱的 PESTLE 分析 企业对外发言人	这种变化对环境和社会有什么重要影响？	
六大支柱的影响预测 企业对外发言人	在这期间，什么会影响客户的需求和愿望？ 客户生活中的哪些情况或事件引起了这些需求？	明确客户需求如何变化
与真正的客户交流他们同企业的关系	哪些人是我们的最佳客户？ 他们是如何评价我们的？	
客户价值分析	哪些客户和产品驱动了我们赢利？ 究竟是什么帮助我们实现赢利，什么导致我们亏损？	明确什么让企业盈利
竞争对手分析，六大支柱的标杆分析	我们的竞争对手在哪些方面比我们做得更好？他们的客户如何评价他们？	学习和机会
六大支柱互动模式	当我们的客户与我们互动时，我们希望他们有什么样的想法和感受？	目标客户体验
机会和威胁分析	由此带来的机遇和威胁是什么？	下阶段的投入

◁ 16~30 天：企业内部反思 ▷

在第二个冲刺阶段，我们是时候考虑企业的内部能力了，即促使企业在未来取得成功的资源。企业需要专注于深入理解当前的状况，对当前的状况保持格外坦诚，并努力明确推动公司实现盈利的因素（见表 10.2）。

表 10.2　第二个 15 天的考量

投入	考量	产出
在前 15 天中得知的机会和威胁 以前的目标、使命、愿景和价值观	外部分析对我们的目标有什么意义——我们是否需要重新确立目标？这个目标是否足以充当我们的北极星？如果我们的企业不存在，世界会错失什么？	经过验证/重新确定的目标宣言
用于了解目前指导企业行为的价值观的文化地图	我们目前的企业文化是否有利于我们未来实施的战略？找到让新目标得以实现的价值观。需要抽取哪些人的权力？又需要把权力赋予哪些人？	指导未来行为的简要法则
失败检查——找出以前失败的原因	分析以前失败的原因（为什么我们没能……）并制定缓解措施	防止未来失败的方案
六大支柱领导模式	我们的领导风格和行为是否是实现战略所需的模式？我们是发号施令的领导还是服务型领导？	领导行为准则
员工体验的六大支柱分析	我们目前的员工体验是什么样的？我们需要考虑哪些未来的变化？这种变化会怎样影响员工价值生命周期？	员工的理解 员工生命周期设计的影响
员工自己的看法	我们的员工是怎么评价我们的？	
评估员工体验随时间推移的结构性变化（如产生新的工作模式、新的技术）	界定未来的员工体验	目标员工体验
人力资源价值链——员工行为如何驱动客户体验	我们需要做什么来确保员工体验和客户体验相一致，从而让企业文化自然而然地引发目标客户体验？	公司独有的人力资源价值链
员工客户技能匹配	是什么驱动着企业实现赢利？是哪些员工在发挥作用？	员工在适合自己的岗位充分发挥才能
六大支柱成熟度模型基于旅程和需求的设计方案	企业设计方案的内涵是什么？我们是否需要一种新的工作方式？	实现新设计的过渡计划

首先，要彻底审视你的核心目标，即作为一个企业而存在的理由。我们的初衷是什么？我们为何创立这个企业？我们在哪些方面对社会会有最大的影响？我们真正的价值观是什么？这些价值观如何与我们客户的价值观相吻合？对这些问题加以审视后，企业如有必要就可以重新确定目标或对其做出修改。这个过程可能需要一些时间，但搞清楚这个问题是非常重要的。企业的目标就像是北极星，是吸引你的客户和未来的员工奔向你的理由。企业目标也会进一步吸引现有的员工。

表 10.2 显示，公司需要对企业文化等一些经常被忽视的问题进行细致入微的探讨。企业文化会影响所有变革的执行过程，文化有能力塑造、损害或促进企业所需的特质。大多数企业都缺乏对文化的理解，也不知道如何调整企业文化或利用企业文化的优势。

其实每个企业都完全有能力做到像 First Direct 那样（我们在第 5 章中详细介绍了这家公司）。First Direct 本身并没有技术优势（其实，First Direct 使用的是其母公司汇丰银行的系统和信息技术基础设施），也没有地理或结构上的优势。但 First Direct 与其他银行的区别在于其利用目标引导企业的方式，以及目标对企业思维的影响。First Direct 业务的每一个组成部分都是相辅相成的，因为公司的业务都经过了深思熟虑，目的是与其他所有事项相契合。这就是我们在这 30 天里要做的事情，即创造理念上的基础，打造企业凝聚力和整体性。

PESTLE 分析和 SWOT 分析现在可能已经过时了，但这些技术仍然是解读行业中发生的结构性变化的重要手段。对 90 天计划的所有参与成员来说，盘活客户资源是获得成功的一个关键要素。企业可以用购买路径分析或客户生命周期图来展现新客户是如何出现的，从而确定客户不断变化的购买和参与标准，以及他们的意见领袖网络。重要的是，所有参与计划的人都能设身处地为他们的客户着想。想一下 QVC，该公司每个员工都能从客户的视角看待世界。在 2010 年 QVC 转型的早期，正是同理心主导的客户洞察推动了 QVC 的企业文化变革计划。

案例分析

赢利驱动因素：航空业

我们曾与一家优质航空公司合作，这家航空公司之前面临着来自低成本竞争对手的巨大压力，那时，第一个 30 天计划对它的作用显而易见。这家航空公司当时已经走到了一个十字路口：是效仿竞争对手，以低成本航空公司的身份进行竞争，还是继续做一家优质航空公司呢？这家航空公司要做一些关键的决策。

这家航空公司首先明确了目前所处的情况和残酷的现实，同时也知道了推动公司赢利的因素。它发现，有少量的航线为公司带来了很大一部分利润，如果想保持整个航线组合不变，就意味着公司没有可用资金去投资和保护推动公司赢利的核心乘客群体和航线了。

这家航空公司还发现，那些得到培训最少的员工却往往被派去照顾那些最能带来利润、最难满足的乘客。于是公司迅速做出决定，把那些至少有两年工作经验，并具有良好乘客服务技能的员工列入名单。

这家航空公司必须做出艰难的抉择，减少非关键领域的服务来获得资金，去保护并投资公司的赢利驱动因素。一旦这些决策得到实施，它的利润率就会增长 30%。

案例分析

目标：一家公用事业公司

在我们与一家大型公用事业公司一起实行这 90 天流程时，高管们坦白说，他们没有时间去"思考客户"。他们大部分的会议都是以运营为重点，如果他们能花 5% 的时间在客户身上，就算好的了。这 90 天的过程让他们看到了客户的需求，以及"互联家庭"对他们未来的业务可能意味着什么。

> 而更重要的，这90天让他们意识到，客户希望看到企业在环保方面能发挥更大的作用。这让他们停下了脚步，开始从根本上重新审视公司的宗旨。他们意识到，只为自己设定可持续发展目标——甚至是领先行业的目标——是不够的。这个过程——倾听客户的声音——让高管们看到，作为一个行业的领头羊，公司可以占有一席之地，并影响整个行业，以及相关的产业。

案例分析

美国太阳信托银行（SunTrust Bank）

美国太阳信托银行发展势头不可阻挡，已经在美国排名表上一跃而起（上升了137位）。而正是这家银行方法的系统性、目的性让其脱颖而出。美国太阳信托银行在30天计划一开始就采用了一种由外而内的方法，真正了解银行对客户生活的影响，并回答这个问题："太阳信托银行存在的意义是什么？"

因此，太阳信托银行迅速开始了为期30天的集中计划，专注分析银行过去的业务，并对以前的客户群和价值观进行了细致的研究。太阳信托银行发现自己（后来与BB&T银行合并，成立了Truist银行）是一家重视集体的银行，在出现分歧的时候，太阳信托银行历来都注重与客户建立个人关系，帮助他们恢复对金融业的信心和福利。"我们就是这么找到自己真正的目标的。我们相信，每个人都能对金融业产生信心，过上美好的生活。这成了我们的口号、我们所站的立场以及我们所发起的运动"，太阳信托银行CEO杰夫·范德维德（Jeff VandeVelde）如是说（Trevail, 2017）。

从这一点出发，太阳信托银行专注于如何将其与客户的关系个性化，开始关注个人客户旅程以及银行与客户集体的关系是如何帮助银行实现目标的。消除客户痛点、稳住客户并建立社区联系，这些措施为明显改善客户体验打好了基础。

> 太阳信托银行一直专注于实现变革："以由外而内的方式实现了由内而外的转变。"客户体验的改善与银行的财务比率之间存在着密切联系。在重新发现银行真正目标之后的新闻发布会上，CEO 威廉·H. 罗杰斯（William H. Rogers）说："太阳信托的收入增长了 7%，我们的效益比率和有形资产效益比率分别提高了 90 和 100 个基点。"（Trevail, 2017）

文化

高管们很少审视企业文化及其对战略成功实施的影响。然而，文化是企业整体能力的一个重要组成部分，在第一个 30 天冲刺阶段，高管们应该要意识到企业文化的重要性。高管们需要做一些准备工作，了解并记录企业文化的核心内容。

文化是企业中一种看不见的运作系统。在大多数企业中，人们虽然经常把关键方案出现差错的原因归结到文化上，但却很少真正关注企业的文化。First Direct 的成功表明，了解文化及其优势和劣势是一种重要的管理投入。领导的职责是根据企业的发展随时调整企业文化，并为以后的领导培养企业文化。评估和了解企业文化的方法有很多，最有效的方法之一是潜在规则分析，这是一种真正理解企业行为的机制。

彼得·斯科特－摩根（Peter Scott-Morgan）博士在他的《不成文的游戏规则》一书中说，企业文化由一系列不成文的规则潜移默化地掌控着（Scott-Morgan, 1994）。而书面规定并不会预料到这种潜在的规则。比如，"你要在今年把预算花完，否则你明年就拿不到预算了"，这种现象在许多企业中存在，是预算编制中未曾设想的后果，因而产生了一些对企业不利的员工行为。

有一家公司，为其每一年半对员工进行一次交叉培训而感到得意，但其潜在规则是"在你的前三个月成为主人公（通常是摒弃过去的做法），并且不要留下任何可能有利于下一个任职者的东西"。这助长了一种目光短浅和恶性竞争的文化，而不是企业所期望的员工训练有素、能力全面的文化。

有一种简单的方法可以迅速掌握企业文化并发现一些关键性潜在规则，那就是去与最近新入职的员工谈话。新员工必须经历一种文化适应过程，通常他们本人不会意识到这一点。他们必须根据周围的人和事物来调整自己的行为。通过观察自己周围的人，他们会凭直觉找到可以接受的或良好的行为。通过简单地询问新员工他们在头几个月的经历，问他们发现有哪里不妥，或者他们的行为与自己在以前的公司的行为有什么不同，企业就会得到真正的有关企业文化的见解。

企业设计：客户旅程

全球各地的企业都在为规模化敏捷和客户旅程管理这两个概念而发愁。要想处理这个问题，企业需要明确自己正在管理的客户旅程、跨职能部门工作的职责，以及如何调整敏捷方法以适应特定的业务。

在第 4 章中，我们探讨了客户导向型企业设计的转型方案。高层领导需要思考企业的转型计划，并对最终的目标有一个清晰的认知。

失败检查

我们经常得知，企业 70% 以上的变革计划都会以失败告终。根据我们自己的观察，我们并不会质疑这个数字。但是，尽管如此，却很少有企业真正从过去的失败中学习，这意味着他们很可能重蹈覆辙。

在失败检查过程中，企业必须坦诚地审视其最近过去的表现，看看哪些项目未能实现其目标，并问自己一个基本的问题：为什么会这样？除了项目的管理问题，还有哪些系统性的因素、理念或工作方式，从一开始就注定了这个项目会失败？表现是什么，根本原因又是什么？

如果企业找到失败的原因，需要以什么样的解决方案来缓解这些不利因素在今后的影响？

客户与员工平等统一体

实行一套价值链模型是一种简单但非常有效的方式，可以看到企业该如何去塑造员工与客户互动的复杂系统，以促进企业的一致性。

案例分析

IBM

当路易斯·郭士纳（Louis Gerstner）在 1993 年接管国际商业机器公司（IBM）时，他的任务是将 IBM 重新变成一家领先的方案解决公司，他的第一个举措是让高管团队与客户进行接触。他看到，在 IBM，客户是排在第二位的。他意识到，他们不能再"像罗马帝国那样去经营公司，认为自己傲视群雄，确信那些在边境集结的野蛮人不会造成真正的威胁"（Gerstner，2002）。

郭士纳以"热情拥抱运动"开始了专注于客户的过程，他要求 50 名高管人员在三个月内至少对自己的五个主要客户进行一次"热情拥抱"访问。每位高管必须提交一份两页的报告，详细说明自己发现的问题。郭士纳会仔细阅读每一份报告，高管们意识到了郭士纳是认真的，于是大大提高了对客户的重视程度。高管在自己的汇报体系中也采取了同样的方法，最终这种方法渗透了整个公司。IBM 也走上了以客户为中心的道路（Duarte，2015）。

◁ 要点总结 ▷

1　通向成功的道路并不容易，没有灵丹妙药，没有一件事能保证百分之百成功——正如那句座右铭所言，成功需要 99% 的汗水和 1% 的灵感。

2　第一个 30 天重点是对客户的生活及其不断变化的需求、新技术和企业内部能力的细节进行真正的研究和审视。这要求企业愿意正视长期被忽视的问题，并通过客户的视角坦诚看待这些问题。

3　企业需要认真处理自己的文化，认真对待员工体验以及员工和客户之间的关系。

4　客户之声和员工之声要足够响亮，要有穿透力。

◁ 参考资料 ▷

1. Duarte, N. (2015) To win people over, speak to their wants and needs. https://hbr. org/2015/05/to-win-people-over-speak-to-their-wants-and-needs (archived at https://perma.cc/663L-RTM3)

2. Gerstner, L. V. (2002) *Who Says Elephants Can't Dance*? 1st ed. New York: HarperCollins.

3. Scott-Morgan, P. (1994) *The Unwritten Rules of the Game: Master Them, Shatter Them, and Break Through the Barriers to Organizational Change*. 1st ed. New York: McGraw-Hill.

4. Trevail, C. (2017) How SunTrust Bank is creating a purpose-driven customer movement. www.linkedin.com/pulse/how-suntrust-bank-creating-purpose- driven-customer-movement-trevail/ (archived at https://perma.cc/9P4A-UY96)

第11章
第二个 30 天

在这第二个 30 天的冲刺阶段里,我们关注的是企业的能力。我们是否有适当的能力来充分利用我们对客户和环境的进一步了解?如果没有的话,我们该如何走上正轨,打造这种能力以达到最佳效果?

我们已经看到,一家又一家的公司正专注于个性化技术和员工的同理心培训,因为这两点在某个时间点上很流行。现在,公司正在投资于人工智能和机器学习,而关键的核心流程却仍在削弱客户关系。

"先解决基本问题"这句话是有一定道理的。而这并不意味着企业不能同时进行进阶投资(只是不要以牺牲更重要的基础问题优化为代价),如果你有能力进行投资,在客户感受到核心流程优化带来的效果之前,先不要期待净推荐值或客户满意度提高后的成果。

表 11.1 列出了有关企业如何通过优化能力来推动客户旅程的考量。

在这个过程中,有三个重要的领域需要研究:可以促进能力发展的技术;客户为实现生活目标而与公司一起进行的旅程;确定优先次序——如何对项目,特别是项目组合,进行综合管理。

> **客户至上**
> 基业长青的六大支柱

表 11.1 第二个 30 天的考量

投入	考量	产出
六大支柱技术分析	什么样的新兴技术可以帮助我们实现业务转型？	需要进一步评估的备选技术 对企业系统结构潜在的长期影响
客户旅程图集	作为一个企业，我们管理着哪些客户旅程？这些旅程是产品旅程还是客户生命旅程？	对整个企业的客户旅程有清晰的认识
六大支柱的层次结构 六大支柱的优先级模板	运用容量分析和六大支柱旅程分析，看看哪些旅程是大多数客户会体验到，但问题却是最多的？	需要优先改善的旅程 关键能力分析
关键能力分析	哪些是标志性的项目，即那些无论多么有挑战性，但能确保成功的项目？	需要高层领导监督的项目
领导小组议程	我们如何管理标志性项目的实施和交付？	领导小组报告时间表
与成熟度建模相一致的投资组合管理技术	我们如何管理所有客户旅程项目的版本控制？	内部优化中心
路线图草案	我们的总体路线图是什么样的？	整个企业的路线图
目前的财务业务案例方法	我们如何管理变革的经济要素？该在哪个地方以及如何节省资金，以便能够进行再投资？	完善的财务业务案例方法

◁ 技术分析 ▷

企业在进行技术分析时应着眼于一系列的新技术，并找出这些技术可能带来商业利益的地方，无论方法是优化体验还是降低成本。新技术有许多种，如人工智能、数字化、虚拟现实、区块链等，企业需要了解这些技术在改善客户和员工生活方面所能发挥的作用。下面的案例表明，公司既可以让技术优势从他们的手中溜走，也可以利用技术优势达到绝佳的效果。

第三部分 ◀
90 天计划：实现质的飞跃

在 20 世纪 60 年代和 70 年代，施乐公司曾拥有世界上最先进的技术实验室之一，该实验室位于美国加利福尼亚州的帕洛阿托。施乐雇用了一些世界顶尖科学家，他们在开发我们现在每天都使用的技术方面取得了巨大的突破。施乐公司负责创建计算机窗口和图标，这是如今每台个人电脑和智能手机的基本界面接口。施乐开发了以太网和网络技术、数字扫描和激光打印。然而，施乐却未能将这些技术转化为商业成效：这些技术反而为苹果、微软和惠普等其他公司提供了发展动力（Mui，2012）。这为我们提供了一种盲目追求技术而导致失败的经验教训。

今天，许多公司都会设计自己的实验室，但这些实验室更关注的是真实的、当下存在的客户问题，而企业可以巧妙地利用先进技术来解决这些问题。USAA 实验室就是这样一种客户参与的案例。USAA 实验室为客户提供了加入产品测试小组或小组访谈的机会，或者去面对"挑战"，其中小组成员可以提交关于特定主题的解决方案，如"USAA 如何更好地与正在努力偿还债务的会员进行沟通、互动或提供帮助"。最后，结果是客户可以看到自己对 USAA 产品和服务的影响（USAA，2017）。

丝芙兰创新实验室会与客户合作，打造新的（通常是更有创意的）互动方式（DeNisco Rayome，2018）。例如，丝芙兰的人工智能 APP "虚拟艺术家"运用脸部识别技术，可以让客户在手机上试用化妆产品。这个软件还承载着丝芙兰美容工作室的预订服务，也可以作为一个数字钱包来用，在客户浏览产品时保存他们过去的购买信息和美容"内线卡"（表示成为丝芙兰客户忠诚度计划的成员）。这个 APP 可以让客户在网上购买产品，或者告诉客户在线下商店的哪里可以找到这些产品。丝芙兰已经在网上再现了线下店面的客户体验，以应对越来越多客户在网上购物的趋势。

◁ 客户旅程图集 ▷

随着客户旅程的出现，一些事情已经发生了不可逆转的变化。企业不可能再走过去以职能为主的老路了。协助客户完成他们的旅程，这一特点将持续存在。

然而，却很少有企业能完整地了解一个客户在他们那里可能进行的所有旅程。而能从客户的生活角度来看待这些旅程，而不仅仅是关注产品的旅程的企业，则更是微乎其微。客户旅程图集是从客户生活的角度来看待这些旅程的高级地图集合。有了这种视角，企业就可以向客户提供创新和解决方案，形成一种真正的关系，而不仅仅是鼓励他们消费。

因此，企业需要把在旅程环境中的管理变成一项核心能力。可惜，旅程设计往往停留在了白板或纸面上。旅程会随着客户需求的变化而变化，管理旅程设计将永远是一项持续性的工作，因此企业需要调整自己的业务，以便能有效管理正在进行的旅程优化。

龙头企业正在打造一种客户旅程管理的优化中心。其中有一些关键的因素：

- 企业需要有一种标准化的旅程设计方法，而不是小作坊作业。团队随心所欲地设计客户旅程并不是长期取得成功的秘诀。
- 企业需要有一个客户旅程管理优化中心，负责确保这种方法建立在数据之上且与手头任务相关。
- 员工需要接受正式的培训，并获得使用这种方法的认证。
- 企业需要有一个中心旅程设计库，负责版本控制；有新设计的发布时间表，并与时俱进。

◁ 优先级划分 ▷

大多数企业高管都会抱怨方案太多或疲于进行变革。我们的一位同事是这么说的:"高管们忙着射箭,没时间和卖机关枪的说话。"在他们看来,这个世界上所有事务都很紧急,没有时间去思考,每一个决策都是被动的。积极主动进行管理是很难的。

这样的环境滋生了不应出现的逞能现象和损害企业利益的做法,这可能会造成个人的损失,也可能导致多个项目的失败。

那么,为什么高管们会觉得确定方案的优先级很难呢?其中一个原因就是,每一个方案对某个人来说都非常紧急,没有绝对的标准可以用来衡量方案有多紧迫。在本书前面的部分,我们提到过我们曾与一家大型公用事业公司共事,这家公司之前有400多个正在进行的主要方案,且把每一个方案都列为需要紧急处理的事项。而实际的情况却是,在这400项方案中,只有11个方案为客户带来了明显的改善。我们把这些方案称为"标志性"方案,这些方案非常重要,领导团队每两周会检查一次该方案的进展情况。另外有100多个项目被该公司叫停,腾出的资源用于确保公司能高质量交付面向客户的项目。

我们观察到,各公司对分辨力和对方案的排序这两个问题已经不那么重视了。我们认为,公司在这两个问题上停滞不前,是因为公司的其他项目不能从变革中受益或参与变革。确定优先级比关键路径分析更为复杂,因为关键路径分析往往是在项目内部进行的,而优先级划分是项目之间的问题。

项目组合管理倾向于关注"硬件系统",即技术能力等,但很少注重"软件系统",即与人有关的活动,如企业文化、客户行为和决策等。而成功的模式会把企业整个系统的硬件和软件因素看作是相互依存的。因此,企业需要管理整套的变革方案组合。成熟度模型在这个方面是很有用的,能对项目进行合理的排序,使其在某个特定的时间点上达到理想的状态,而不仅仅是根据单个项目完成时间表来工作。

我们在与一家大型投资银行共事时,开发了一种项目组合管理方法,这种方法促使该银行对整个组织在某个时间点的能力有了一定的了解,其中涉及六个关键方面:目标、愿景和战略;客户;员工;组织方式;技术;渠道。运用这种方法可以看到整个企业的成熟度，确定在某个特定的时间点上企业作为一个整体的能力。比如说：

- 所有员工都会理解我们企业的目标对他们个人的意义，在整个企业中能明显看到以客户为导向的行为。
- 我们开始看到，有明显的案例证明我们在客户旅程的关键接触点上践行了企业的目标。我们的员工会自如地运用品牌行为与客户互动。
- 我们的敏捷行动团队将交付第一套完整的"冲刺"动作，我们已经形成了一种"在检验中学习"的环境。
- 我们已经发布了全渠道互动技术，客户也正在逐渐适应这种技术的使用。
- 我们已经采用了基于客户旅程矩阵的组织设计，这是一种稳定的平台，可以逐步实现全面的旅程管理。
- 现在，我们的领导会议是以客户为基础的，整个企业的决策都是由客户之声计划来推动的。

这个阶段的关键词是"整合"与"协调"，企业要对自身发展的每个主要阶段都有明确的目标。只有这样，企业才能享受到转型带来的所有好处。

◁ 要点总结 ▷

1　在一个技术飞速发展的世界里，了解潜在新客户使用APP的最新情况，并不是一项简单的工作。

2　对许多企业来说，他们需要一种专业的实验室功能，一个由擅长技术的人组成的团队，这些人不仅可以了解新技术的发展动态，还可以将其迅速转化为对客户有用的APP。

3　企业不能只是为了创新而创新，重点在于如何解决客户的问题，如何改善客户的旅程，以及如何让员工的生活更便捷、更有意义。

4　客户旅程管理正在成为一种关键的组织能力。

◁ 参考资料 ▷

1. DeNisco Rayome, A. (2018) How Sephora is leveraging AR and AI to transform retail and help customers buy cosmetics. www.techrepublic.com/article/how-sephora-is-leveraging-ar-and-ai-to-transform-retail-and-help-customers- buy-cosmetics/ (archived at https://perma.cc/JH83-VBTH)

2. Mui, C. (2012) The lesson that market leaders are failing to learn from Xerox PARC. www.forbes.com/sites/chunkamui/2012/08/01/the-lesson-that-market- leaders-are-failing-to-learn-from-xerox-parc/?sh=3a54a87b6829 (archived at https://perma.cc/EK3E-6P7C)

3. USAA (2017) Introducing USAA Labs: member-driven innovation. https://communities.usaa.com/t5/Money-Matters/Introducing-USAA-Labs- Member-driven-innovation/ba-p/114187 (archived at https://perma.cc/ T76K-54J8)

第 12 章

最后的 30 天及以后

到了这个阶段，我们关注的是企业建立管理变革和形成发展势头的过程。在许多方面，这些进程会让企业成功摆脱过去不再奏效的方式。这些进程会形成一种环境，在这个环境中，企业可以用一种可控的、有凝聚力的、一致的方式来实现理想中的变革。在本章，我们将探讨企业该如何做，才能为变革找到一种令人信服的理由，以克服企业天生的惰性，并表明变革势在必行。

表 12.1 列出了高管们如果想要解放企业，让企业在改变根深蒂固的流程和程序的过程中更加灵活，需要进行哪些考量。我们特别借鉴了在之前章节详述过的敏捷和服务型领导的概念。

表 12.1　最后 30 天的考量

投入	考量	产出
创新方法，如"待办事项"法	我们如何推动体验创新？	创新战略
目前有关敏捷的经验和认知	哪些是能推进优先事项发展的敏捷跨职能团队？	商定好的敏捷发展方向
框架草案	我们该如何衡量成功？评估的框架是什么？	商定好的成功衡量标准

续表

投入	考量	产出
视距方法	我们如何将我们所有的员工与客户联系起来？	让员工进行找到视距的训练
目前的沟通过程和缺陷 这种沟通是否有效，或者让员工有正确的理解？	应该打造什么样的员工沟通过程，才能确保员工有正确的理解且愿意付诸行动？	实施一种"理解过程"，确保沟通过程得到员工的赞同和理解
从之前的考量中得出的想法	我们的"小型实验"（改变和巩固观念所需的象征性活动）应该是什么样的？	商定好的"小型实验"
企业领导的许诺和承诺	领导层的一致性——我们是否都致力于新的目标、员工体验和客户体验？我们该如何指导方案的实施？	清晰易懂的规则——相辅相成，各司其职

- **创新**：我们坚信，创新来源于企业对客户问题的深刻理解和对可用解决方案的广泛理解。我们赞同列出"待办事项"这种创新方法，它在客户体验创新中特别实用，这种方法可以让企业对客户正在处理的问题有深入的理解。因此，"待办事项"法是一种实用机制，可以找出企业能帮助客户解决哪些问题。

- **规模化敏捷**：新的敏捷方法可以彻底代替发号施令式管理。在创建得到授权的跨职能团队的过程中，敏捷方法可以让一线员工充分发挥作用，并提供一种能大大缩短企业进入市场时间的方法。规模化敏捷把这种方法从信息技术世界扩展到了主流的组织设计。敏捷带来了一套经过深思熟虑的技术，让跨职能团队的方法得以快速实施，同时确保后续不会出现混乱的情况。

- **视距**：各种研究都表明，如果员工对公司的战略和目标有清晰的视距，他们就会更加投入、充满活力。简·卡尔森（Jan Carlson）总结说："如果你没有为客户服务，那么你就要为服务客户的人服务"（Hyken，2018）。员工需要对自己的职责、自己独有的贡献和自己对客户最终造成的影响有清晰的认识。

- **领导层协调一致**：归根结底，这90天计划是为了让领导层工作协调一致：创造表达、解决问题的空间，让每个人都站在同一战线上。你们会一起对手头的任务和推动任务发展的因素达成共识。企业领导现在需要对这一发展方向做出坚定的承诺。

◁ 调动中层管理人员 ▷

无论企业在战略问题上思考多么细致，最终要想成功实现变革，还是要靠中层的管理者。他们的作用类似于"缓冲器"，是战略和实施之间的接口。如果不是他们调动企业中通常看不见的网络，战略很可能只停留在一种经过仔细思考的、对未来方向的阐述上，除非战略得到实施，否则战略就没有价值。

而往往中层管理者的口碑都不是特别好。在某个企业中，人们经常把中层管理者称为"糖霜层"，因为蛋糕的糖霜层以上的部分都是甜的，而企业内的一切事物都在向上汇报时往往都会经过粉饰。在另一个企业中，人们把中层管理者称为"冻土层"，因为下面的动向根本无法传达给上层。中层管理者这个群体也有可能会持续不断地收到指令。疲于变革是许多中层管理人员群体的一个特点，他们会感叹："怎么又有新方案啊！"

如果想调动中层管理者参与积极性，那么必须要让他们成为90天计划的一部分，而没有什么比授予他们权力更实在了。他们不仅要能感到自己参与了计划，也要能感到自己对计划成功实施有所帮助。在我们的领先企业里，正是企业的授权推动了中层管理者的工作。方向规划占变革计划的20%，而剩下的80%就是如何实施计划了，中层管理者需要参与方案的规划，并拥有实施计划的权力。

◁ **小型实验** ▷

企业可以通过"小型实验"的方式来促进员工理解方案的过程,"小型实验"指规模小但重点明确的变革。企业可以悄悄引入这种实验,这种方法的规模虽小,但也足以能让所有人接受和理解,且蕴含着非常明显的变革属性和象征意义。

在第10章中,我们谈到了郭士纳让IBM的高管人员聚焦客户的方法。这个方法很简单,"去和五个客户交谈,然后回来汇报",但其中却蕴含着一种深刻的变革动力。我们将此类方法称为"小型实验"。有时简单的东西乍一看并没有什么特别之处,却可以带来重大变化。

在与一家大型银行共事时,我们第一次意识到了"小型实验"的作用。这家银行诞生了一个全新的管理团队,他们热衷于恢复"银行业的人情味",并专注于服务,而不是销售。在此之前,银行要求员工把重点放在销售上,从而导致了一些对银行不利的客户行为:客户变成了目标,而不是有需求的人。

在转变过程刚开始的时候,我们当时坐在一个分行的员工休息室里,一个员工走进房间,说:"我这有一个办信用卡的和三个办个人贷款的,谁要?"在他们眼里,客户相当于商品而不是人,他们只看到了客户购买特定产品的潜力。这种做法导致了一种企业文化的产生,即员工只会看到客户当下的价值,而不会去尝试培养长期的互利关系。

新的管理团队相信,如果客户能获得一种重视他们需求的出色体验,那么自然就会有交易发生,客户会主动购买产品,不需要去强迫他们。为了实现这一目标,他们必须打破过去以销售为中心的思维模式。他们采用了"小型实验",用一个简单的步骤迅速改变了企业文化。

新团队取消了所有的销售管理信息,甚至不再关注所有与销售有关的数据。此前,各分行之间相互竞争,都力求在排行榜上取得好成绩。现在,他们并不知道自己或其他分行的销售业绩。道理很简单:好好对待客户,他们自然就会消费，我们不需要推销。所有员工立马就明白了这个道理。这一决策让每个分行都试图采取更多的客户导向型行为。银行鼓励各分行运用自己的思维，为客户创造美好的生活。在那一年，这家银行在其国家的客户体验排行榜上的排名上升了140位，股东价值增加了60%，并成为在客户体验方面领先的银行。

我们曾听到过一家航空公司的工程总监对其手下4500多人的工程维修团队讲话，这也是一个案例。之前，这家航空公司有这样的习惯：飞机如果在飞行途中遇到了不是很严重的小故障，且目的地没有工程维修站，公司就会让飞机掉头，返回基地，方便对飞机进行维修。公司后来意识到，这种做法属实没有必要，会吓到乘客，乘客会自然而然地认为飞机的故障一定很严重，他们提心吊胆好几个小时，这样还会对他们的旅行安排造成很大的干扰。

在讲台上，工程总监下令，"从现在起，停止这种做法。"他不想再让乘客提心吊胆了。从那之后，如果遇到小故障，飞机会继续朝着目的地飞行，而工程维修人员会乘坐备用飞机前往维修。一个简单的运营步骤的改变，让航空公司具备了强大的变革动力，其变革重心非常明确：客户至上。

◁ 90天过后的巩固 ▷

在这个阶段，企业要把前90天的工作付诸行动。而一个企业往往很难一次性就能彻底领会大规模的变革。企业需要一定的时间来跟上管理团队的步伐。高管们会从这个90天计划中得到启发，努力推动变革，不过，他们的员工还没有经历同样的心路历程。这种理解上的滞后会导致员工产生消极的回应，并经常阻碍变革计划。

所以，高管们要把自己的员工带入自己所经历的心路历程，让其他人能够消化吸收90天计划对他们的意义。这是一种形成共识的过程，比沟通更有意义。高管们不能像以前那样，信誓旦旦地宣布"这就是我们今后要做的，道理也说了"。"告知和灌输"式沟通会直接导致员工产生抵触心理，他们只会表面上服从，不会做出承诺，甚至还会悄无声息地故意阻挠企业发展。让整个企业都参与进来是非常重要的。90天计划构建了一个平台，一种让企业朝着正确方向发展的影响机制，会指导企业的行为和理念。但现在，我们需要让整个企业都参与进来：而双向沟通就是让企业步调一致的关键所在。

在IBM，郭士纳不仅会"热情拥抱"客户，他还会"热情拥抱"员工。郭士纳每天都会到公司现场把员工聚在一起，与他们分享信息、讨论想法、解决问题。有时郭士纳在长达90分钟、没有准备稿子的会议上，会一次性面对多达20000名员工讲话。他会认真倾听，事后再做出评判，并尽量保持客观，同时也一直在指导和完善变革活动（Hunsaker，2010）。

企业需要对"小型实验"进行监测和改进。所以领导就要定期从员工那里得到反馈，并对变革计划的实施情况进行持续调查。我们知道，变革活动可能会产生意想不到的结果：而重要的是，领导要随时了解整个企业的工作进展。确定了战略并不意味着工作完成了，用丘吉尔的名言来说就是："这不是结束，这甚至不是结束的开始。"

◁ 持续治理 ▷

企业必须要管理客户体验战略的实施，保持各项变革活动的关联性和凝聚力。有效的治理方式是这个问题的关键。企业要把90天计划的成果认真仔细地付诸实施。这就需要一种治理结构。

对客户体验的治理不仅仅是监督的问题。治理结构也会确立一些流程，在企业做出日常业务决策时，将有关客户体验的考虑纳入其中。在许多公司里，治理围绕着客户服务委员会进行，客户服务委员会由8~10名工作与客户体验交付关联性最大的管理人员组成。其中至少应该包括人事高管（CPO）、技术高管（CIO）、营销和品牌高管（CMO）、运营高管（COO）和客户高管（CCO）等负责人。这个团队会共同负责整个企业内部和对外体验的交付工作。他们负责管理

90天计划带来的成果，也负责确保各事项进展顺利。

而这个团队并不能取代领导的作用，领导的作用是带头示范，激励员工做出行为上的改变。有一次，我们曾与一位行业领先的CEO同台，下面有人问他："在您的企业里，谁对客户负责？"他回答说："就是在和你说话的人。"

客户服务委员会由来自多个职能部门的人员组成，是为了增强企业的凝聚力，整合各项工作。这种客户服务委员会的职责范围应包括以下内容。

1　**客户体验战略**：这个团队负责执行企业的目标。具体做法有：团队以恰当的方式对客户进行细分；打造、维护目标体验；保持员工体验和客户体验之间的联系。这些举措如果得到实施，会形成一种以客户为中心的企业文化。

2　**确定事项优先级，对工作进行排序**：团队要调动灵活调整和重新安排活动顺序的能力，以促进企业整体的发展。通常情况下，各项举措一旦启动，就会形成自己的有效期，结果就是，一些措施会排在其他措施的前面，一些措施会被搁置，最终效果也会变化。团队要看到各项举措之间的关系和相互作用，这一点是很重要的。

3　**职责和责任**：在一个不断发展变化的环境中，随着团队的形成和优化，团队必须要把握、沟通这个问题：哪些时候由谁来负责哪些事项。

4　**监测和管控**：为客户体验的评估提供一种结构，包括跟进和监测工作进展的指标，以便能找出成功的例子，并将其纳入设定优先级的活动中。

5　**确保遵守设计标准**：企业需要一些准则来确保体验一致。这些准则可以是简要法则、六大支柱或设计标准。企业只有确保遵守这些准则，才有可能长期实现一致性。

6　**决策体系**：监测企业的决策过程，以确保在决策过程中，可以充分调动客户洞察。把客户和员工洞察与关键绩效指标和客户满意度指标联系起来。

7　**确保员工理解**：分析员工的反馈，以确保关键信息不仅能得到传达，而且还会付诸行动。

8　**商业成效**：最后，每个方案都会有相应的投资回报和商业案例，可以证明方案在变革组合中的地位。而企业却很少回过头来检查方案是否带来了商业回报和案例，如果没有的话，也不会思考是为什么。这不是一个好的学习型企业的表现，为了避免指责和羞辱，有的企业负责人往往会避而不谈。而一个成功的企业应该打消这些疑虑：如果不去面对和处理失败的原因，就无法实现优化。

案例分析

客户体验治理

联邦快递

联邦快递有一个客户体验筹划委员会，每月召开一次会议，由公司的创始人、董事长兼总裁兼 CEO 弗雷德·史密斯（Fred Smith）主持会议。这个委员会负责审核公司的客户体验优化项目，并在一个"非常严谨"的流程中，决定公司要在哪些方面努力（CX Insights，2017）。

Adobe

奥多比（Adobe）有一个客户管理委员会，成员包括来自所有影响客户体验的关键领域的跨职能高管，如产品开发、客户支持、财务、营销和业务流程管理领域负责人。这个委员会定期举行会议，审核最新的客户洞察和指标。这样做，他们可以确定一些问题的规模、范围和优先级，而他们认为这些问题会最大程度优化客户体验，影响公司赢利（CX Insights，2017）。

Adobe 的客户管理委员会并不是独立工作的，而是与 Adobe 的另一个跨职能团队合作，即业务流程优化委员会，这个委员会负责资助客户体验优化方案，并分配员工参与方案的工作。

加拿大邮政

加拿大邮政要求，公司任何部门的所有资金申请都要考虑商业案例中 10 个与客户相关的问题。这样可以确保公司所有领导不仅会考虑自己的项目将如何影响盈亏，还会考虑项目将如何影响客户体验。

◁ **要点总结** ▷

1　实行变革方案的过程中，克服组织惯性和疲于创新的心态，可能是一大难关。

2　只有调动中层管理人员的积极性，变革才有可能成功。中层管理人员是企业的"缓冲器"，是负责把战略付诸实施的群体，他们需要帮助和支持。

3　善用"小型实验"，即精挑细选的变革，看似规模小，却蕴含非常大的意义，在帮助中层管理者传达信息方面，是非常有用的。

4　变革需要企业细致的治理，要有与变革进程配套的变革委员会/变革团队，对变革方案在整个企业内的进展有清晰的认识，这对于成功而言非常重要。

结语

我们非常荣幸能与优秀的企业们一起合作这么长时间,因此,我们才能证明"体验的六大支柱"是可以推动企业客户拥护度、忠诚度提升,最终帮助企业实现增长的实用战略。

我们的研究让我们深刻认识到什么方法有用,什么方法没用,因此我们看到了一条明确的成功之路。

变革就像商业生活中的许多事项一样,也是一种过程:企业可以明确变革的内容,并详细规划什么时候需要实行哪些方案。企业里的某些人可能认为,似乎信息技术、治理或项目管理的具体工作,才具有实际意义。但在本书中,我们认为,真正有意义的工作,是去了解客户并满足他们的需求,发现客户新的需求,让他们的生活更轻松、充实。我们详述了"六大支柱"模型,从我们的经验中可以得知,这六大支柱象征着让企业变优秀的特质。以实现客户体验优化为目的,六大支柱模型提供了一种框架,公司可以将自己的想法和见解套用在此框架之上;六大支柱模型直接与最佳实践联系在一起;六大支柱模型确保企业在每一次与客户的互动中,都可以把客户重视的要素放在首要位置。

但企业并不是只凭借"六大支柱"来成功实现优化的。企业独特的思考方式、他们所做出的考量和他们所开发的能力,都以多样的形式结合在了一起,帮助他实现了优化。

我们在本书中使用的许多案例都表明,优化并不具有选择性,优化不局限于某种类型的企业或部门,优化是一种企业存在的方式,要确保优化是由内而外形成的,客户关系是由外而内建立的。

我们以乐观的态度概述了企业为取得成功应采取哪些步骤。我们在大多数企业中都看到了成功的迹象，但套用著名科幻小说家威廉·吉布森的话来说，不足之处就在于"只是还没有联系起来"。我们希望通过分享"六大支柱"模型和"90天"计划，能引导您、您的员工和您的客户去建立新的联系，取得新的成功。

◁ 参考资料 ▷

1. CX Insights (2017) Significance of governance in customer experience management. https://medium.com/@CXInsights/significance-of-governance-in-customer-experi-ence-management-679c2b4bbe7a (archived at https://perma.cc/G6ZB-PWD6)

2. Hunsaker, L. (2010) Customer centric listening. www.mycustomer.com/community/ blogs/clearaction/customer-centric-listening (archived at https://perma.cc/2ENE- AWSA)

3. Hyken, S. (2018) Before you can be customer centric, you must be employee centric. www.vonage.co.uk/resources/articles/before-you-can-be-customer- centric-you-must-be-employee-centric/ (archived at https://perma.cc/ QHY5-PN72

致谢

整本书参考了毕马威会计师事务所发表的关于客户体验优化和六大支柱模型的研究，如果没有毕马威的鼎力相助，就不可能有这本书。我们还要特别感谢英国合作伙伴丹·托马斯（Dan Thomas）和戴维·罗兰兹（David Rowlands），以及毕马威全球客户优化中心负责人胡里奥·赫尔南德斯，感谢他们的鼓励和支持。

我们还要感谢毕马威的优秀员工，他们将六大支柱模型应用到了全球咨询和数字化转型工作中。在他们的帮助下，许多企业将提供最佳客户体验视为持续发展的核心任务。在我们的职业生涯中，能与你们每个人一起工作是我们的荣幸。

毕马威允许我们在本书中转述其六大支柱模型，并参考其他发布的关于企业的未来（"互联企业"）和消费者变化（"我、我的生活和我的钱包"）的看法，对此我们深表感激。对于"互联企业"，我们要特别感谢米里亚姆·赫尔南德斯·卡库尔（Miriam Hernandez Kakol）、胡里奥·赫尔南德斯、杜卡恩·阿维斯（Duncan Avis）和艾德里安·克拉普（Adrian Clamp）。对于"我、我的生活和我的钱包"，我们要感谢科琳·德拉蒙德（Coleen Drummond）、伊莉莎·雷福德（Eliza Radford）、詹尼弗·里纳多斯（Jennifer Linardos）、乌瓦什·罗（Urvashi Roe）、胡里奥·赫尔南德斯和威利·克鲁（Willy Kruh），他们的文字给予了我们很大启发。我们还要感谢乔治娜·塞弗斯（Georgina Severs），她一直都鼓励着我们，并提出了宝贵的意见。

我们还要感谢 First Direct 银行的 CEO 克里斯·皮特（Chris Pitt）和维珍理财的 CEO 戴维·达菲（David Duffy），他们慷慨地为本书贡献了自己的时间和智慧。

我们将永远感激乔·泰特（Joe Tait），他倾心指导了我们该如何阐述和表达自己的想法，让我们的思考更严谨。

在科根·佩吉出版社（Kogan Page），斯蒂芬·邓内尔（Stephen Dunnell）就如何改进和完善本书提供了见解和建议。

除了日常工作，我们历经无数个周末和夜晚，写成了这本书，虽然辛苦，但我们乐在其中。感谢我们的家人给予的空间和理解，让我们完成了这件事。

最后，我们还要感谢一个人，塔姆辛·詹金斯（Tamsin Jenkins），她将六大支柱模型发展成了全球智囊团，现在为34个国家的商业领袖提供帮助。她主导这项工作，十多年来，她一直是这个项目的顶梁柱。如果没有她，这一模型到现在可能依然只停留在理论层面。谢谢你，塔姆辛。